前 言

近几年，随着国民经济的飞速发展，我国物流行业进入了一个新的发展阶段，物流企业的运营方式、业务流程、技术手段、服务质量等不断向标准化、专业化、规模化、社会化、信息化的方向发展。为了适应物流行业的发展，培养更加符合企业需求的专业技能人才，我们组织一批教学经验丰富、实践能力强的教师与行业、企业的专家，在认真分析物流企业岗位需求和完善课程教学方案的基础上，编写了一套新的物流管理专业教材。与2006版教材相比，新版教材体系更加完善并采用了理实一体化的编写思路。目前，两套教材可较好地满足高等职业技术院校不同的教学需求，各校可根据自身的教学条件、课程设置等进行选择。

本套教材共计15种，分别为《物流基础》《物流法律法规》《物流经济地理》《物流信息技术应用》《物流设施与设备》《物流仓储业务与管理》《物流配送业务与管理》《物流仓储与配送实务》《物流运输业务与管理》《物流采购业务与管理》《物流客户服务与管理》《物流成本管理》《物流市场营销》《国际货运代理》和《报检与报关》，其中《物流仓储与配送实务》教材是为了满足部分院校将仓储、配送两门课程合并教学的需要而开发的。

在教材组织编写工作中，我们坚持了以下原则：

第一，突出职业特色，从职业岗位分析入手，合理构建教材的知识和技能结构，注重对学生实践能力的培养，提高教材的针对性和适用性。

第二，突出行业特色，根据物流行业的发展现状，尽可能多地在教材中体现新知识、新技术和新方法，提高教材的先进性，使教材具有鲜明的时代特征。

第三，突出职业资格证书与学历证书并重的精神，力求使教材内容涵盖助理物流师国家职业标准的相关要求。

第四，突出可接受性，在教材编写方面，力求文字表达通俗易懂，并尽量采用以图代文、以表代文的表现形式，激发学生的学习兴趣。

在本套教材的编写过程中，有关省市教育部门、人力资源和社会保障部门以及一批高等职业技术院校给予我们有力的支持，教材的主编、参编、主审等有关人员做了大量的工作，在此，我们表示衷心的感谢！同时，恳切希望用书单位和广大读者对教材提出宝贵的意见和建议，以便修订时加以完善。

人力资源和社会保障部教材办公室

2012年2月

简　介

本书为国家级职业教育规划教材，由人力资源和社会保障部教材办公室组织编写。

本书根据高等职业技术院校物流管理专业的教学实际，采用任务驱动的编写思路，以仓储业务的运作流程为线索划分模块、设置任务，主要内容包括：仓储管理基础、仓库规划与储位管理、入库作业管理、在库作业管理、出库作业管理、仓储商务管理、WMS系统应用等。

本书由郑文岭任主编，杜学森审稿。

国家级职业教育规划教材

人力资源和社会保障部职业能力建设司推荐

高等职业技术院校物流管理专业教材

物流仓储业务与管理

（任务驱动型）

人力资源和社会保障部教材办公室 组织编写

主编 郑文岭

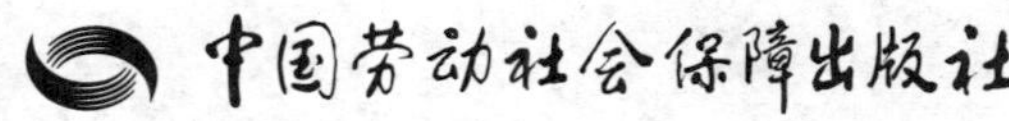

图书在版编目(CIP)数据

物流仓储业务与管理/郑文岭主编. —北京：中国劳动社会保障出版社，2013
高等职业技术院校物流管理专业教材
ISBN 978-7-5167-0744-9

Ⅰ.①物… Ⅱ.①郑… Ⅲ.①物流-仓库管理-高等职业教育-教材 Ⅳ.①F253.4

中国版本图书馆 CIP 数据核字(2013)第 273554 号

中国劳动社会保障出版社出版发行
（北京市惠新东街 1 号 邮政编码：100029）
*
北京谊兴印刷有限公司印刷装订 新华书店经销
787 毫米×1092 毫米 16 开本 12.5 印张 289 千字
2013 年 11 月第 1 版 2023 年 5 月第 5 次印刷
定价：25.00 元

营销中心电话：400-606-6496
出版社网址：http://www.class.com.cn
http://jg.class.com.cn

目　录

前导知识

仓储管理基础

仓储是指通过仓库对物品进行的储存和保管行为，这里的物品是指经济活动中涉及实体流动的物质资料。仓，即仓库，是指存放、保管物品的建筑物和场所的总称；储，即储存，是指将物品储存以备用，是收存、保护、管理、储藏物品、交付使用等一系列动态作业的总和。

一、仓储的功能和作用

1. 仓储的功能

仓储的功能分为基本功能和增值服务功能。基本功能包括物资储存、流通调控、数量管理和质量维护；增值服务功能主要包括交易中介、加工、转运与配送、逆向物流管理等功能。

（1）仓储的基本功能

1）物资储存。这是仓储最基本的功能，对于生产过程来讲，适当的原材料和半成品的储存，可以防止因缺货造成的生产停滞；对于销售过程来讲，储存尤其是季节性储存可以为企业的市场营销创造良机。因此，合理的物资储存是生产和流通的前提和保障。

2）流通调控。这是仓储的“蓄水池”功能，存期的控制形成了对流通的控制，流通调控就是对物资是仓储还是流通做出安排。

3）数量管理。一要保证存货人交付保管的仓储物的数量和提取仓储物的数量必须一致；二要通过库存量的管理，向存货人提供存货数量及数量变动信息，配合存货人进行控制存货。

4）质量维护。仓储物在储存保管期间，保管人要确定货物的合理损耗，根据需要采取合理的保管措施，妥善地保管仓储物，并有针对性地对货物进行包装、防锈、除锈、防虫、防霉、保湿、除湿等养护作业。根据收货时仓储物的质量交还相同质量的仓储物是保管人的基本义务，养护管理是仓储作业的重要内容。

（2）仓储的增值服务功能

1）交易中介。这是仓储重要的经营项目。仓储经营人充当现货交易中介具有较为便利的条件，同时也有利于加速仓储物的周转和吸引仓储，利用仓储物开展物资交易不仅会给仓储经营人带来收益，还能充分利用社会资源，加快社会资金周转，减少资金沉淀。

2）加工。仓库可以通过承担加工或参与少量的制造活动，来延期或延迟生产，如产品的包装是生产过程的最后一道工序，也是流通过程的第一道工序，可以由仓库来承担。这一功能提供了两个基本利益，即降低风险与降低存货水平，可以降低物流系统的总成本，由仓储企业承担加工或少量的制造活动，使仓储成为流通加工的重要环节。

3）转运与配送。在仓库中，不同供应商的货物可以进行分类并进行不同运输工具间的调配，铁路运输的大批商品通过仓库分类、整理按不同用途和渠道用汽车转送给终端消费者；根据生产的进度和销售的需要由仓库不间断、小批量地将仓储物送到生产线和零售商店的配送已成为仓储企业的基本业务。

4）逆向物流管理。一般意义的仓储是为商品从原材料到产成品的流通过程提供场所，而现代商品流通向着可持续发展的方向发展，以退换货和商品包装物的回收利用为代表的逆向物流越来越引起人们的重视，仓库是逆向物流必不可少的通道和场所。

2. 仓储的作用

（1）保证社会再生产的顺利进行

生产的专业化和规模化使劳动生产率极大地提高，大多数产品都不能被即时消费，需要进行储存，这种储存具有三个方面的作用。

1）消除生产和消费的时间差别。从生产和消费两方面来看，生产节奏和消费节奏不可能完全一致，产品的均衡生产、间隔消费或间隔生产、持续消费都会产生供需的不平衡，需要仓储作为平衡环节加以调控，使生产和消费在时间上相协调。同时，合理的仓储活动还能平衡市场供给，稳定市场。

2）消除生产和消费方式上的差别。生产的专业化和规模化使产品生产趋于单一化，而消费需求却具有多品种和小批量的特征。通过仓储活动可以把生产和消费直接联系起来，在品种和数量上进行调整，使商品供给充分满足商品需求。

3）衔接流通、平衡运输负荷。产品从生产地到消费地可能需要经过不同运输工具的转换运输，不同运输方式的单次运量相差很大，通过在仓库或货场的集货和分货，可以调节运力和衔接运输。

（2）产品价值保存

生产出的产品在消费之前必须保持其使用价值，需要在仓储过程中对产品进行保管、养护、管理，有些还要进行处理、加工，防止损坏而丧失使用价值。另外，根据消费需求，在仓储过程中对产品进行简单加工，可以提高产品的附加值，促进产品的销售。

（3）反馈市场信息

社会仓储产品的变化是了解市场需求极为重要的途径，库存量的变化可以反映商品的市场适应状况和销售状况。仓储环节所获得的市场信息虽然比销售环节信息滞后，但更为准确和集中，且信息成本较低。

（4）商品交易和逆向物流的重要场所

在大宗商品的交易中，实物验收与交割可以在仓库完成。商品批发交易市场是既有存储功能又有商品交易功能的交易场所，也是仓储的一种形式。

（5）提供信用保证

大批量货物的实物交易中，购买方可以到仓库查验货物，保管人出具的货物仓单是实物交易中卖方所有权的凭证，可以作为交易信用保证。在商品期货交易中，仓单是期货交易的重要单证，是远期合约的信用保证。此外，仓单作为融资工具，可开展仓单质押业务。

二、仓储业务的类型

1. 长期计划

根据生产计划、采购供应合同、运输计划等，用料部门向仓储部门提出在一定时期内要求储存货物的品种、数量等储存计划，仓储部门根据储存能力确定计划接受数，明确储存场所，并将接受结果反馈给存货单位。这类储存业务称为长期计划，一般是系统内部或自营仓库采用的一种业务方式。

2. 协议委托

协议委托是仓储企业与存货人之间根据平等互利、等价有偿原则，采取签订仓储合同或协议的方式确定的仓储业务关系。其操作方式一般有三种：

（1）定储存货物种类、数量，储存业务由仓储企业统一安排，即“第三方仓储服务”。

（2）定库房、定储存面积、定储存货物大类，储存业务由保管方承担，即“包仓代管”。

（3）定库房、定储存面积、定储存货物大类，储存业务由存货方自理，即“包仓自管”。

3. 临时委托

临时委托是仓储企业接受存货人的货物临时储存而采取的一种业务受理方式。采用这种方式时，存货人向仓储企业提出临时委托储存申请，在仓库认为可以接受的条件下，填写委托储存申请单，仓库按作业制度组织货物入库并开具储存凭证。临时委托业务一般采取“逐笔清”的方式进行业务结算，即储存业务完结后立即进行费用结算。

4. 仓库租赁

仓库租赁经营主要是通过出租仓库、场地、设备，由存货人自行保管货物的仓储业务形式。进行租赁经营时，仓库出租方可以将仓库整体出租，也可以部分出租、货位出租等灵活多样的形式展开，仓库出租方为承租方提供必要的物业服务，如仓库安防、消防安全，库区环境清洁，也可以提供其他服务，如装卸搬运服务。

三、仓储管理

仓储管理是对货物存储的经营管理。从广义上看，是对物流过程中货物的储存、中转以及由此带来的装卸、包装、分拣、整理、加工等一系列业务活动的经营管理。

1. 仓储管理的主要内容

仓储管理主要是在流通过程中货物储存环节的经营管理，其管理的内容有技术的也有经济的。主要包括：

（1）仓库选址与布点。

（2）仓库规模的确定和内部合理布局。

（3）仓储设施和设备的选择和配备。

（4）仓储资源的获得。

（5）仓储作业活动管理。

（6）库存控制。

（7）仓储经营管理。

（8）仓储人力资源管理。

此外，仓储管理还涉及仓储安全管理、信息技术的应用、仓储成本管理、仓储经营效果评价等方面的内容。

2. 仓储管理的原则

质量第一、注重效率、确保安全、讲求效益是仓储管理的基本原则。

（1）质量第一

仓储管理以保证在库物资的质量为中心，为了完成仓储管理的基本任务，仓储活动中的各项作业必须有质量标准，并严格按标准作业。物流活动属于服务贸易范畴，进行 ISO9002 标准质量体系认证是当今国际服务贸易领域的发展趋势，要把企业融入世界贸易市场，仓储企业应实施 ISO9002 标准质量体系的认证。

（2）注重效率

作为物流过程中的重要环节，仓储管理效率关系到整个物流系统的效率。在仓储管理过程中要提高仓储设施和设备的利用率，发挥仓储设施、设备的作用；要充分调动作业人员的积极性，提高劳动生产率；尽量缩短物资在库时间，提高库存周转率。

（3）确保安全

在仓储活动中不安全因素很多，有些仓储物具有毒害性、腐蚀性、放射性、易燃易爆性等，因此仓储作业过程中要特别加强安全教育，提高安全意识。企业应制定严格的安全管理制度，贯彻“安全第一，预防为主、综合治理”的安全生产方针。

（4）讲求效益

仓储活动是社会产品创造过程的必要环节，具有生产性，仓储过程消耗大量物化劳动和活劳动。因此，仓储活动以实现一定的经济效益为目标，以最少的人财物耗费，及时准确地完成最多的储存任务，对仓储生产过程进行计划、组织、协调、控制和评价是仓储管理的主要内容。

四、仓储企业组织结构

常见的仓储企业组织结构形式有：直线制、职能制、直线职能制、事业部制等。

1. 直线制组织结构

直线制组织结构是最传统、最简单的组织结构，职权直接从高层开始向下传递、分解，经过若干个管理层次到达组织最底层，如图 0—1 所示。其优点是权力集中、权责分明、命令统一、信息畅通、一元化管理、决策迅速、统一指挥、集中管理；其缺点是缺乏横向协调，没有职能机构作为辅助，当企业规模扩大，管理工作复杂化时，难以进行有效的管理。

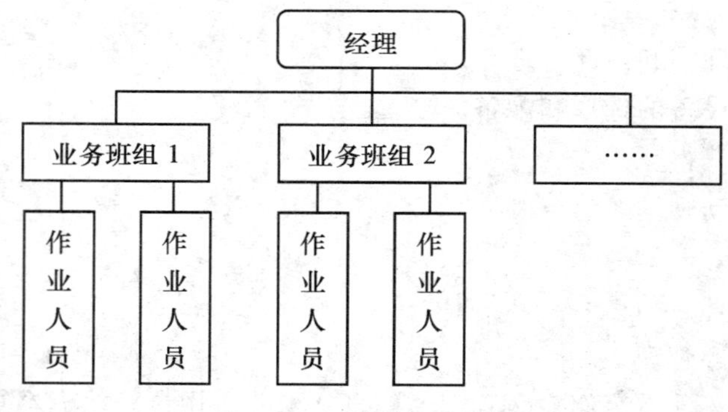

图 0—1　直线制组织结构

2. 职能制组织结构

职能制组织结构又称 U 形结构，组织中设置若干职能专门化的机构，这些职能机构在自己的职责范围内都有权向下发布命令和指示，如图 0—2 所示。其优点是能够充分发挥职能部门的专业管理作用，并使直线制组织结构中的经理人员摆脱琐碎的经济技术分析工作；其缺点是多头领导，不能实行统一指挥。

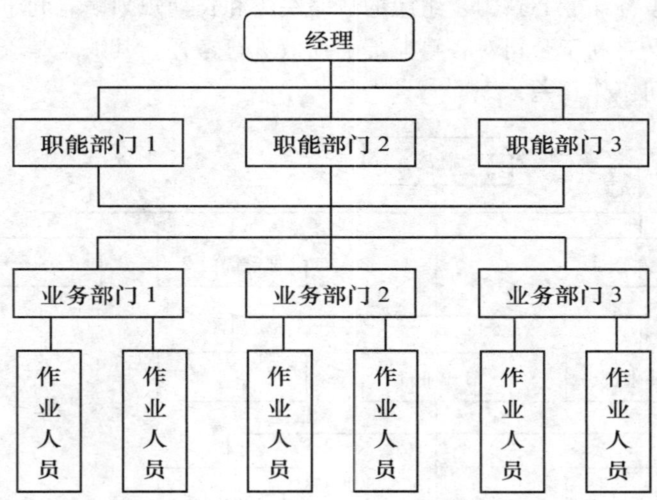

图 0—2　职能制组织结构

3. 直线职能制组织结构

直线职能制组织结构是综合了直线制和职能制两种类型组织结构特点形成的组织结构形式。与直线制的区别在于设置了职能机构；与职能制的区别在于职能机构只是作为直线管理者的参谋和助手，而不具有直接进行指挥的权力，如图 0—3 所示。其优点是保持了直线制集中统一指挥的长处，又具有职能分工专业化的长处；其缺点是职能部门之间横向联系较弱、信息传递路线较长、适应环境变化的能力差。

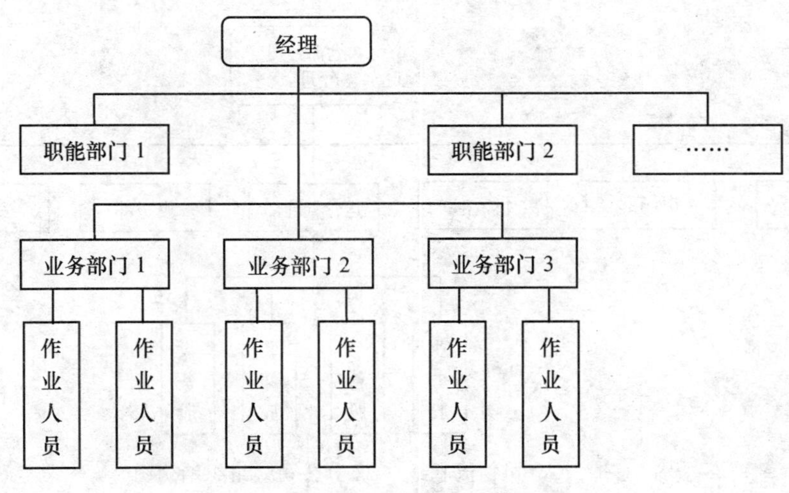

图 0—3　直线职能制组织结构

4. 事业部制组织结构

事业部制组织结构又称“斯隆模型”，是一种高度集权下的分权管理体制。公司按地区或按产品类别分成若干个事业部，从设计、采购、生产、销售到成本、利润核算均由事业部负责，公司总部只保留人事、预算和监督大权，并通过利润等指标对事业部进行控制，如图0—4所示。其优点是各事业部独立核算、自计盈亏，适应性和稳定性强，有利于组织的最高管理者摆脱日常事务而专心致力于组织的战略决策和长期规划，有利于调动各事业部的积极性和主动性，并且有利于公司对各事业部的绩效进行考评；其缺点是资源重复配置，管理费用较高，事业部间协作较差。

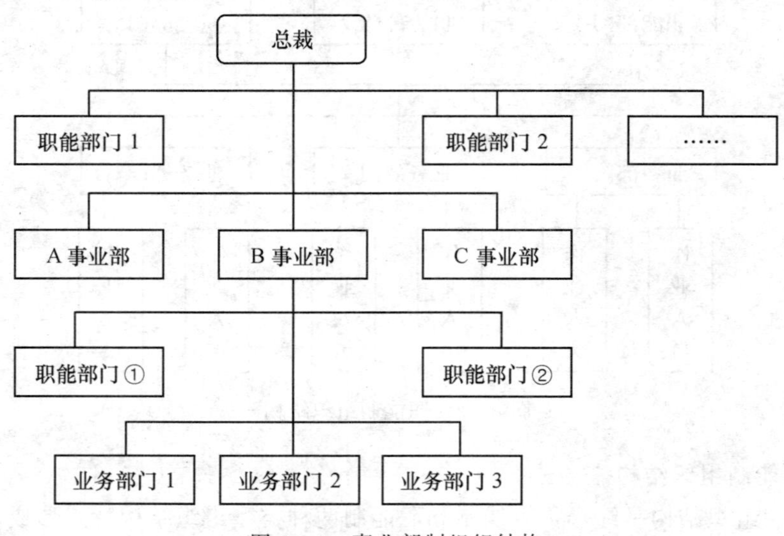

图 0—4　事业部制组织结构

5. 典型仓储企业组织结构范例

A公司是一家典型的第三方仓储物流企业，其组织结构如图0—5所示，其职能部门分解见表0—1，其运营管理部各岗位职责见表0—2。

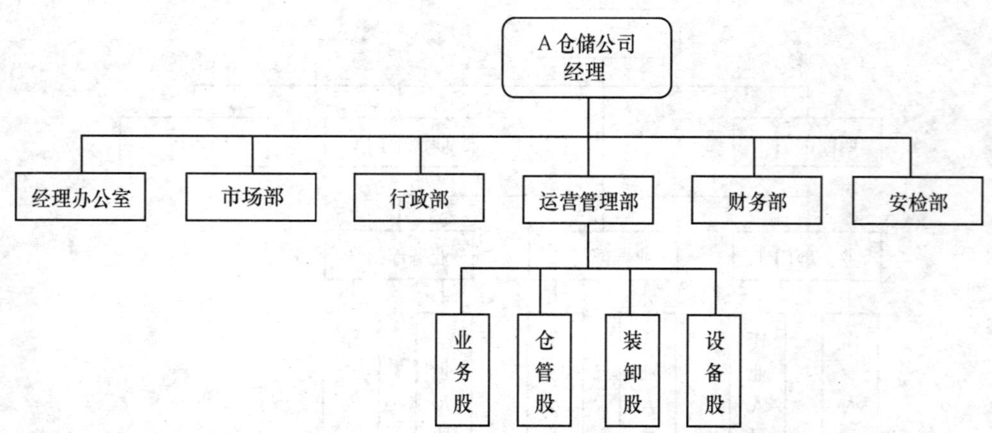

图 0—5　A公司物流基地（BZ分公司）组织结构图

表 0—1　　　　　　　　　　　　A 公司职能部门分解

<table>
<tr><th>部门</th><th colspan="2">职能描述</th></tr>
<tr><td>经理办公室</td><td colspan="2">1. 协助经理制订企业发展规划、经营计划和阶段性工作计划，起草企业综合性工作计划、各项总结及工作报告
2. 会议管理，组织经理办公会，做好会议记录并检查会议决议的贯彻执行
3. 接待管理，做好日常的接待管理工作，对重要客户做好接待访问工作，负责对外宣传和接待媒体采访
4. 文书印信管理，负责管理公司印鉴，处理各级行政文书并做好归档管理</td></tr>
<tr><td>市场部</td><td colspan="2">1. 编制业务推广计划
2. 制订日常业务工作计划
3. 组织进行市场信息的收集、整理和分析
4. 业务开发、计划、执行和管理工作
5. 进行工作绩效考核与评价</td></tr>
<tr><td>行政部</td><td colspan="2">1. 企业制度制定与管理，协助经理编制各项管理制度并组织实施，监督各项制度的执行情况
2. 企业宣传和文化建设，进行企业品牌管理、市场宣传与推广，协调同行业其他企业的日常联系，树立公司良好的社会形象，进行企业文化建设并对外宣传企业文化
3. 人力资源管理，负责员工的引进、招聘、培训等工作</td></tr>
<tr><td rowspan="4">运营管理部</td><td>业务股</td><td>1. 建立仓储业务销售渠道
2. 制订年度目标及市场推广计划，编制预算
3. 收集、整理、分析本地市场动态和客户需求信息
4. 制订业务开发目标、计划、费用预算
5. 物流服务合同的订立、履行和业务档案管理
6. 提供客户订单查询、投诉处理
7. 客户信用管理、客户档案管理</td></tr>
<tr><td>仓管股</td><td>1. 制定并执行仓储工作规范、仓储管理规章制度
2. 制定并执行仓储业务工作流程
3. 制订仓储计划，合理设计仓储作业区、规划储位、堆码规则
4. 执行货物入库、在库保管、出库、退换货、盘点等仓储作业操作，作业现场 5S 管理
5. 仓储安全管理、仓储环境卫生管理
6. 业务档案管理、信息数据管理
7. 仓管人员培训、考核</td></tr>
<tr><td>装卸股</td><td>1. 根据仓储作业要求确定装卸方式方法，制定装卸作业方案
2. 装卸作业外包时，负责对外包装卸服务商进行管理
3. 制定装卸作业安全操作规程并进行作业安全监督、检查
4. 定期进行装卸作业人员培训和考核</td></tr>
<tr><td>设备股</td><td>1. 根据仓储作业要求选择配备作业机械和相关设备
2. 制定设备使用管理制度、设备安全操作规程
3. 严格执行设备预防维护保养制度，确保设备始终处于正常使用状态
4. 定期对设备管理人员、作业人员和操作人员进行业务技术培训和考核
5. 负责设备使用、管理安全教育
6. 制订设备使用折旧、更新计划</td></tr>
</table>

续表

部门	职能描述
财务部	1. 负责公司资本运营与管理 2. 负责公司日常财务收入与支出管理 3. 进行月度、季度、年度经济核算与报表汇总 4. 进行公司财务成本分析，为企业决策提供参考
安检部	1. 负责公司日常安全保卫工作 2. 消防安全管理工作 3. 作业安全监督与检查工作 4. 安全工作考核与评估

表 0—2　　A公司运营管理部各岗位职责

所属部门	岗位	岗位职责
业务股	业务专员	1. 负责制订市场调研计划、进行市场调查和分析 2. 订立仓储合同，进行合同管理 3. 制订仓储日常作业计划，下达作业指令 4. 负责接受客户订单，确保订单的正确性，进行订单处理，转化为作业指令单
	客服专员	1. 对企业重点客户进行关系维护和管理，进行客户档案管理 2. 负责跟踪客户订单的执行情况，负责协调客户并查询订单执行情况 3. 负责制作客户要求的有关报表和单证，及时与客户对账并催缴费用 4. 处理客户投诉意见
仓管股	主管	1. 全面负责仓管股日常工作，保证货物进出库作业有序进行 2. 加强部门工作质量管理，努力提高客户服务的满意度 3. 合理规划使用库房，提高库容利用率 4. 制定并严格执行作业操作规程，加强监督和检查工作 5. 对本部门员工进行业务培训和考核，并对员工的工作进行有效激励与评估
	仓管员	1. 负责在库货物的安全管理和环境卫生管理 2. 对在库货物进行保管和养护 3. 办理货物进出库手续，做好货物进出库信息登账和记录，并做好单据、单证及货物档案管理 4. 负责货物定期盘点作业的组织并做好日常盘点工作 5. 负责库内货物安全管理并检查安全设施设备的使用情况 6. 按作业流程办理货物退换作业。
	理货员	1. 负责对收发货进行整理、计数，核对货物品种、规格、数量、重量 2. 按单进行货物拣选作业 3. 检查货物包装、标识，对待出库货物置唛 4. 按货物流向、运输方式和收货地将出库货物整理分单集中
	核检员	1. 负责对进出库货物进行复查和登记，对不符合进出库要求的货物进行及时处理 2. 监督货物装载上车，进行现场指挥管理

续表

所属部门	岗位	岗位职责
装卸股	主管	1. 负责装卸作业的组织和管理工作 2. 对外包装卸业务，负责评估和选择装卸服务供应商，并负责装卸服务供应商管理 3. 根据出入库货物性质和要求设计装卸作业工艺，安排装卸工和选择使用作业设备与工具 4. 负责装卸作业安全监督与管理，进行日常作业安全教育
	装卸工	1. 做好与上道作业的衔接与配合，保证装卸作业通畅顺利 2. 严格按照业务流程和操作规程进行操作，文明作业，不野蛮操作 3. 合理选择和使用装卸作业设备和各类工具 4. 注意作业安全，保证人身安全、设备安全和货物安全
设备股	调度	1. 负责选择和配备仓储作业使用的各类设施、设备和工具 2. 制订设备维护保养计划，执行设备预防维护保养制度 3. 负责对设施、设备、工具的维护和保养，保证设施设备处于正常工作状态 4. 负责安排和使用作业设备，安排操作人员进行作业 5. 对设备操作人员进行定期培训和考核
	叉车工	1. 根据储位分配信息对货物进行上架及下架作业 2. 负责对使用的叉车设备进行日常维护，对现场作业标识的管理与维护 3. 负责作业范围内的货物安全、叉车及储存保管设施设备的安全

技能训练

选择本地区典型的仓储物流企业进行调研（网上调研的方式），按照表 0—3 的调研计划进行，并按照表 0—4 撰写调研报告。

表 0—3　　企业调研计划

调研项目	调研内容	调研方式
1. 基本概况	企业性质、企业规模、组织结构、设施状况、业务特色、发展现状、未来战略等	访问、查阅企业网站
2. 经营方式	经营方式与特色、核心业务及其他业务类型	访问、查阅公开信息
3. 仓储功能	能为客户提供的主要仓储服务功能	访问、交流
4. 仓储对象	主要客户群、主要仓储物类型，对保管环境的要求	询问、查阅公开的客服资料
5. 竞争优劣势	企业的市场竞争地位、竞争的优劣势	访问、交流分析

表 0—4　　企业调研报告模板

<table>
<tr><td colspan="2">×××企业调研报告
（×××调研小组）</td></tr>
<tr><td>调研时间</td><td></td></tr>
<tr><td>调研企业</td><td></td></tr>
<tr><td colspan="2">调研内容</td></tr>
</table>

思考与练习

1. 仓储与储存是同一个概念吗？如果两者在含义上有差异，请简单比较其差异。
2. 仓储管理包括哪些内容？其核心内容是什么？
3. 现代仓储在物流活动中有什么功能？在社会经济活动中有哪些作用？试举例说明。
4. 仓储企业常用的组织结构形式有哪些？
5. 仓储企业运营管理部的主要职能有哪些？分属于哪些岗位？

模块一

仓库规划与储位管理

任务1 仓库规划

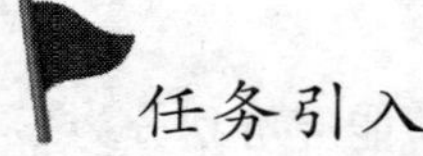

任务引入

如图 1—1—1 所示，DY 公司有一个面积为 30 000 m²的仓库，该仓库采用平房库轻型拱形屋架钢结构，在运营过程中发现存在以下问题：

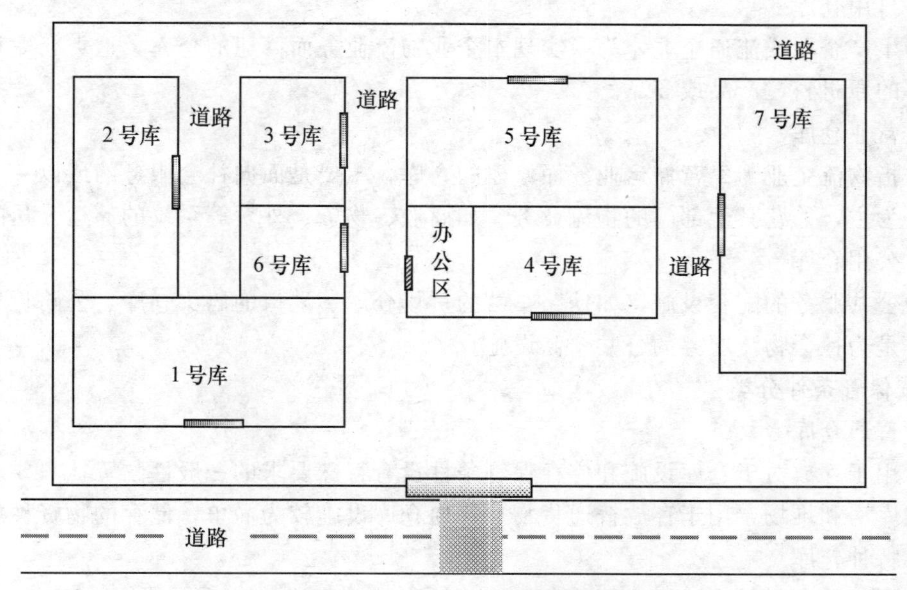

图 1—1—1　库区设施布置

（1）办公区与作业区分布不合理，库区布置较为凌乱，各库房不易识别，闲杂人员与车辆进出库不易控制。

（2）库房净高仅 5.2 m，单位面积较小，容积率低，使用货架系统受到较大的限制。

（3）库内作业通道较狭窄，车辆转弯半径小，10 m 以上的货车在库内转弯比较困难。

(4) 库房无防雨棚和装卸货平台，装卸货作业易受天气影响且效率较低。

(5) 库区绿化不好，灰尘对储藏的货物影响大。

针对上述问题，要求对该仓库进行调整和优化。

任务分析

仓库是仓储作业的重要场所，仓库内部规划是否合理直接影响到仓储作业效率和作业质量，从目前DY公司的仓库状况来看，大范围的改造不太可能，但对库区内的部分设施重新安排能在一定程度上提高储存效率，如改变办公区的位置，对库区内的各个仓库建筑重新标示，拓宽库区内的作业通道并合理规划库区的物流动线，根据建筑物结构设计增设装卸货站台、适当加高库房净高以利于货架系统的使用等。

相关知识

一、仓库的类型

仓库是物流系统的基础设施，按其营运形态、保管条件、建筑结构、功能等可划分为不同的类型。

1. 按营运形态分类

(1) 自用仓库

是指生产企业或流通企业，为了实现本企业物流业务而修建的仓库，这类仓库只储存本企业需要的原材料、产品或商品。

(2) 营业仓库

这是指物流企业为经营储运业务而修建的仓库，主要是面向社会服务的或以一个部门的物流业务为主，兼营其他部门的物流业务。如商业、物资、外贸等系统的储运公司的仓库。

(3) 公用仓库

属于公共服务的配套设施，如铁路车站的货场仓库、港口的码头仓库、公路货场的货栈仓库等，是为社会物流服务的公共仓储设施。

2. 按保管条件分类

(1) 普通仓库

是指用于存放对于仓库设施和储存保管条件没有特殊要求的一般性物资，只要求具有一般通用的库房和堆场，用于存放普通货物。普通仓库设施较为简单，储存的物资种类繁杂。

(2) 特种仓库

是指用于储存对湿度、温度等储存保管环境有特殊要求（如生、鲜、冷冻食品等），或需要特殊的保管条件并受相关行政管理部门监管的特殊货物的仓库，仓库设施一般要有隔热、防寒、密封、防火等功能，并配备专门的设备，如空调、制冷机、防火系统等。保温仓库分为恒温、恒湿、冷藏库等，危险品仓库包括油品仓库、化学危险品仓库等。

3. 按建筑结构分类

(1) 单层仓库

这是最常见的并且使用很广泛的一种仓库建筑类型，也称平库，这种仓库没有上层，不设电梯。其主要使用特点是建筑设计简单，投资较少；货物出入库及在库搬运方便；仓库地面能承受较重的货物堆放。但单层仓库对土地面积的使用率较低，尤其在城市土地价格不断上涨的今天，在市内建筑这种仓库，其单位货物的储存成本较高，如图 1—1—2 所示。

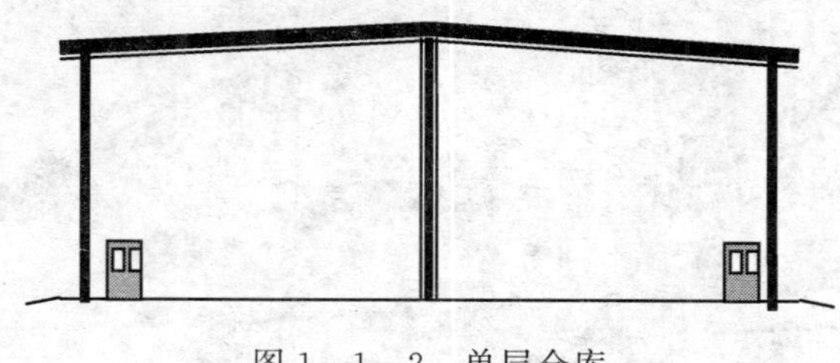

图 1—1—2　单层仓库

（2）多层仓库

多层仓库采用垂直升降设备提升货物，实现货物竖向移动作业。多层仓库可适应不同的使用要求，比如办公室与库房分别使用不同的楼面，多层仓库一般建在市区，特别适合存放城市日常用的高附加值、小型的商品（比如家用电器、生活用品、办公用品等）。多层仓库最大的问题是建造和使用费用较大，故堆存费用较高，如图 1—1—3 所示。

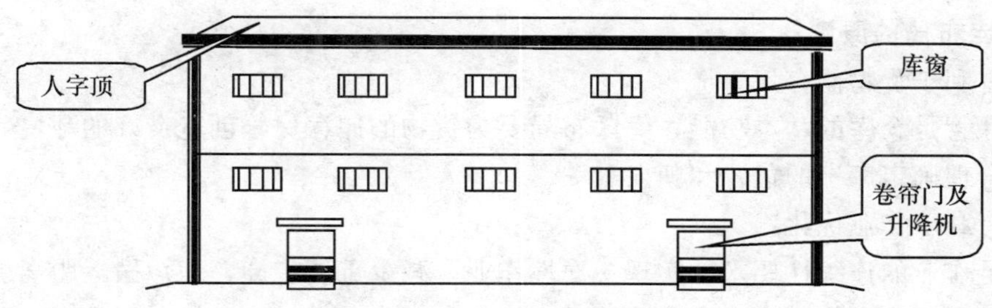

图 1—1—3　多层仓库

（3）筒仓

这是用于存放散装的小颗粒或粉末状货物的封闭式仓库，一般置于高架上，用于储存粮食、水泥、化肥等。如图 1—1—4 所示。

（4）露天堆场

这是用于货物露天堆放的场所，一般堆放大宗原材料或不怕雨淋日晒的货物。

此外，根据库房建筑的结构不同，可分为砖混结构、混凝土结构、钢架结构等类型。

4. 按仓库功能分类

（1）储存仓库

是指以货物储存为主要功能，通过储存调节商品生产和商品消费在时间上和空间上的不均衡性的物资储备仓库，具有货物存期长，周转速度慢的特点，如粮库、油品库、工农业生产资料仓库等。要求仓库设施完备、储存能力强。

（2）流通仓库

是指作为一种物流服务的据点，在流通过程中发挥着重要的作用，不以储存保管为主要目的，主要用于商品的保管、分类、中转、配送的仓库，其形式包括物流中心、流通中心、

图 1—1—4 筒仓

配送中心等。这种类型的仓库以商品的流通中转和配送为主要功能，机械化程度比较高，周转快，保管时间短，功能齐全。

二、仓库布局规划

1. 仓库布局的原则

(1) 有利于货物储存保管

储存保管是仓库的基本功能，库区布局要为货物的储存保管创造良好的环境，提供适宜的条件，合理确定库房的位置和朝向。

(2) 有利于作业优化

能满足作业的连续性要求，实现一次性作业，减少重复装卸，缩短搬运距离。

(3) 有利于仓库作业安全

布局要符合消防规定，要有防火、防盗、防水、防爆设施。

(4) 有利于资金的合理使用

在保证仓库使用功能的基础上，资金的投入和使用要能控制，尽量不突破预算。

(5) 有利于可持续发展

辅助设施如专用线和道路、供电、供水、供暖、排水、通信等，要合理布局、留有余地，建筑物用地应有一定的储备，便于发展扩大。

(6) 有利于环境保护

在实现仓库基本功能的基础上，库区要进行环境规划，做好绿化，保持库区空气质量，为货物储存提供良好的环境，同时总体布局力求整齐美观。

2. 仓库总平面规划

仓库总平面规划就是根据仓库总体设计要求，科学地解决生产和生活两大区域的布局问题，最大限度地提高仓储作业能力，降低仓储作业费用，提高仓储企业的经济效益。

(1) 仓库总平面规划应注意的事项

1) 区域划分和布置要适应仓储作业流程，充分保证各生产作业环节能良好衔接和正常进行。

2）要充分利用仓库面积，最大限度地提高仓储作业能力，保证各种作业设施配备和顺利完成作业。

3）仓库总体布置要符合国家《建筑设计防火规范》中关于仓库设施的要求。

4）仓库总平面规划要充分考虑与周边设施的协调性，并有利于保护环境，有利于文明生产，树立企业良好的社会形象。

（2）仓库总平面规划应考虑的因素

1）仓库的现状和未来的发展。主要考虑仓库现有的设施种类和条件状况、现有设施改扩建的可能性和未来的总体规划。

2）仓库的经营方式和仓储对象。不同的经营方式和仓储对象要求仓库具有不同的设施条件，比如保管仓储经营以物资的储存和保管为主，要求有足够的储存空间和与储存的货物相适应的仓储设备（如货架系统、装卸系统等），中转仓库物资流转量大，进出库频繁，除要求具有足够的储存空间外，更重要的是要拥有高效率的装卸和搬运系统，作业区布置中要留有足够的作业通道面积等。

3）仓库的机械化程度。在仓库设施规划中既要考虑当前设施的先进性又要考虑可利用的投资，设施和设备的选择和配备既能满足现阶段的使用，同时也要具有一定的前瞻性。

4）仓库管理的方法和能力，员工的素质。仓库设施规划除了要考虑仓储作业的需要外，还要考虑仓库作业的组织方式和作业流程，员工素质也是影响仓库设施规划的因素之一，高素质的员工队伍能较好地掌握先进设施和设备的使用和管理，更好地发挥先进设施和设备的作业效率。

5）仓库所面临的外部物流条件。仓库设施规划要考虑仓库周边的自然环境、区域规划要求、交通基础设施状况，比如建筑物设施的形式要与周边环境相适应，仓库大门的开设方向一般面对交通主干道路以方便进出库，库内道路设计要满足进出库车辆的主要车型尺寸等。

6）仓储安全和消防管理的需要。仓库设施规划要符合国家《建筑设计防火规范》中关于仓库设施的要求。

（3）仓库总平面规划的内容

按作业区功能划分，仓库总体构成分为生产作业区、辅助作业区和办公生活区三个部分。

1）生产作业区。它是仓储作业的主要场所，是仓库的主体部分，主要包括存货区、库区道路、铁路专用线、装卸站台等设施，见表1—1—1。

表1—1—1　　生产作业区规划

生产作业区的设施	说明
存货区	存货区是收发、储存、保管货物的场所，也是生产作业的重要场所，分为保管区和非保管区。保管区用于储存和保管货物，非保管区包括作业通道、待验区、收发货区、集货区、退换货区等

续表

生产作业区的设施	说明
库区道路	库区道路分为主作业通道、次作业通道、人行通道和消防通道。库区道路要通畅，要有足够的宽度与承重，至少应以满足 40 英尺集装箱车通行的要求，应根据整个库区面积、车流量、装卸作业机械运行条件等进行主通道的设计，一般为双车道，宽度不小于 9 m；如果主通道为单向通行，其宽度不小于 6 m。除库区主通道外，库区车流走向应结合作业区规划，以不影响作业为前提，设计成单向环行路线。库区道路及作业区上方如需架设管线架或其他障碍物，其净高应高于运输车辆和消防车辆要求的高度 1 m 以上
铁路专用线	铁路专用线是与国家铁路网、车站、码头连接的库内铁路设施，具有运输能力强、安全快速等特点，可根据作业需要和条件合理铺设，一般采用贯通式
装卸站台	装卸站台是用于货物装卸的平台，分为库边站台和铁路站台两种，其高度应与运输工具相适应，宽度依作业方式和货物吞吐量而定

2）辅助作业区。它是为仓储作业提供各种服务保障的区域，包括维修车间、车库、动力设施等。

3）办公生活区。它是行政管理机构办公、商务管理和职工生活的区域，包括办公楼、门卫室、宿舍、餐厅等，为便于业务接洽和内部管理，一般设置在仓库的出入口附近，并与生产作业区划分开。

（4）仓库总平面布置图

通过仓库使用规划，形成了仓库的总体布局、分区、管理工班等的布置和区分，用图示的方式进行明确和固定。仓库总平面布置图是整个仓库库区的分布和各种设施、场地用途的图示，主要提供给外来人员查阅，方便业务联系和送接货作业，如图 1—1—5 所示。

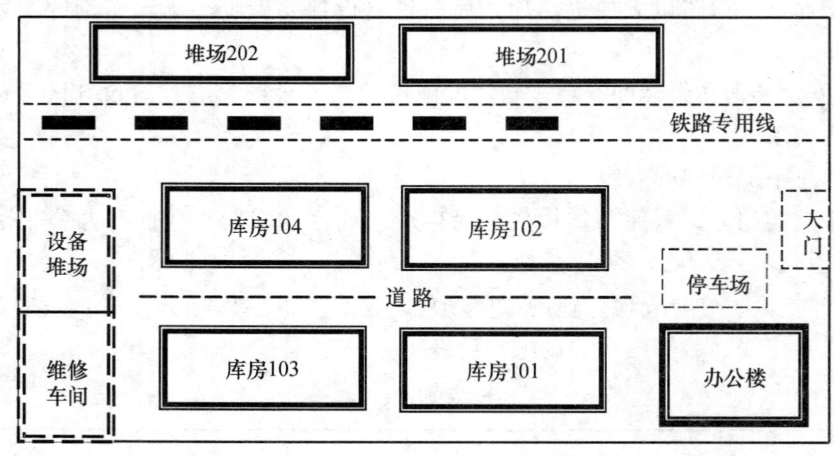

图 1—1—5　仓库总平面布置示意图

仓库总体布局时，仓库和堆场编号需要遵从一定的规律，以便查阅和记忆。仓库编号可以采用数字编号，也可以采用字母加数字的方式，如“EC2”表示东 2 号仓。堆场采用三位数编号法，首位表示堆场的区位，后两位为序号，如“201”表示 2 区 1 号堆场。

3. 库房规划

库房是仓库中用于存储货物的主要建筑物，库房规划包括以下几方面：

（1）库房面积

单体仓库的库房面积应根据库区整体规划、储存物品的种类与数量、作业流程等因素设计，一般不小于 10 000 m^2。

（2）跨度与柱距

库房跨度与柱距应根据整体规划、库房面积、货架布局、作业流程等进行设计，考虑经济性和安全性的需要，单跨的跨度一般为 45 m 左右，多跨跨度为 20～30 m，柱距为 9～12 m，柱间不应设立斜拉支撑。

（3）库内净高

库内净高应在考虑仓库容积率及投资规模的前提下，以储存物品品类、包装方式及其作业流程为依据，综合考虑货架类型、作业机械、地面荷载等因素确定，一般为 9 m 左右。

（4）地坪

库内地面承重应考虑存储物品类别、包装、货架类型、装卸堆码机械等因素进行设计，一般为 3 t/m^2 左右，加强型地坪可以达到 5 t/m^2。

库内地面应根据储存物品对防尘、防潮、防静电的要求及提高并延长库房的使用效能进行设计。

地坪的基本要求：地面平整、耐磨、耐冲击、不起沙；在进行库内地面处理时，须采用无毒、环保材料。

当仓库净高在 9 m 以上，且采用立体货架时，应对仓库地面进行找平处理。

（5）站台

仓库站台是供货物卸货或出货时等待装车的平台装置，一般包括三个主要区域：第一个区域是站台内侧的接货、发货区；第二个区域是装卸搬运设备所占的空间；第三个区域是为搬运车辆及人员能顺畅进出而规划的通道。仓库站台如图 1—1—6 所示。站台高度应根据运输车辆底板高度确定，一般在 1.2 m 左右。

库外作业平台宽度应根据作业机械类型、转弯半径、储存物品包装等进行设计，一般为

图 1—1—6　仓库站台

4.5 m 左右。表 1—1—2、表 1—1—3 为常见运输车辆对站台高度的适应情况和仓库站台主要参数。

表 1—1—2　　常见运输车辆适应的站台高度

车型	站台高度（m）
集装箱卡车	1.40
冷藏车	1.32
作业拖车	0.91
载重车	1.17
长途挂车	1.22
普通卡车	1.17

表 1—1—3　　仓库站台主要参数

项目	汽车站台（m）	铁路站台（m）
一般站台宽度（m）	2.0～2.5	3.5
小型叉车作业站台宽度（m）	3.4～4.0	≥4.0
站台高度（m）	高于地面 0.9～1.2	高于轨顶 1.1
站台上防雨棚高度（m）	高于地面 4.5	高于轨顶 5.0
站台边距铁路中心（m）	—	1.75
站台端头斜坡道坡度	≤10%	≤10%

设计时可以采用进货及出货共用站台、进货及出货站台相邻、进货及出货站台分别完全独立等方式安排站台，其相对位置如图 1—1—7 所示。

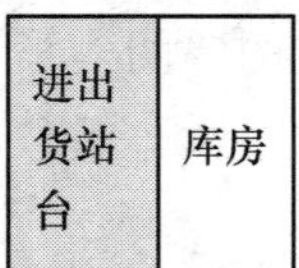

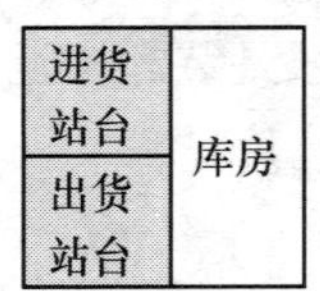

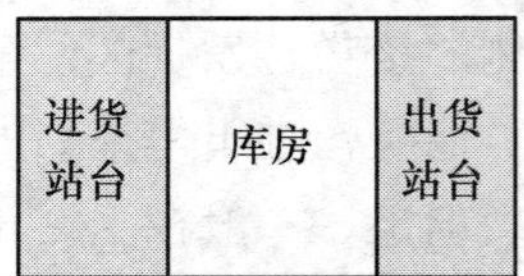

图 1—1—7　库房与站台的相对位置示意图

（6）库门

库门设计应从仓库面积、储存物品类别、物品进出库频率、作业流程与作业方式、防火要求、综合经济等因素考虑，可以选择手动电动两用工业提升门或卷帘门。

1）开设数量。一般单面作业不少于 6 扇/万平方米，双面作业不少于 12 扇/万平方米；同时，应根据未来仓库发展需要预留库门位置，便于日后改造。

2）高度与宽度。库门高度和宽度应根据仓库平台类型、作业机具和物品的类别确定，无平台或内嵌式平台仓库库门一般为 2.75 m×3.5 m，其他类型平台仓库库门为 4.0 m×4.0 m 左右。

3）防雨棚。库门应设立防雨棚，防雨棚的高度及规格以保证雨季作业安全确定。

（7）库窗

为防止日光直接照射在仓储物上，库窗的设置一般离地较高并要控制窗户数量和尺寸，

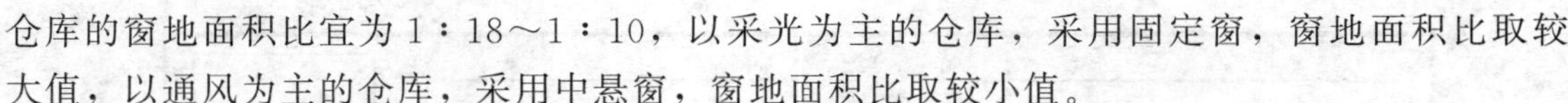

仓库的窗地面积比宜为1∶18～1∶10，以采光为主的仓库，采用固定窗，窗地面积比取较大值，以通风为主的仓库，采用中悬窗，窗地面积比取较小值。

(8) 库顶结构与材料

库顶结构应根据当地自然气候、储存物品要求、作业采光和防火要求、美观牢固、投资规模等因素进行设计，应采用防水性能好、有利排水的材料或构件，一般应设置2%～3%的采光带。

(9) 仓库结构

仓库结构应根据当地自然气候、储存物品要求、防火要求、美观牢固、投资规模等因素进行考虑。建议采用钢结构、保温轻型彩板围护。

(10) 其他设施

平台高度调节板。平台高度调节板的数量应根据服务客户数量、储存物品进出库频率及作业量确定，一般应与库门相符。

库内照明。库内照明设备应按消防规范配备防爆照明灯。

库内消防、监测设备。库内消防设备按消防相关规范设计；安全监测设备可根据企业及客户需要设计。

任务实施

根据目前DY公司仓储基地存在的问题，对该库区做如下调整和优化。

一、办公生活区布置

改变办公区的位置，在靠近库区大门处新建一栋二层办公楼，占地面积根据可利用土地面积设计。为保证24小时作业，可考虑增设生活区（与办公区同一建筑设计，例如一楼办公，二楼设置晚班值班宿舍）。

二、生产作业区布置

1. 库房编号标识

1～7号库房位置不变，库房编号以库区大门为界，采用阿拉伯数字按左单右双规则编号，并在库房外侧墙壁采用加外圈字体明显标识，如：①、②、③。

2. 增加库房高度

由于仓库采用平房库轻型拱形屋架钢结构，库高可根据建筑物结构设计要求考虑适当加高至9 m，以满足使用货架系统，提高作业效率。

3. 拓宽作业通道，增设装卸站台、停车区

库区作业通道按作业要求拓宽，单向行驶，宽度达到6 m。车辆流向可设计成单向环行路线。装卸站台可考虑库边站台方案，在库门外设置直线型装卸站台。靠近库区出入口处设置停车区，方便进出车辆停靠。

三、库区环境绿化

为保证库区环境清洁，减少灰尘对仓储物的影响，确保货物储存安全，库区进行整体绿化设计，地面除库内道路硬化处理外，所有空地种植草坪，保证不暴露黄土，减少扬尘。

经过重新规划，库区平面布置如图1—1—8所示。

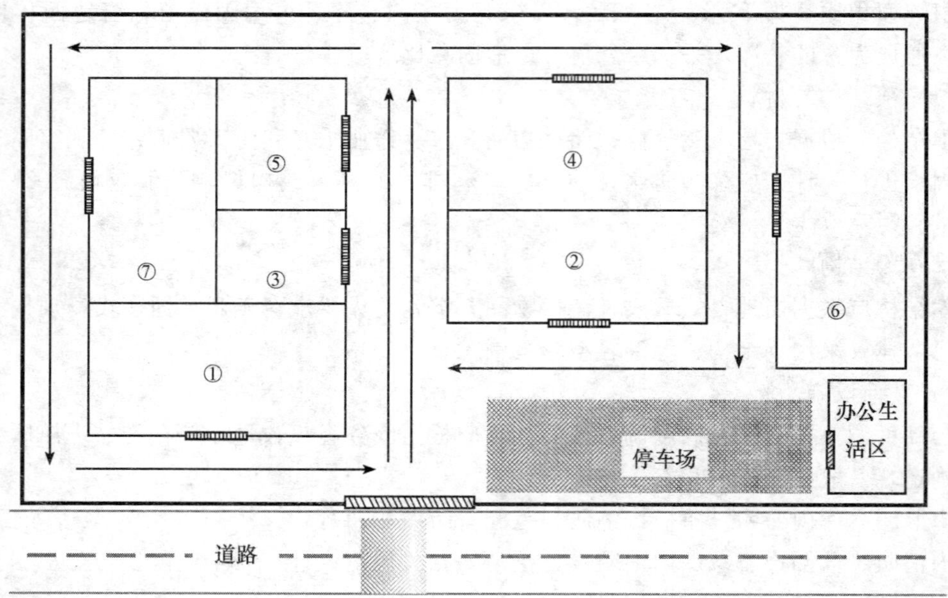

图 1—1—8　改造后的库区平面布置

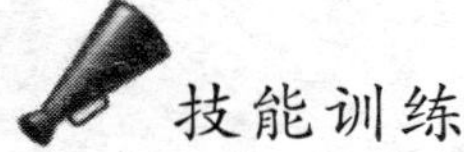

技能训练

选择一家本地物流仓储企业进行实地调研，调研的重点是库区的整体规划布置、库区的功能区划、各作业区间的相对位置、库区道路设计及物流动线方案、库房的主要设计参数（如面积、长、宽、高、库门、库窗、立柱、地坪、装卸站台设计形式、防雨棚设计等），根据调研结果，写一份该仓库整体规划的改进方案，并绘制改进后的仓库平面布置图。

注意：改进与优化不一定要求该仓库重建或重大建筑物设施的改建，要从细节着手优化，确保改进方案具有可操作性和现实性。

技能要求：

（1）会使用相机、DV 获取素材。

（2）能用简洁的文字描述说明改进方案及理由。

（3）会使用绘图工具绘制平面示意图或平面布置图，推荐使用 Word、Excel、Visio 等常用软件。

思考与练习

1. 简述仓库的不同种类及其主要用途。
2. 进行仓库规划布置要考虑哪些因素？
3. 仓库库区选择的原则及影响选址的因素有哪些？
4. 仓库设施规划主要包括哪些方面？有哪些规划要点？

任务2　储位管理

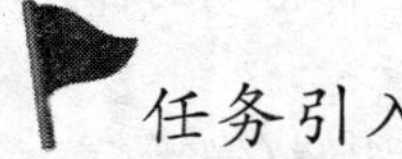

任务引入

HK公司是一家家电销售企业，其经营的主要家电产品见表1—2—1，进出库情况见表1—2—2。

表1—2—1　　货物基本情况

货物名称	规格	重量（kg）	备注
冰箱	85 cm×85 cm×150 cm	50	海尔、美的、科龙、松下
洗衣机	95 cm×80 cm×110 cm	20	海尔、美的、松下
电视机	105 cm×85 cm×90 cm	40	创维、长虹、TCL、海尔
空调	100 cm×85 cm×180 cm	52	科龙、华宝、格力、美的、松下
微波炉	50 cm×30 cm×40 cm	12	格力、格兰仕、美的、松下
饮水机	60 cm×30 cm×40 cm	16	格力、格兰仕、美的、松下

表1—2—2　　货物进出库统计资料　　（单位：台）

货物名称	进库		出库		最高库存	平均库存	安全库存	在库时间（日）
	频率	单位量	频率	单位量				
冰箱	8次/日	20	1次/3日	480	500	200	100	15
洗衣机	10次/日	30		900	600	300	80	
电视机	1次/5日	100	1次/2日	40	400	100	70	20
空调	1次/5日	100		40	300	200	150	
微波炉	1次/15日	120	1次/日	8	500	200	100	30
饮水机	1次/15日	120		8	700	400	100	

HK公司租有一个占地面积为3 000 m^2、库高为9 m的单层仓库，仓储设备包括叉车、地牛、手推车等，货物采用地面堆放。现在仓储货位管理的主要问题是仓库采用平置堆放方式，空间利用率较低，经常出现货品进库后没有储位的情况。针对上述问题，要求对货位管理进行优化进而提高作业效率。

任务分析

优化时首先要对仓库储区进行重新规划，绘制仓库平面图，计算有效使用面积；其次是对目前的平置堆放进行优化，采用平置堆放结合货架堆存的方式进行货物储位的划分和管理；最后要对仓库储存的货物进行编码管理，以利于进行计算机仓储信息管理，提高仓储作业质量和效率。

相关知识

仓库是仓储管理的主要场所，储存区是货物存储的主要区域，对储存区进行有效的规划和管理，不仅能够合理利用仓储设施，增加仓库的存储容量，而且还能保证仓储活动的各项作业在储存保管区内能够协调高效地进行。

储位管理就是利用储位来使商品处于“被保管状态”并且能够明确显示所储存的位置，同时当商品的位置发生变化时能够准确记录，使管理者能够随时掌握商品的数量、位置以及去向。

一、储位管理的原则

储位管理与其他管理活动一样，其管理方法须遵循一定的原则。

1. 储位标识明确

先将储存区域详细划分，并加以编号，让每种预备存储的商品都有位置可以存放，此位置必须是很明确的，而且是经过储位编码的，不可以是边界含糊不清的位置，例如走道、楼上、角落、某商品旁等。需要指出的是仓库的过道不能当成储位来使用，虽然短时间会得到一些方便，但会影响商品的进出，违背储位管理的基本原则。

2. 货品定位有效

依据商品保管方式的不同，应该为每种商品确定合适的储存单位、储存策略、分配规则，以及其他储存商品要考虑的因素，把货品有效地配置在先前所规划的储位上，所谓“有效”就是刻意的、经过安排的，例如，冷藏的商品就该放冷藏库、流通速度快的商品就该放置在靠近出口处、香皂就不应该和食品放在一起等。

3. 变动更新及时

当商品被有效地配置在规划好的储位上之后，接下来的工作就是储位的维护，也就是说商品不管是因拣货取出，或是商品被淘汰处理，或是受其他作业的影响，使得商品的位置或数量发生了改变时，都必须及时地将变动情形加以记录，以使账卡记录与实物数量能够完全吻合。由于此项变动登录工作非常烦琐，仓库管理人员在繁忙的工作中会产生惰性，使得这个原则成为储位管理中最困难的部分，也是目前各仓库储位管理作业成败的关键所在。

二、储位管理的对象

储位管理的对象分为保管货品和非保管货品两部分。

1. 保管货品

保管货品是指在仓库的储存区域中保管的商品，由于它对作业、储放搬运、拣货等方面有特殊要求，使得其在保管时会有很多种的保管形态出现，例如托盘、箱、散货和其他方式，这些虽然在保管单位上有很大差异，但都必须用储位管理的方式加以管理。

2. 非保管货品

（1）包装材料

由于商业促销、特卖、赠品等活动，使得仓库的贴标、重新包装、组合包装等流通加工比例增加，对于包装材料的需求就越来越大，就必须对这些材料加以管理。如果管理不善，

发生欠缺情况，会影响到整个作业的进行。

（2）辅助材料

主要包括托盘、周转箱、其他作业工具等。由于流通器具的标准化，使得仓库对这些辅助材料的需求越来越大，依赖也越来越重。为了不影响商品的搬运，就必须对这些辅助材料进行管理，制定专门的管理办法。

（3）回收材料

主要是经补货和拣货作业拆箱后剩下的空纸箱。虽然这些空纸箱都可回收利用，但是这些纸箱形状不同，大小不一，若不保管起来，很容易造成混乱，影响其他作业，因此必须划分一些特定储位来对这些回收材料进行管理。

三、储位管理的要素

1. 储位空间

仓库从功能上可分为储存型仓库和流通型仓库，在储位空间的分配上，对于储存型仓库主要是保管空间的储位分配；而流通型仓库注重为便于拣货及补货作业的储位分配。

（1）储区面积

一般来说，仓库面积可以分为建筑面积、使用面积和有效面积。各种面积的衡量见表1—2—3。

表1—2—3　仓库面积的划分

序号	仓库面积	衡量标准
1	建筑面积	库房占地总面积。以库房外墙线所包围的水平面积为准
2	使用面积	库房内可供使用的总面积。以库房内墙线所包围的面积为准，除去库房内立柱、电梯、消防设施、办公设施等所占面积的剩余部分
3	有效面积	实际用来存放货物的面积，主要是指货位和货架等所占面积。使用面积除去过道、垛距、墙距及进行验收备货区面积后所剩的用于储存货物的实际面积

合理规划储区面积实质上就是最大限度提高有效储存面积。具体规划时，由于仓库内立柱、电梯等刚性区域是无法二次规划使用的，在储位分配时，确定储位空间，就先考虑空间大小、柱子排列、梁下高度、过道、设备作业半径等基本因素，再结合其他因素，才能合理安排储存商品。

作业通道是除了货物储存面积外占用使用面积最大的部分，设计时一定要充分保证作业设施和设备运行所需要的最小通道宽度，并合理设置回转空间。表1—2—4是常见的仓库作业通道的类型。

（2）有效储区面积计算

例如：某一平面库房墙内长35 m，宽18 m，走道宽度为3.5 m，两条支道宽度各为1.5 m，外墙距0.5 m，内墙距0.3 m，库内无立柱、楼梯或其他固定设备。如图1—2—1所示。

表 1—2—4　　仓库作业通道类型、功能、规划要点

序号	通道类型	功能	规划要点
1	作业通道	货物进出仓通道，分为主作业通道和次作业通道	主作业通道贯通储存区且尽量直通并衔接出入口，同时连接次作业通道
2	电梯通道	货物出入货梯的通道	根据货梯的位置，一般距离工作通道 3～4.5 m
3	设施通道	公共设施和消防设备使用的通道	根据公共设施和消防设施位置及设计要求设置
4	人员通道	作业人员正常作业行走的通道	在考虑使用要求的情况下尽量减少该通道所占面积及对主作业通道的影响
5	服务通道	为存货或检验提供大量货物进出的通道	尽量维持最小数目和占用面积，减少对主作业通道的影响

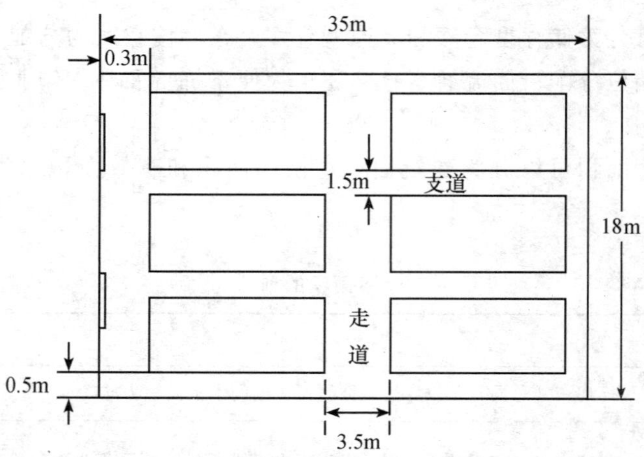

图 1—2—1　库房内部示意图

储区有效面积计算如下：

使用面积＝35×18＝630 m²

走道面积＝3.5×18＝63 m²

支道面积＝2×［1.5×（35－3.5－2×0.3）］＝92.7 m²

内墙距面积＝2×18×0.3＝10.8 m²

外墙距面积＝2×（35－3.5－2×0.3）×0.5＝30.9 m²

储区的有效面积＝630－63－92.7－10.8－30.9＝432.6 m²

面积利用率＝有效面积/使用面积×100％＝432.6/630×100％＝68.7％

2. 储存的商品

管理放在储位上的商品，要考虑商品本身的影响因素，这些因素主要包括：

（1）供应商

商品供货渠道，是自己生产还是外购，有没有行业特点。

（2）商品特性

商品的体积、重量、单位、包装、周转率、季节性的分布及自然属性、温湿度的要求、气味的影响等。

（3）数量与批量的影响

主要有生产批量、进货批量、最大库存量、安全库存量等因素。

（4）进货要求

包括采购进货前置时间，采购作业特殊要求。

（5）储存货物的品类

品类多少由货物种类、规格、包装、颜色等决定。

除此之外，还必须考虑存储单位（单个、箱、托盘）、储位策略（定位存储、随机存储、分类存储还是分类随机存储，或是其他的分级、分区存储）、储位分配原则、商品特性、补货的方便性、单位在库时间、订购频率等要素。

3. 作业人员

作业人员包括仓管人员、搬运工、理货员（包括拣货员、补货员）等。仓管人员负责管理及盘点作业，拣货员负责拣货作业，补货员负责补货作业，搬运工负责入库作业、出库作业、翻堆作业等。

在存取、搬运作业中，讲求的是省时、高效。在作业管理中，讲求的是省力、高效。因此要达成存取效率高、省时、省力，除作业流程合理外，储位配置及标示要简单、清楚，一目了然；且要好放、好拿、好找。表单要简单化、标准化。

4. 储放、搬运设备

相对储位空间、商品、人员来说，储放搬运设备与资金是关联要素，在选择搬运设备时，要考虑商品特性、单位、容器、托盘等因素，以及人员作业时的流程、储位空间的分配等，还要考虑设备成本与人员操作的方便性。

四、储位管理范围和储位功能区划分

1. 储位管理范围

在仓库的作业中，所用到的保管区域均是储位管理的范围，根据作业方式不同，储区可分为预备储区、保管储区、动管储区等。

（1）预备储区

预备储区是商品进出仓库时的暂存区，预备进入下一保管区域，虽然商品在此区域停留的时间不长，但是也不能在管理上疏忽大意，否则会给下一作业程序带来麻烦。

在预备储区，不但要对商品进行必要的保管，还要将商品打上标识、分类，再根据要求归类，摆放整齐。为了在下一作业程序中节省时间，标识与看板的颜色要一致。

对于进货暂存区，在商品进入暂存区前先分类，暂存区域也先行标示区分，并且配合看板上的记录，商品依据分类或入库上架顺序，分配到预先规划好的暂存区储存。

对于预备储区，要出库的商品须按送货线路或车辆整齐摆放在事先标示好的储位上，再配合看板上的标示，按照出货单的顺序，进行装车。

（2）保管储区

保管储区是仓库中最大最主要的保管区域，商品在此区域的保管时间最长，并以比较大的存储单位进行保管，是整个仓库管理的重点。为了最大限度增加储存容量，要考虑合理利用储存空间，提高使用效率。为了对商品的摆放方式、位置及存量进行有效控制，应检验储位的分配方式、储存策略等是否合适，并选择合适的储存搬运设备，提高作业效率。

（3）动管储区

动管储区是在拣货作业时所使用的区域，此区域的商品大多会在短时间内被拣取出库，在储位上流动频率很高，所以称为动管储区。

动管储区的主要任务是对储区货物的整理、整顿和对拣货单的处理。在仓库中进行整理、整顿的工作，将使寻找商品的时间缩短，并可缩短行走的距离，一般情况下，拣取货物所花费的时间很短，但花费在寻找商品、行走上的时间特别多，若能有效地运用整理、整顿，并将货架编号、商品编号、商品名称简明地标示，再利用灯光、颜色进行区分，不但可以提高拣货效率，也可以降低拣错率。

拣货单在设计时应对各个项目，如货架编号、货号、数量、品名合理安排顺序，以免拣货时产生一位多物、一号多物、拣错等问题出现。

2. 储位功能区划分

确定储位管理范围后，就要安排各功能区的相对位置关系并进行颜色管理，根据各功能区作业间的衔接关系，其相对位置关系见表 1—2—5。各功能区相对位置布置如图 1—2—2 所示。

表 1—2—5　　储区各功能区相对位置关系

作业区域		颜色管理	功能	区划位置
预备储区	暂存区	黄色	暂存处于检验中的货物	出入口附近
	待处理区	白色	暂存验收有问题的货物	与待检区邻近
保管储区		绿色	保管验收合格的货物	主要存储区域
动管储区		红色	储存即将拣取的货物	邻近保管储区

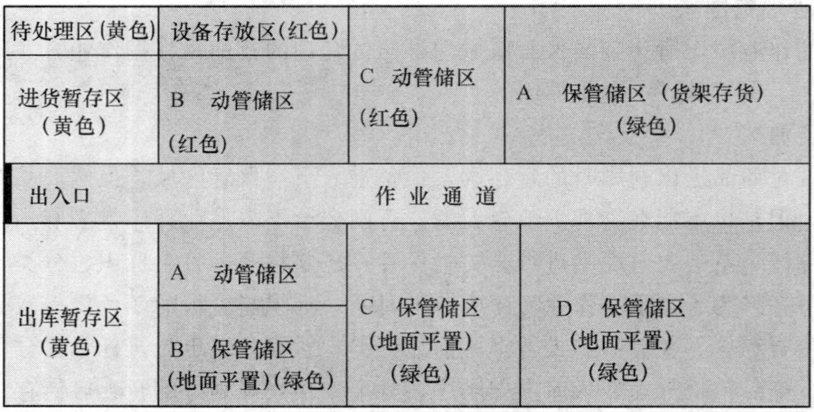

待处理区（黄色）
设备存放区（红色）
进货暂存区（黄色）
B　动管储区（红色）
C　动管储区（红色）
A　保管储区（货架存货）（绿色）
出入口
作业通道
出库暂存区（黄色）
A　动管储区
B　保管储区（地面平置）（绿色）
C　保管储区（地面平置）（绿色）
D　保管储区（地面平置）（绿色）

图 1—2—2　储区功能区相对位置布置示意图

五、储位的管理方法、布置、编号和标示

1. 储位的管理方法（ABC 分类法）

根据商品的物流属性可以将商品分为 ABC 三类：A 类商品物流速度很快、物流量较大，大多属于畅销品；B 类商品物流速度快、物流量一般，大多属于次畅销品；C 类商品物流速度慢、物流量非常小，大多属于滞销品。

(1) 基于 ABC 分类的储位使用

以某医药企业为例，仓库货架分为三种：拆零货架，整件货架，整件堆垛（暂且划入货架类）。

1) 拆零货架的 ABC 摆放方法。拆零货架一共有 6 层，根据货架取货的难易程度将其分为三个区：A 区（取货容易）为货架的 3、4 层；B 区（取货较易）为货架的 2、5 层；C 区（取货困难）为货架的 1、6 层。这样，根据货架的层次就可以很快查找 ABC 不同货品的摆放位置，进而加快拣货速度，节省发货时间，提高物流效率。

2) 整件货架的 ABC 摆放方法。整件货架是用来存放 C 类商品的，由于 C 类商品物流速度慢、物流量小，在发货区的存储量很少，所以可以把它放到货架上，利用货架的高空优势，节约库存面积。摆放原则是：同一货位的同一列只能摆放同一种商品，里层放新批号商品，外层放老批号商品；高层货位放重量较轻、体积较小的 C 类商品；第一层货架放体积比较大、重量比较重的 C 类商品；底层放比较重的 C 类商品。在以上的原则基础上还得遵循其他原则，比如出货频繁的商品尽量放在货架底层。

3) 整件堆垛的 ABC 摆放方法。在有了整件货架之后，整件堆垛一般是用来摆放 A、B 两类整件货品，在摆放的时候也有一定的原则。A 类（数量多，流动快）应该放到堆垛的外层，拿取比较方便的地方；而 B 类货品，数量较多的也要放到外层，数量比较少的就应该放到里层了。

(2) 基于 ABC 分类的储位管理

1) 储位分配与结构的调整。根据商品的物流属性对其分配货位，确定其货位位置及货位大小。A 类商品的位置一般在货架的 3、4 层，货位应该比较大；B 类商品的位置一般在货架的 2、5 层，货位大小一般；C 类商品的位置一般在货架的 1、6 层，货位比较小。

2) 储位的维护与更新。由于新商品上架和老商品下架，还有就是一些商品实际销售情况的变动，存在着货位的变动，所以需要调整商品货位。在调整的过程中，也一定要遵守 ABC 分类的摆放原则。还有就是一定要保持实际货位与系统货位的同步改动，这样才能保证物流环节的顺利进行。

2. 储位布置

根据储存的货物不同，储位的布置和编排方法分为横列储位、纵列储位和纵横储位三种。布置方法见表 1—2—6。编排形式如图 1—2—3 所示。

表 1—2—6　　储位布置编排

序号	布置方式	布置方法	特点
1	横列储位	货垛或货架与库房宽度方向平行排列	便于根据货物的在库时间和出入库频率使用仓位
2	纵列储位	货垛或货架与库房宽度方向垂直排列	主通道长，次通道短，便于存取和盘查货物，通风和采光好
3	纵横储位	横列与纵列仓位混合在同一库房内	兼有横列和纵列仓位的优点，适应性好，但通道设置复杂

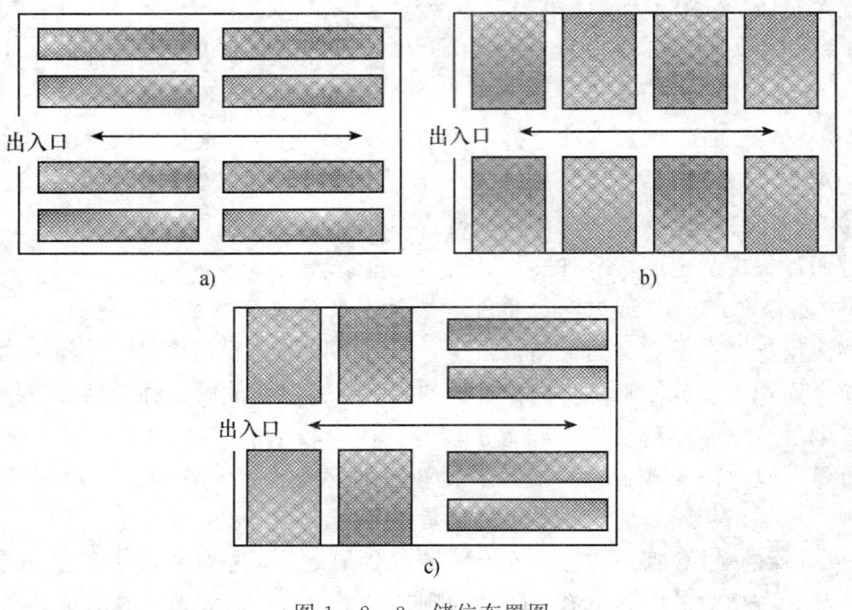

图 1—2—3 储位布置图

a）横列储位 b）纵列储位 c）纵横储位

3. 储位使用注意事项

（1）根据货物的储备定额确定储位大小

为保证货物有足够的储存空间，仓库管理人员应根据货物的储备定额量大小规划和使用储位。

（2）根据货物进出仓频率确定储位位置

进出仓频率较高的货物应该使用距离出入口较近、便于装卸搬运的储位，而进出仓频率较低的货物可以使用中央位置的储位。

（3）根据货物保管要求划分储位

使用储位时要充分考虑货物的保管要求，储位使用可以按通风条件、保养方法、消防方法等进行细分。

（4）根据货物分类目录（或货物编号）规划使用储位

通常为便于货物储存管理，提高入库出库作业效率，储位要结合货物分类或编码方法合理使用。

（5）储位的分区分类使用

必须以货物的自然属性一致、养护措施一致、作业手段一致、消防方法一致的“四一致”为原则，统筹规划，把储位划分为若干区域，把储存的货物划分为若干类别，以便安全地、保质保量地分区分类储存和保管库存货物。

4. 储位编号

储位是货物存储的具体位置，为了使货物储存具有规律性和合理性，提高货物存取的方便性、快捷性和准确性，通常需要对储位进行编号管理。

储位编号应符合“编排规律有序，标识明显易找”的使用要求。通常储位编号可以采取地址编号法、区段编号法和品类群编号法三种方法。

（1）地址编号法

地址编号法即用汉字（或英文字母）和数字进行统一编号。“四号定位”法是常见的地址编号法，地面存放货物，一般按照仓库－货区－排－货位的格式进行统一编号；货架存放货物，从左往右，依次是仓库（货区）号、排号、层号、货格号：这些是在实际工作中被广泛使用的方法。如：某仓库地面堆存货区编号为“A”，货架区编号为“B”，则“1-A-3-1”表示1号库、A区、3排、1号货位，“1-B2-3-2”表示1号库、B区2号货架、3列、2层。此外还可以采用“五号定位”或“六号定位”，都可以采用地址编号的原理进行货位编号。

（2）区段编号法

区段编号法先把储存区分成若干个区段，然后再对每个区段进行编号。这种方法是以区段为单位，每个号码代表的储区较大。比如用大写英文字母A，B，C，D，…，表示各储存区段，各区段再按地址法或其他货位编号方法进一步编号管理。

（3）品类群编号法

品类群编号法是把一些相关性强的货物集合后，分成若干个品类群，再对每个品类群进行编号。该方法主要适用于相关性强但是品牌差异大的商品，如服装类群、食品类群、日用化工品类群、家电类群等。

5. 储位的标识

为了便于在仓库中迅速找到目标货物，需要对货位进行明显标识。设置标识应注意以下问题。

（1）标识设置要适宜

货位编号的标识设置要因地制宜，无货架库房的走道、支道、段位的标识，一般都刷置在水泥或木板地坪上；有货架库房内，货位标识设置在货架上。

（2）标识制作要规范

货位编号标识要有规律，要连续编号，不能跳号或断号使用。可以使用数字或数字＋英文字母进行标示。实际操作中，为了将库房以及走道、支道、段位等加以区别，可在字码大小、颜色上进行区分。

（3）编号顺序要一致

整个仓库范围内的库房、货场内的走道、支道、段位的编号，一般都以进门的方向左单右双或自左向右顺序编号的规则进行。

（4）段位间隔要恰当

区段编号时，段位间隔的宽窄应取决于货种及批量的大小。要注意预留足够的区段号码。

（5）标识清晰明显

货位标识的字迹要工整、清晰，文字、数字和字母的使用要规范，标示位置明显。一般在仓库的入口处应设置仓库货位布置平面图，以便清晰表明各类货位的相对位置。

六、货物编码方法

1. 流水号编码法

这是最简单的编码方法。由1开始按数字顺序一直往下编，常用于账号或发票编号，属于延展式的方法。见表1—2—7。

表1—2—7 流水号编码法

编码	货物名称	号码含义
1	电视机	无含义
2	电冰箱	无含义
3	洗衣机	无含义

2. **数字分段编码法**

对数字进行分段，让每一段数字代表有共同特性的一类货品。见表1—2—8。

表1—2—8 数字分段编码法

编码	货物名称	号码含义
1	电视机	4～10预留家用电器
2	电冰箱	
3	洗衣机	
	…	
11	洗衣粉	14～20预留给日用品
12	洗发水	
13	香皂	

3. **分组编码法**

分组编码法是依货品的特性分成多个数字组，每一数字组代表此项货品的一种特性，例如第一数字组代表货品的类别，第二数字组代表货品的形状，第三数字组代表货品的供应商，第四数字组代表货品的尺寸，至于每一个数字组的位数多少要视实际需要而定。此方法现今使用尤为普遍。见表1—2—9。

表1—2—9 分组编号法

编码	类别	形状	供应商	尺寸	货物含义
07-04-006-110	07				饮料
		04			方形
			006		康师傅
				110	4 cm×9 cm×15 cm

4. **实际意义编码法**

依货品的名称、重量、尺寸、分区、储位、保存期限或其他特性的实际情况来考虑编码。此方法有一个特点：由编码即能了解货品的内容。见表1—2—10。

表1—2—10 实际意义编码法

编码	意义
FO4915B1	FO：表示Food，食品 4915：表示规格尺寸，4 cm×9 cm×15 cm B：表示B货区 1：表示第1排货架

5. 后位数编码法

运用编码末尾的数字，来对同类货品做进一步细分，也就是从数字的层级关系来看货品的归属类别。见表 1—2—11。

表 1—2—11　　后位数编码法

编码	货物类别
260	服饰
270	女装
271	上衣
271.1	毛衣
271.11	红色

6. 暗示编码法

用数字与文字的组合来编码，编码本身虽不直接指明货品的实际情况（与实际意义编码法不同），但却能暗示货物的内容。这种方法的优点是容易记忆，但又不易让外人了解。见表 1—2—12。

表 1—2—12　　暗示编码法

编码	意义			
	货物名称	尺寸	颜色与型号	供应商
BY005WB10	BY（自行车 Bicycle）	005（5 号）	W（白色 White）	B10 供应商号码

不论采用哪种货物编码方法，均应注意：编码应简单明了、易于记忆、易于检验、易于计算机储存和处理；货物编码与货物一一对应，确保唯一性；货物编码要体现货物分类并具有可扩展性；在一定时期内保持编码相对稳定性，不宜经常变更。

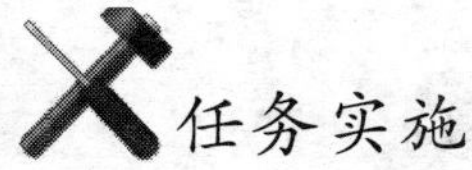

一、对储区进行重新规划

1. 实地考察商场的仓库，绘制平面图

根据调查，该公司租赁仓库分 1，2 两个库房，库房内均无立柱及办公室等非储存区，按平面尺寸绘制如图 1—2—4 所示。

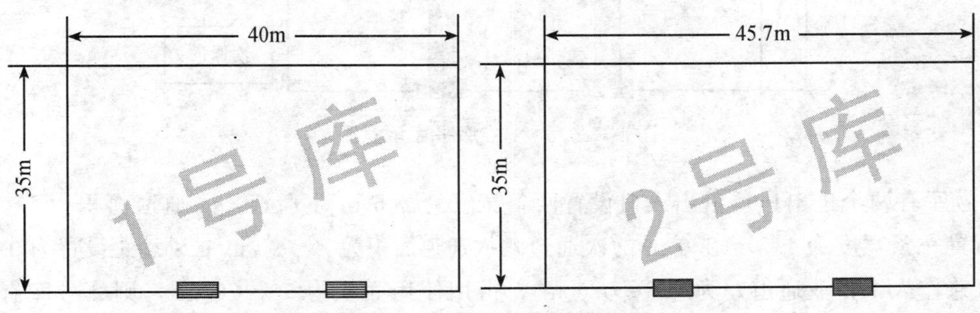

图 1—2—4　仓库平面示意图

如图 1—2—6 所示，1 号库长宽尺寸为 40 m×35 m，同向均匀设置两个进出口，安装有电动卷帘门；2 号库长宽尺寸为 45.7 m×35 m，同向设置两个进出口，安装有电动卷帘门，两库均采用开放式站台设置，实景图如图 1—2—5 所示。

图 1—2—5　商场仓库实景图

2. 根据仓库平面图计算有效使用面积

该商场仓库的两个库房占地总面积为 3 000 m^2，按建筑物使用率 75%计算，1 号库使用面积为 1 050 m^2，2 号库使用面积为 1 200 m^2。

1 号库沿出入库方向（纵向）设置两条主通道，主通道宽度为 2.5 m，主通道面积为 175 m^2，横向布置一条宽度为 1.5 m 的次通道，次通道面积为 60 m^2；外墙距设置为0.3 m，垛距（兼作人工作业通道）为 0.3～0.5 m，占用使用面积约 60 m^2，则 1 号库有效使用面积约为 750 m^2（见图 1—2—6）。

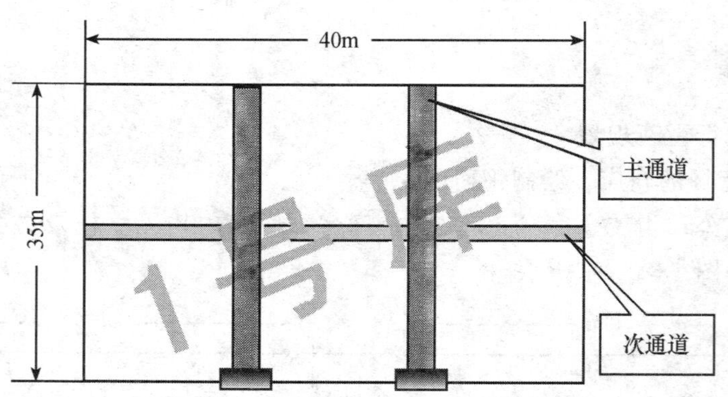

图 1—2—6　1 号库平面示意图

2 号库有两个进出口，沿出入口设置两条宽度为 2.5 m 主通道，主通道面积为 175 m^2，横向布置一条宽度为 1.5 ～2.0 m 的次通道，次通道面积为 70～90 m^2；外墙距设置为 0.3 m，垛距（兼作人工作业通道）为 0.3～0.5 m^2，占用使用面积为 50～70 m^2，则 2 号库有效使用面积约为 900 m^2。如图 1—2—7 所示。

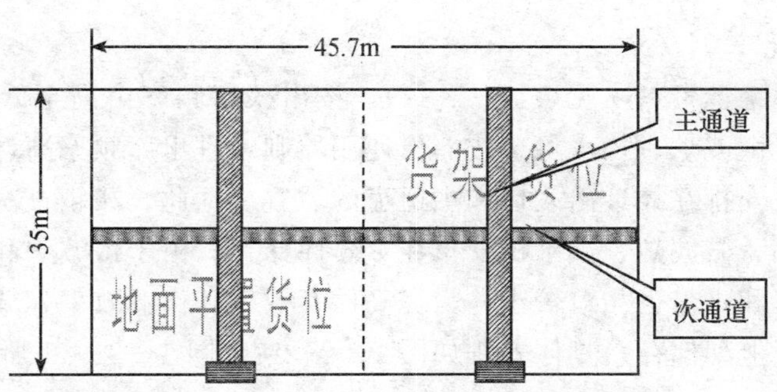

图 1—2—7　2 号库平面示意图

二、储位的使用规划

1. 储位功能区划分

根据储存保管作业需要，储存区的仓位设置为待检区、保管区和待处理区（含不合格品隔离区）。

1 号库全部设置为地面堆存货位，按货物堆码层数限制和仓库净高限制进行堆码管理。储位布置如图 1—2—8 所示。

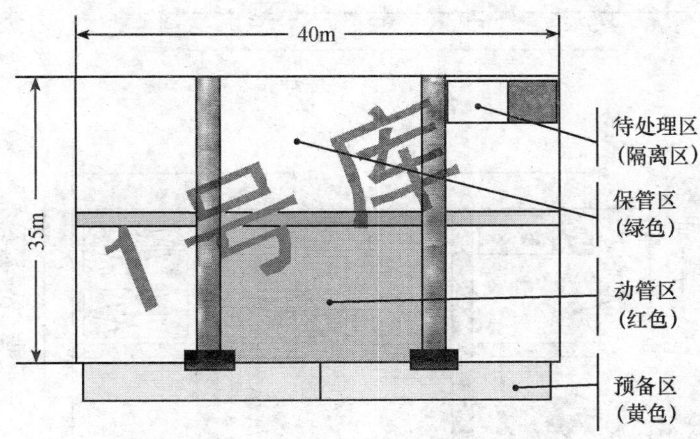

图 1—2—8　1 号库功能区划分

2 号库分设地面堆存货位和货架货位，具体区域划分见图 1—2—9 所示。

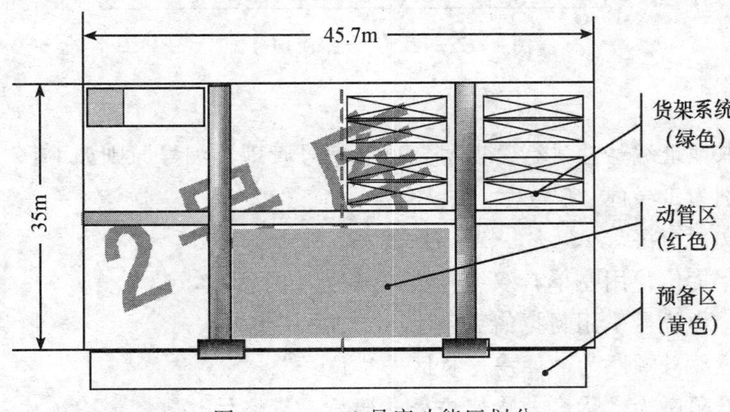

图 1—2—9　2 号库功能区划分

2. 储位使用分配

根据货物进出库统计资料（见表 1—2—2），按出入库频率由高至低依次为冰箱、洗衣机、电视机、空调、微波炉、饮水机。按储位使用原则，进出库频率高、体积大、重量较重货物的储存仓位应该安排在靠近出入口和主通道的位置。据此，冰箱、洗衣机安排在 1 号库储存，电视机、空调、微波炉、饮水机安排在 2 号库储存。由于微波炉和饮水机进出库频率相对较低，单位体积和重量也相对较小，为提高储存效率和作业效率，微波炉和饮水机打托后放置在货架存货区上架储存。具体安排如图 1—2—10、图 1—2—11 所示。

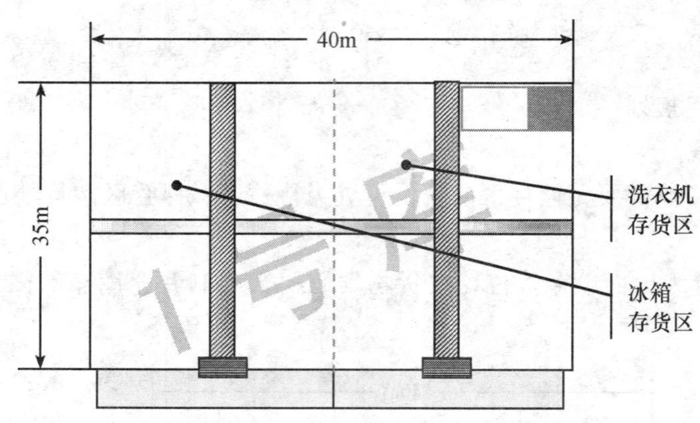

图 1—2—10　1 号库使用分配

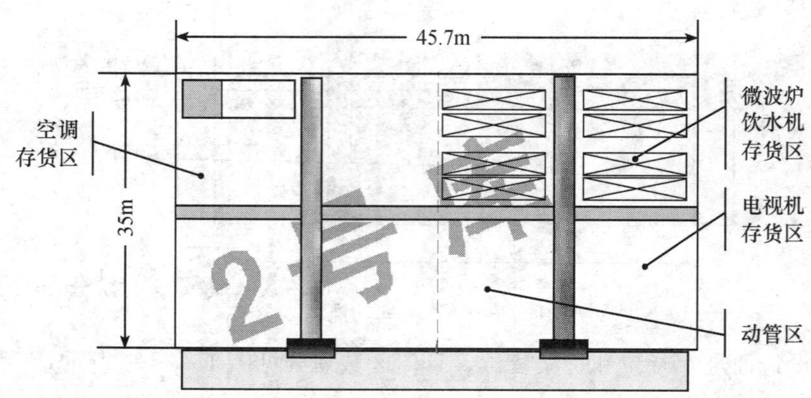

图 1—2—11　2 号库使用分配

3. 储位编号

货位管理采取地址编号法进行“四号定位”编号管理。编号原则如下：

库房编号分别为 1 号库、2 号库；

货区采用英文大写字母 A，B，C 编号；

地面平置堆存货位采用左单右双编号法，编号为 01，02，03，…；

货架排、层、货位号采用阿拉伯数字 1，2，3，…编号；

地面堆存货位编号顺序为“库房－货区－货位号”；

货架货位编号顺序为“货区－货架排号－层号－货格号”。

例如："A010203"货位表示"A区1排货架2层3号货位"；"B01"货位表示"B区01号货位"。2号库货区及货位编号编排规则如图1—2—12所示。

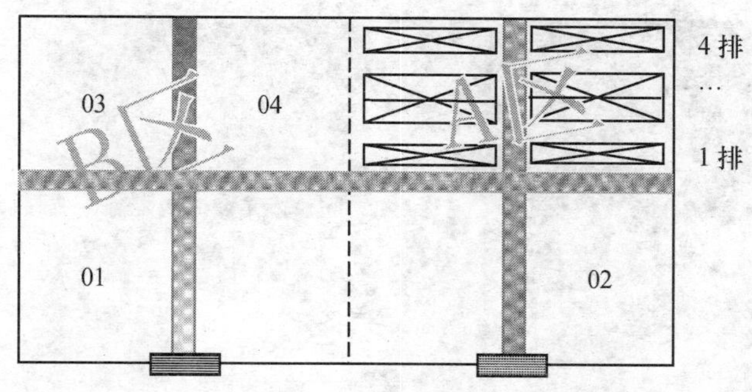

图1—2—12　2号库货位编号

三、货物编码管理

根据任务，XK家电商场经营的家电产品主要有六大类，即冰箱、洗衣机、电视机、空调、微波炉和饮水机（见表1—2—1），销售商品的规格有30多种，据此编制货品编码代码表（见表1—2—13），货品编码举例见表1—2—14。

表1—2—13　　货品编码代码表

货物类别	类别编码	供应商（品牌）及编码	规格举例	规格编码
冰箱	01	01海尔、02美的、03格力、04TCL、05创维、06长虹、07科龙、08格兰仕、09华宝、10松下	210 L	01～10
洗衣机	02		5.2 L	11～20
电视机	03		42英寸	21～30
空调	04		1.5 P	31～40
微波炉	05		1 800 W	41～50
饮水机	06		1型	51～60

表1—2—14　　货品编码举例

编号	货物名称	类别	品牌	规格	货物含义
010201	冰箱	01	02	01	210升美的电冰箱
020111	洗衣机	02	01	11	5.2升海尔洗衣机
030521	电视机	03	05	21	42英寸创维电视机
040331	空调	04	03	31	1.5匹格力空调
050841	微波炉	05	08	41	1 800瓦格兰仕微波炉
060951	饮水机	06	09	51	美的1型饮水机

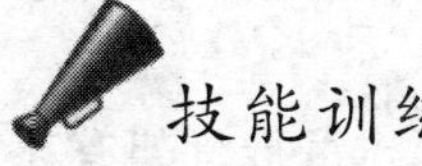

技能训练

1. 某公司拥有一个占地4 000 m^2、独立场地的储存仓库，库房为轻钢结构常温库房设计，长30 m，宽22 m，库内净高为8.5 m，库顶为岩棉夹心彩钢板，地面为混凝土硬化环氧地面，承载能力为 3.5 t/m²，库房设有开放式卸货平台，站台高度为 1.3 m。仓库储存现状如图 1—2—13 所示，储存的主要货物见表 1—2—15。

图 1—2—13　仓库内部状况

表 1—2—15　　货物基本情况

货物类别	名称	品牌	规格
食品	奶粉	雀巢	袋装、桶装
		美赞臣	袋装、桶装
		贝因美	袋装、桶装
		合生元	袋装、桶装
	咖啡	雀巢速溶咖啡	袋装、桶装
		克芭娜速溶咖啡粉	袋装、桶装
酒类	红酒	华夏 92 长城干红	瓶装（带商品包装）
		威鲁庄园	箱装
		风时亚红酒	箱装
		瑞爵	箱装
	威士忌	高地 12 年威士忌	箱装
		芝华士 12 年	箱装

请结合本节知识对该公司库房进行储区规划、仓位分配、货位管理，并对储存的货品进行编码管理。

2. 某药品企业的库房长 60 m，宽 45 m，高 9 m，库内设置货架 16 行，每行货架有 4 层（层高 1.5 m），有效货位 1 640 盘，每托盘货位（1 100 mm×1 100 mm）面积为 1.21 m²。试计算仓库库内有效面积。

思考与练习

1. 仓库的储区一般由哪几个部分构成？储区布置有什么具体要求？
2. 储位的有效面积是指什么？怎么计算有效面积？
3. 通常储位的区域划分为哪几个部分？储位的编排方式有哪几种？各有什么特点？
4. 储位通常会采用什么方法进行编码管理？
5. 为什么要对货物进行编码？如何编码？

模块二

入库作业管理

仓储作业过程是以入库、保管、出库为中心的一系列作业阶段和作业环节的总称。入库作业是仓储作业的开始，主要由到库接运、卸车、搬运、验收、办理交接、临时存放、货位分配等作业环节组成。货物入库作业的质量直接影响仓储管理质量，及时、准确、规范、严格地完成货物入库各环节的作业是对入库作业的基本要求。仓储入库作业的一般流程如图 2—0—1 所示。

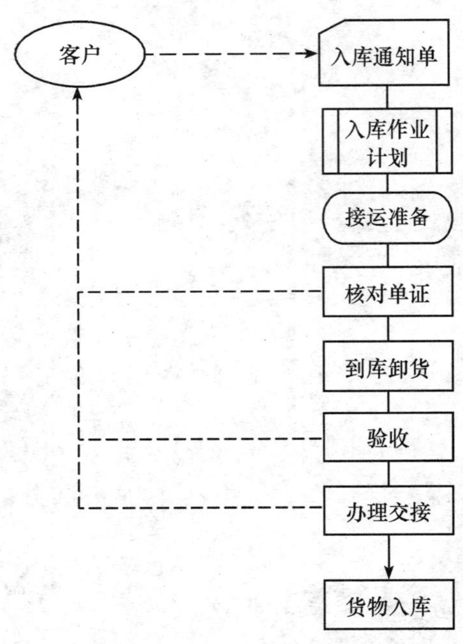

图 2—0—1　仓储入库作业的一般流程

任务1　到库接运

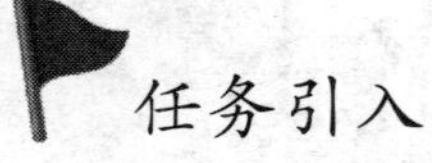

任务引入

2010 年 11 月 10 日，A 公司物流仓库收到合同客户 NG 公司的到货通知，11 月 17 日上

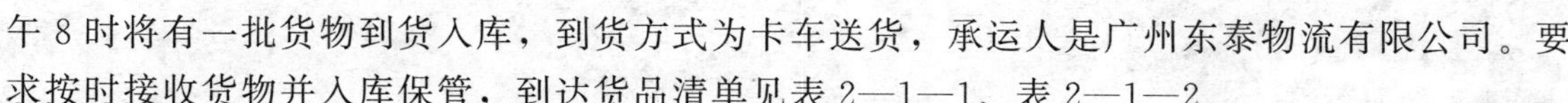

午8时将有一批货物到货入库，到货方式为卡车送货，承运人是广州东泰物流有限公司。要求按时接收货物并入库保管，到达货品清单见表2—1—1、表2—1—2。

表2—1—1　　入库通知单

天河粤垦库　　凭单号：20101117001

以下客户已经申请货物入库，请安排接收。

客户	NG公司		
联系人	张强	联系电话	020-88888888
货物目前所在地	广州东泰批发中心	运输方式	汽车运输
入库品种	食品、酒、日用品	入库数量	
入库时间	2010年11月17日		
备注	附货物清单		

经办人：×××　　审批：×××

表2—1—2　　入库货物清单

属性	种类	货物名称	规格	包装	外包装尺寸（mm）	数量	保质期
食品	方便食品	光友方便粉丝（香辣肥肠）	100 g×12碗	箱	400×170×200	150	12个月
		光友方便粉丝（香辣肥肠）	100 g×20袋	箱	400×280×140	150	12个月
		光友方便粉丝（香菇鸡）	95 g×12碗	箱	400×170×200	150	12个月
		光友方便粉丝（香菇鸡）	95 g×20袋	箱	400×280×140	150	12个月
	罐头	米卡多茄汁鲭鱼罐头	155 g×5听	箱	150×100×90	150	36个月
酒	白酒	蒙古王圆桶38°	500 mL×6瓶	箱	287×197×323	130	—
		红星56°精红盒二锅头	500 mL×6瓶	箱	288×192×285	120	—
	红酒	张裕馆藏解百纳干红葡萄酒	750 mL×6瓶	箱	398×365×355	130	8年
		张裕馆藏干红葡萄酒	750 mL×6瓶	箱	235×155×332	135	8年
日用品	纸巾	晶柔商务抽取式卫生纸	60包	箱	460×330×355	150	3年
		晶柔商务盒装面纸（长方盒）	72盒	箱	500×425×450	150	3年

根据上述资料信息，完成到库接运工作。

任务分析

到库接运工作涉及客服、业务调度、仓管等部门岗位。

客户服务人员要熟悉货物到库的不同形式，入库通知单的送达方式，了解客户有无特殊要求，并对入库通知单的关键信息进行确认。

业务调度人员要对入库通知单做相应的信息处理生成入库作业计划单，目的是将不同客户、不同形式的入库通知单信息转化成统一的格式单证，以便在企业内部各作业岗位间流转，指导各岗位进行配合作业。

仓管员根据到库货物的种类、属性做好货物到库接运的各项准备工作，按预定作业程序进行货物到库接运并办理相关手续，完成接运工作。

相关知识

一、货物接运前的准备

货物入库前要做好接运准备工作，接运人员要熟悉交通运输部门及有关供货单位的制度和要求，根据不同的接运方式，处理接运中的各种问题。根据仓储合同或者入库单、入库计划，掌握入库货物的品种、数量、到货地点、到货日期等具体情况，及时进行库场准备，以便货物能按时入库，保证入库过程顺利进行。

1. 验收组织工作准备

（1）组织人力

按照货物到达的时间、地点、数量等，预先做好到货接运、装卸搬运、检验、堆码等人力的组织安排。

（2）准备物力

根据入库货物的种类、包装、数量等情况以及接运方式，确定搬运、检验、计量的方法，配备好所用车辆、检验器材、度量衡器和装卸、搬运、堆码苫垫等工具，以及必要的防护用品用具等。

（3）验收工作组织

仓库理货人员根据货物情况和仓库管理制度，确定验收方法，准备验收所需的点数、称量、测试、开箱等工具及入库记录、残损记录、理货检验单、货卡等各种表单。

2. 根据入库货物选择储存方法

（1）熟悉入库货物

货物入库前，相关作业人员要熟悉货物资料，掌握入库货物的品种、规格、数量、理化特性、包装状态、单件体积和重量、到库时间、货物存期、保管要求等。以便妥善进行库场安排、货位准备、装卸设备准备和作业人员的准备。

（2）合理选择储存方法

接运前要了解货物入库前、入库期间、保管期间仓库的库容、设备、人员等使用和变动情况，以便合理选择货物储存的方法。货物储存方法主要有专仓专储和分区分类储存两种方法。见表2—1—3。

表2—1—3　货物储存方法

储存方式	使用方法	适用范围	适用货物种类
专仓专储	在仓库中划分出专门仓间用于储存某一类或某一客户的货物	适用于专用仓库；货物种类较少、数量较大；储存性质一般较为特殊；不宜与其他货物混储	适合粮食、烟酒、食糖、香料等日用商品；易燃易爆有毒的危险货物；对保管条件有特殊要求的货物；贵重商品
分区分类储存	将仓库划分为若干保管区域，按货物不同分类分区保管	适用于通用仓库；货物种类较多，同类货物储存数量较少；存储的货物具有较好的互容性	适合一般的日用品，如家电、纺织品等；保管时不会互相影响的货物，如食品与饮品，洗发水与洗衣液、洗衣粉、肥皂等

3. 根据储存区划整理存放区域

（1）选择货位，整理存放区域

根据入库货物的性能、数量、类别，按仓库分区分类保管的原则，核算货位大小。根据货位使用原则指派货位，进行必要的腾仓、清除残留物、清扫、消毒等货位准备工作。根据货物特性（如包装、体积、重量等）确定堆垛方法、苫垫方案，并准备苫垫材料、作业用具等，检查照明、通风等设备。

（2）核算储存空间，制订仓储计划

根据入库货物的品种、数量，结合存放方式，核算入库货物所需的储存保管空间或占用的储存面积，在货物入库前腾出足够的仓容。

针对不同的货物，其储存空间的核算方法有以下三种：

①计重货物：货物占用的储存面积$=\dfrac{\text{到货数量（重量）}}{\text{货物的仓储定额}}$；

②计件货物：货物占用的储存面积$=\dfrac{\text{入库货物件数}}{\text{允许堆码层数}}\times$单件货物底面积；

③货架存放货物：货物占用的货架货位＝单件货物所占货位×货物数量。

仓库业务部门根据货物状况、货位适用状况、设备使用状况制订仓储计划，并将任务下达到各相应的作业单位。

（3）做好作业现场清理清洁

对于腾空的储存空间及验收场地，作业人员应对其进行清理和清洁工作，保证货物到库后的作业安全。

二、货物的接运方式

1. 专用线接运

这是铁路部门将转运的货物直接运送到仓库内部专用线的一种接运方式。仓库接到车站到货通知后，应确定卸车货位，力求缩短场内搬运距离，准备好卸车所需的人力和机具。车皮到达后，要引导对位。

（1）卸车前的检查

卸车前的检查工作是十分重要的，通过检查可以防止误卸和划清货物运输事故的责任。检查结果应及时与车站联系，并取得文字记录。卸车前检查的主要内容有：①核对车号；②检查车门、车窗有无异状，货封是否脱落、破损或印纹不清、不符等；③货物名称、箱件数与货物运单上填写的名称、箱件数是否相符；④对盖有篷布的敞车，应检查覆盖状况是否严密完好，尤其应查看有无雨水渗漏的痕迹和破损、散捆等情况。

（2）卸车中应注意的要点

1）要按车号、品名、规格分别堆码，做到层次分明，便于清点，并标明车号及卸车日期。

2）注意外包装的指示标志，要正确勾挂、铲兜，升降轻放，防止包装和货物损坏。

3）妥善处理货差，防止受潮和污损。

4）对品名不符、包装破损、受潮或损坏的货物，应另外堆放，写明标识，并会同承运部门进行检查，编制记录。

5）力求与保管人员共同监卸，争取做到卸车和货物件数一次点清。

6）卸后货垛之间留有通道，并要与电线杆、消防栓保持一定距离，要与专用线铁轨外侧相距1.5 m以上。

7）正确使用装卸机具、工具和安全防护用具，确保人身和货物安全。

（3）卸车后的清理

1）检查车内货物是否卸清，关好车门、车窗，通知车站取车。

2）做好卸车记录，记录清楚卸车货位、货物规格、数量等，连同有关证件和资料尽快向保管人员或验收人员交代清楚，办好内部交接手续。内部交接手续包括：调运机构或接运人员将卸车记录和货运记录交付保管人员；将进货货物件数交付保管人员。

（4）填写到货台账，办理内部交接

货物卸载完成后，接货人员根据货物到货情况填写到货台账。台账的主要内容包括到货货物名称、规格、数量、到货日期、发货站、发货单位、送货车皮号、货物到货状态等。

接货完成后，接运人员要办理内部交接手续，将到货台账及其他有关资料与收到的货物一并交付仓管人员办理入库。

2. 车站、码头提货

（1）安排接运车辆

提货前，接货人员应电话联系承运单位，了解货物特性、单件货物重量、外形尺寸等货物信息，据此安排接货的作业工具和运输车辆。

（2）前往车站、码头提货

到车站提货，应向车站出示“领货凭证”。如果“领货凭证”发货人未予寄到，也可凭单位证明或单位提货专用章在货票存查联上加盖，将货物提回。到码头提货手续稍有不同，提货人要事先在提货单上签名并加盖公章或附单位提货证明，到港口货运处取回货物运单，即可到指定的库房提取货物。

（3）检查货物状况

提货时，应根据运单和有关资料认真核对货物的名称、规格、数量、收货单位等。仔细进行外观检查，如包装是否铅封完好，有无水浸、油渍、受潮、污损、锈蚀、短件、破损等。如果有疑点，或者与运单记载不相符合，应当会同承运部门共同查清，并开具文字证明；对短缺、损坏等情况，属于承运部门责任的，做出货运记录。

（4）运回货物，办理内部交接

检查无误后，接货人员安排装卸作业人员进行货物装车，并监督装车质量，保证货物安全运回仓库。

接货回库后，接货人员应及时将运单连同提取回的货物向保管人员当面点交清楚，然后由双方办理交接手续。

3. 自提货

这是指仓库直接到供货单位提货，自提方式的特点是提货与验收同时进行。

（1）做好自提工作准备

接货人员在接到提货通知后，应根据提货货物的性质、规格、数量做好提货所需的设备、工具和人员的准备工作。

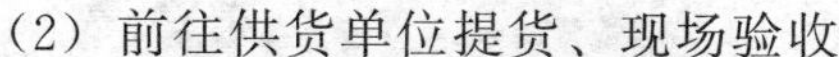

（2）前往供货单位提货、现场验收

到供货单位当场进行货物验收，点清数量，查看外观质量，做好验收记录。提货回仓库后，交验收员或保管员复验。

（3）办理收货手续、装货运回

现场验收合格后，提货人员与供货单位办理好货物交接手续并填写收货单后，将所提货物装车运回仓库。

（4）复检入库

对需要进一步质量验收的提货货物，通知质监部门进行复检，对验收合格的货物办理入库手续，妥善保管。

4. 送货

这是供货单位将货物直接送达仓库的一种供货方式。当货物到达后，保管员或验收员直接与送货人办理接收工作，当面验收并办理交接手续。如果有差错，立即做出记录，送货人签章认定，并向有关方面提出索赔或其他办法处理。

在完成货物接运工作的同时，每一步骤应有详细的记录。接运记录应详列接运货物到达、接运、交接等各环节的情况。采用完整记录的目的：①用以检查接运工作各环节的效率，防止遗漏和积压。②作为接运工作的基础统计。③ 分清责任，追踪有关资料，促进验收、索赔、交涉等工作顺利进行。④有利于清理在途货物。

接运工作全部完成后，所有的接运资料，如接运记录、运单、运输普通记录、货运记录、损耗报告单、交接证以及索赔单和文件、提货通知单及其他有关资料均应分类输入计算机以备复查。

三、货物接运的差错处理

在接运过程中，有时会发现和发生差错，如错发、混装、漏装、丢失、损坏、受潮、污损等。这些差错有的是发货单位造成的，有的是承运单位造成的，也有的是在接运短途运输装卸中造成的。除了由于人们不可抗拒的自然灾害或货物本身性质引起的以外，所有差错的损失应向责任者提出索赔。

1. 破损

货物接运作业中的破损包括两类：一是货物包装的破损，二是货物本身有破损。不论哪类破损，在货物到库接运中，都要详细记录并妥善处理。

一般地，破损是由于供应商在供货前就已经发生或承运单位在运输过程中造成的，接运人员应向承运人索取有关事故记录并交给保管员，作为向供应商或承运单位进行索赔的依据。如果破损是因接货单位在接货过程中由于作业组织不当或装卸操作不当等原因造成的，应由接运方负责，此时应填写残损记录单，注明破损原因、部位、破损货物数量等，报仓库主管并按规定处理。

2. 短少

货物短少如发生在接运前（如起运地装车短少、运输中丢失等），则做好接运记录和货运记录，分清责任并妥善处理。如果货物短少发生在接运作业过程中，其原因有两种：一是数量验收有误，二是接运作业中发生货物失窃。如是第一种情况，则应分清责任按仓库管理制度处置；如是第二种情况，则应及时报告仓库保卫部门进行查处。

3. 错到

货物错到分以下几种情况处理：

（1）发货方责任错发、错装，应及时通知发货方处理。

（2）接运方责任错卸、错装，保管员应做好接运记录并报主管处理。

（3）承运方错送、错运，应索取货运记录交货主交涉处理。

（4）无合同、无计划到货，应及时联系货主单位进行查询，催要到货通知单并办理到货入库手续。

4. 变质

货物变质包括污损、水渍及理化属性改变。货物变质的处理包括：

（1）由于供应商生产不合格或保质期过期造成的货物变质，接运方（或收货方）可要求退货、换货或索赔，接运人员与保管员在接收货物时要做好接运记录。

（2）运输过程中造成的货物污损、水渍及理化属性改变，责任在承运方，接运时做好接运记录并索要货运记录。

（3）接运时，由于接运人员作业操作不当，将货物混放、串放，或发生雨淋浸湿货物，责任在接运方，按仓库作业管理规定处理。

5. 差错事故记录

接运中的差错事故记录有货运记录和普通记录两种。

（1）货运记录

货运记录是表明承运单位负有事故责任，收货单位据此索赔的基本文件。货物在运输过程中发生以下差错，均应填写货运记录。货运记录内容包括：货物名称、件数与运单记载不符，货物被盗、丢失或损坏、污损、受潮、生锈、霉变或其他货物差错。记录必须在收货人卸车或提货前，通过认真检查后发现问题，经承运单位复查确认后，由承运单位填写交收货单位。

（2）普通记录

普通记录是承运部门开具的一般性证明文件，不具备索赔效力，仅作为收货单位向有关部门交涉处理的依据。遇有下列情况并发生货损、货差时，须填写普通记录：铁路专用线自装自卸的货物；棚车的铅封印纹不清、不符或没有按规定施封；施封的车门、车窗关闭不严，或者门窗有损坏；篷布苫盖不严导致漏雨，或其他异状；责任判明为供货单位的其他差错事故。以上情况的发生，责任一般在发货单位。收货单位可持普通记录向发货单位交涉处理，必要时向发货单位提出索赔。

任务实施

一、接收到货通知单，对到货信息进行确认与核实

1. 接收到货通知单

NG 公司通过电话和电子邮件或传真将到货通知单及货物清单发送到仓库营运部，营运部客服人员对到货信息进行确认并回复。

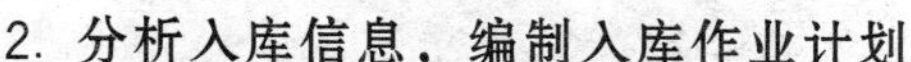

2. 分析入库信息，编制入库作业计划

仓库业务部门（调度员）根据入库通知单和货物清单、仓库人员、设备、储存保管货位等资源状况，制订入库作业计划，并将入库作业计划下达仓管、搬运、统计、财务等部门。

入库作业计划单是仓储企业内部的作业指令单，主要目的是对各种不同形式和内容的入库通知单转换成统一格式的内部作业单据，以便单据在企业不同部门或岗位间流转，指导和指示各部门或相关工作岗位进行准确作业。入库作业计划单的内容应包括货物信息（包括货物的种类、名称、属性、批次、数量、包装、体积、重量）、预计到库时间、客户特别要求、优先级、预计入库的库房或仓间信息等内容。如果一张入库作业计划单中包括的货物需存放在不同的库房或不同的库区，由不同的接运组完成作业，则需按不同库房或库区编制不同的入库作业计划单至相关接运作业单位执行作业。

根据客户 NG 公司的入库信息编制入库作业计划单如下，见表 2—1—4。

表 2—1—4　　入库作业计划单

预计入库日期：2010—11—17　上午 8 时　　客户名称：NG

到货仓库：天河粤垦库　　入库类型：正常

预入库房：1 号库

货物代码	货物名称	规格	单位	外包装尺寸（mm）	批次	数量
SP400011	光友方便粉丝（香辣肥肠）	100 g×12 碗	箱	400×170×200	1	150
SP400012	光友方便粉丝（香辣肥肠）	100 g×20 袋	箱	400×280×140	1	150
SP400021	光友方便粉丝（香菇鸡）	95 g×12 碗	箱	400×170×200	1	150
SP400022	光友方便粉丝（香菇鸡）	95 g×20 袋	箱	400×280×140	1	150
SP600010	米卡多茄汁鲭鱼罐头	155 g×5 听	箱	150×100×90	1	150
BJ200010	蒙古王圆桶 38°	500 mL×6 瓶	箱	287×197×323	2	130
BJ200031	红星 56°精红盒二锅头	500 mL×6 瓶	箱	288×192×285	1	120
HJ100010	张裕馆藏解百纳干红葡萄酒	750 mL×6 瓶	箱	398×365×355	1	130
HJ100011	张裕馆藏干红葡萄酒	750 mL×6 瓶	箱	235×155×332	1	135
RY500113	晶柔商务抽取式卫生纸	60 包	箱	460×330×355	1	150
RY500114	晶柔商务盒装面纸（长方盒）	72 盒	箱	500×425×450	1	150

二、接运前准备工作

1. 人力准备

按照本次到库货物的种类、数量、到达的时间等，组织如下作业人员：接货员 1 名、客服文员（制单员）1 名、仓管员 1 名、库工（搬运人员）3 名。

2. 设备准备

根据入库货物的种类、包装、数量等情况以及到货方式，确定采用人工卸车、小推车搬运，准备 2 台小推车（见图 2—1—1、图 2—1—2）。

3. 熟悉入库货物

本次入库货物包括两大类商品。

一是食品，主要有方便食品和酒类。对食品类货物的储存保管，一般要求：

（1）储存场地应由专人管理，禁止存放有毒有害物品。

图 2—1—1　搬运手推车

图 2—1—2　二轮杠杆式手推车

（2）做好进货、验收及发货登记工作，入库前必须严格验收，发现不符合卫生要求的食品不得入库。

（3）验收后要认真做好登记，内容应包括品名、供货单位、数量、进货日期、感官性状和标签情况。

（4）食品存储应当分类分架，隔墙离地（至少 15 cm）存放，存储的食品应标明进货日期。

（5）存储食品库内温湿度应符合食品存储卫生要求。

（6）仓库要保持通风干燥，并做好防鼠、防潮、防蝇、防虫工作。

二是日用品，主要是纸巾盒。商品均为普通货物，对保管环境和条件没有特别要求，在普通常温洁净库房储存即可，另外客户对储存保管环境也没提出特殊要求。货物均采用包装箱或包装桶包装，包装物外尺寸及单箱货物重量适中，适合就地堆码存放或货架储存。由于入库货物 SKU（最小储存单位）为箱，因此人工作业较为适合。

4. 了解库容状况

根据仓库分区分类保管的原则，1 号仓库主要储存食品和日用品，货位以包租货位为主。A 客户包租 1 号库长 20 m、宽 15 m，面积为 300 m^2 的货位，其中包括 4 排 2 组托盘货架（见图 2—1—3），货架分 4 列 3 层，货位尺寸为：L2 550×W900×H1 350（mm），双货

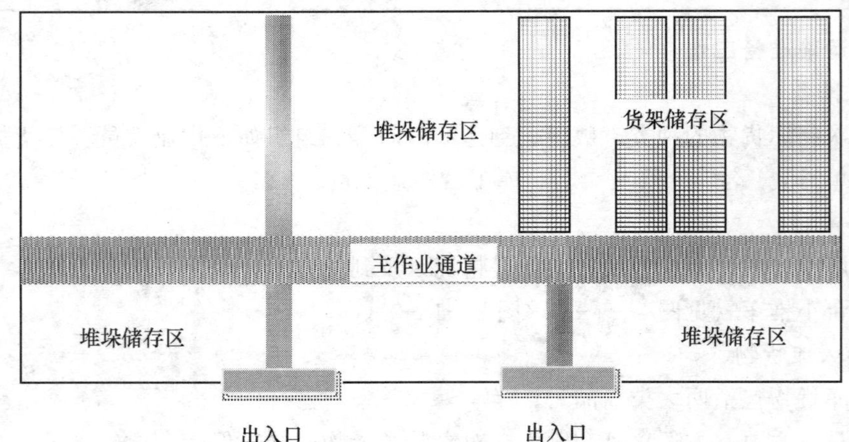

图 2—1—3　1 号库包租区平面图

位，共 96 个托盘货位，货架区面积约为 70 m^2，地面货位约 230 m^2。

货架货位的编号规则为“区号-排号-层号-货位号”，如图 2—1—4 所示。例如“B-1-3-1”，表示 B 区、第一排货架、第三层、1 号货位。

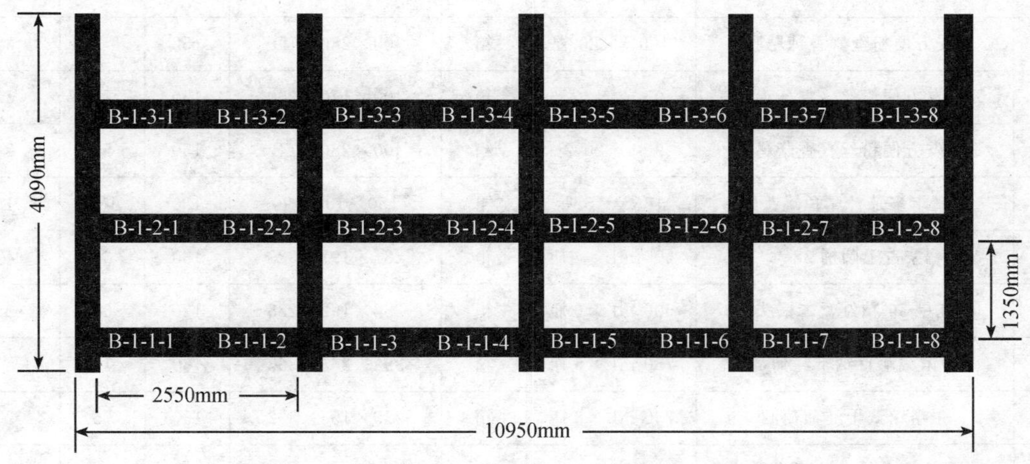

图 2—1—4　货架规格及货位编号

5. 安排货位

按仓库分区分类保管的原则，采用托盘集装，设计组托方案，核算货位数。托盘尺寸为：1 200 mm×800 mm×150 mm。

以“光友方便粉丝（香辣肥肠）（100 g×12 碗）”为例，组托方案如图 2—1—5 所示。到库货物货位核算见表 2—1—5。

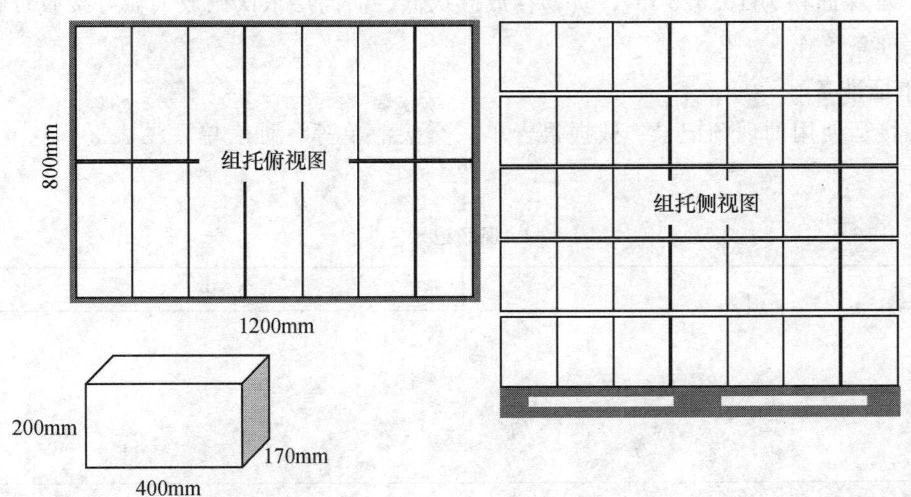

图 2—1—5　组托方案

重叠码盘，单层 14 件，堆码 5 层

装盘量为 70 件，托盘高度 1 150 mm

表 2—1—5　　到库货物货位核算表

序号	货物名称	规格	单位	外包装尺寸（mm）	数量	装盘量	组托数
1	光友方便粉丝（香辣肥肠）	100 g×12 碗	箱	400×170×200	150	70	3
2	光友方便粉丝（香辣肥肠）	100 g×20 袋	箱	400×280×140	150	72	3
3	光友方便粉丝（香菇鸡）	95 g×12 碗	箱	400×170×200	150	70	3
4	光友方便粉丝（香菇鸡）	95 g×20 袋	箱	400×280×140	150	56	3
5	米卡多茄汁鲭鱼罐头	155 g×5 听	箱	150×100×90	150	150	1
6	蒙古王圆桶 38°	500 mL×6 瓶	箱	287×197×323	130	36	4
7	红星 56°精红盒二锅头	500 mL×6 瓶	箱	288×192×285	120	64	2
8	张裕馆藏解百纳干红葡萄酒	750 mL×6 瓶	箱	398×365×355	130	18	8
9	张裕馆藏干红葡萄酒	750 mL×6 瓶	箱	235×155×332	135	75	2
10	晶柔商务抽取式卫生纸	包×60	箱	460×330×355	150		—
11	晶柔商务盒装面纸（长方盒）	盒×72	箱	500×425×450	150		—
组托合计		—	—	—	—		29

现有货架货位能够满足此次到货货物储存，“晶柔商务抽取式卫生纸、晶柔商务盒装面纸（长方盒）”采用地面货位存放。晶柔商务抽取式卫生纸（包×60）堆码 3 层，垛高 0.99 m，堆垛面积为 7.59 m^2；晶柔商务盒装面纸（长方盒，盒×72）堆码 3 层，垛高 1.35 m，堆垛面积为 10.625 m^2，货物存放应从低层向高层依次码放。做好接收货物作业现场的清理准备工作。

6. 单证准备

准备接运使用的现场记录、残损报告单、交接清单等各种表单，见表 2—1—6～表 2—1—8。

表 2—1—6　　现场记录

日期：	地点：
现场记录：	
处理反馈：	

主管：　　　　记录人：

表 2—1—7　　残损报告单

收货日期：　　送货单号：

收货仓库：　　客　　户：

货物品名	残损状况	残损数量	残损原因	处理意见	备注

验收主管：　　经手人：

表 2—1—8　　交接清单

日期：　　编号：

收货单位	发货单位	货物名称	标识	单位	数量	重量	储位	车号	运单号

送货人：　　接收人：　　经手人：

三、组织接运

1. 接收单证

送货车辆到达后，接货员首先接收送货单、货物清单，查验相关单据记录的货物品名、规格、单位、包装等信息是否与入库通知单信息一致。

2. 引导车辆对位

车辆到达仓库，引导车辆停靠站台，接驳站台连接踏板以便卸载货物。

3. 卸车前检查

车辆对位后，应首先检查箱式货车车门是否关闭严密，中途是否私自开启过车门。检查无误后方可开启车门。

4. 开启车门

首先慢慢开启一侧车门，仔细观察靠近车门处是否有货物倾倒堵塞车门，在确认没有货物倾倒在车门处或对车门处货物进行处理后方可打开车门进行卸车。

5. 组织卸车

根据本次到库货物的规格及包装形式，卸车采用人工作业，车上一人、车下一人，采用接力作业完成卸车，搬运作业使用静音手推车。

6. 放置待验

卸车完毕或在卸车过程中，接运人员对照送货单、货物清单和运单，检查货物名称、规格、数量与单据信息是否一致，如无异常情况，则将卸下车的货物送至入库待验区进行验收入库。核对凭证要逐一核对，严格做到“五不收”：凭证手续不全不收、品种规格不符不收、品质不符合要求不收、无计划不收、逾期不收。核对相符后才可以进行下一步的检验工作。

运单样式见表2—1—9、表2—1—10。

表2—1—9　　运单样式1

______汽车货物运单

NO：

托运人：

地址：　　电话：

收货人：

地址：　　电话：

装车地点：　　卸车地点：

货物名称	包装方式	件数	体积	重量	计费重量	计费项目	费用金额	装卸责任	计费里程
								声明价值	保价费
合计									

托运人记载事项：	承运人记载事项：	付款方式

注意事项

1.××××××××；2.×××××××；3.××××××××

托运人签章：　　收货人签章：

年　月　日　　年　月　日

表2—1—10　　运单样式2

×××省内道路货物运单

（甲种）

本运单经承运双方签字后具有合同效力，承运人与托运人、收货人之间的权利义务和责任界限适用于《汽车货运规则》及《汽车运价规则》等规定

承运人		地址 邮编		电话 传真		车辆 牌号		运输 证号		车型		挂车 牌号	
托运人		地址 邮编		电话 传真		装车 地点							
收货人		地址 邮编		电话 传真		卸车 地点							

续表

货物名称	包装	体积	件数	实际重量	计费重量	计费里程	周转量	货物等级	运价率	运费金额	其他杂费		保价保险	
											项目	金额	项目	金额
											装卸费			
											路桥费			
合计														
货物运单鉴定地				结算方式			运杂费合计							
特约事项					托运人签章或合同编号 年 月 日				承运人签章 年 月 日			收货人签章 年 月 日		

本单一式三联

第一联：存根　　第二联：托运人　　第三联：货主

7. 签章收讫

完成上述作业且无异常情况出现，收货人员在送货单和运单上签章表示货物收讫，如有异常（如数量不符、包装破损、货物损坏等）情况，收货人员必须在送货单上详细注明并由送货人签字确认，或由送货人出具差错、异常情况记录等书面证明，作为事后处理的依据。

技能训练

1. 按图 2—1—4 样式绘制货架示意图并标注货位编号。
2. 按图 2—1—5 样式设计其他货物的组托方案，并绘制组托示意图。
3. 入库作业计划的编制

（1）利用仓储管理系统进行入库作业计划的编制训练。

（2）按表 2—1—11 实训任务单进行实训。

表 2—1—11　　实训任务单 2.1.1

项目名称：制订仓储计划	
实训目的： 1. 能准确计算仓储能力 2. 能根据仓储能力制订仓储计划	项目背景：以实训室为背景，仓库技术定额 1.5 t/m²，面积利用率 60%，仓储需求为每月储存 18 t，主要货物品种为箱装日用品，货物周转率为 3 次/月。具体货物种类另布置
实训分组：以教学班级为单位，3～5 人为一组，每组设组长一名	使用工具：货物计划入库清单、计划表

续表

操作要求和指导		
操作步骤	小组任务	操作要点
确定储存品种数量	根据采购合同（入库计划）确定计划入库的货物品种和数量	依据采购合同或入库计划，如果没有此方面数据可用历史同期数据进行初步预测
确定仓库的储存能力	按仓库的容量或仓库储存货物的重量测算 仓容定额：单位面积可存放货物的最大数量，由地坪承载能力和货物可堆存高度决定 仓库的储存能力： $Q=\sum_{i=1}^{n}q_i\times S_i$ 式中：Q——储存能力 q_i——仓容定额 S_i——储存面积 n——货场或库房数 i——序号	注意根据仓库储存面积和仓容定额共同确定仓库储存能力 注意实重货物和轻泡货物的储存能力单位
确定仓储计划指标	根据仓储能力测算及计划入库货物的品种数量确定各计划指标： 建筑面积、仓储面积、库内面积（即墙内面积） 实际面积（除去柱子、隔墙及障碍物后的面积） 储存面积（即可堆货面积） 使用面积（即货物实占面积） $面积利用率=\frac{储存面积}{实际面积}\times 100\%$ $仓位利用率=\frac{日平均使用面积}{储存面积}\times 100\%$	根据计划指标和储存时间进行平衡测算

4. 接运作业实训，按表2—1—12实训任务单进行实训。

表2—1—12　　　　实训任务单2.1.2

项目名称：货物接运与验收训练		
实训目的：掌握货物接运的主要方式，熟悉货物验收的基本要求和操作流程，能正确进行货物接运与验收作业		项目背景：某公司委托货运公司运送一批商品到库，要求做好接运与验收工作
实训分组：以教学班级为单位，3～5人为一组，每组设组长一名		使用工具：模拟货物、纸箱等，各种作业表单（如送货单、验收单、验收处理单等）
操作要求和指导		
操作步骤	小组任务	操作要点
确定角色	5人一组，2人为送货员，3人为收货作业人员，准备实训资料	各角色要事先明确岗位任务，各岗位扮演角色认真准备实训的资料

续表

操作步骤	小组任务	操作要点
入库前准备	确定作业任务并制订仓储计划，进行货位准备；准备作业工具和验收工具；做好业务分工	入库前准备的一项关键工作是熟悉入库货物并进行货位准备
货物接运	送货人员送货到库并交付货物及随货到库的送货单证	注意随货到库的单证交接，不能遗漏
核对单证	收货人员认真核对送货单、入库通知单、产品合格证明及供货合同或仓储合同等凭证	送货员与收货员要互相配合，认真核对相关凭证
货物验收	验收人员进行货物验收（包括数量验收、质量验收）	数量验收要注意验收方法（验收比例、重量验收还是数量验收），质量验收首先验收外观（外包装、货物外观表面），其次是查验货物内在质量（查验是否有受潮、发霉等现象）
验收处理	验收完毕，收货员填写入库验收单，送货和收货人员进行签收	验收单的填写并注意签字
登账归档	收货人员进行货物登账、填写货卡，按入库货物的属性进行建档	登账及填写货卡要保持一致，并注意结存数计算要准确。保管账册的登记要完整，货物建档规范

思考与练习

1. 为什么要做好货物接运前的准备工作？应做好哪些准备工作？
2. 货物接运的方式有哪几种？各种接运方式适合的场合是什么？
3. 货物接运过程中出现短少、破损、错到、变质等问题时该如何处理？
4. 设计货物组托方案应考虑哪些因素？

任务2　入库验收

任务引入

承接任务 1 完成货物入库验收工作，入库货物清单见表 2—2—1。

表 2—2—1　入库货物清单

属性	种类	货物名称	规格	包装	外包装尺寸/mm	数量	保质期
食品	方便食品	光友方便粉丝（香辣肥肠）	100 g×12 碗	箱	400×170×200	150	12 个月
		光友方便粉丝（香辣肥肠）	100 g×20 袋	箱	400×280×140	150	12 个月
		光友方便粉丝（香菇鸡）	95 g×12 碗	箱	400×170×200	150	12 个月
		光友方便粉丝（香菇鸡）	95 g×20 袋	箱	400×280×140	150	12 个月
	罐头	米卡多茄汁鲭鱼罐头	155 g×5 听	箱	150×100×90	150	36 个月
酒	白酒	蒙古王圆桶 38°	500 mL×6 瓶	箱	287×197×323	130	—
		红星 56°精红盒二锅头	500 mL×6 瓶	箱	288×192×285	120	—
	红酒	张裕馆藏解百纳干红葡萄酒	750 mL×6 瓶	箱	398×365×355	130	8 年
		张裕馆藏干红葡萄酒	750 mL×6 瓶	箱	235×155×332	135	8 年
日用品	纸巾	晶柔商务抽取式卫生纸	包×60	箱	460×330×355	150	3 年
		晶柔商务盒装面纸（长方盒）	盒×72	箱	500×425×450	150	3 年

任务分析

验收前首先要做好验收准备工作，包括组织作业人员、准备各种资料单据、作业工具、作业场地等，然后核对随货到达的单证，包括送货单和运单，对出现的异常情况进行处理，填写验收单完成验收工作。

相关知识

入库验收是按照验收作业流程、核对凭证等规定的程序和手续，对入库货物进行数量和质量检验的技术活动的总称。

一、货物入库验收的目的

凡货物进入仓库储存，必须先经过检查验收，只有验收后的货物方可入库保管。这种必要性体现在：一方面各种到库货物来源复杂，渠道繁多，从结束其生产过程到进入仓库前，经过一系列储运环节，受到储运质量和其他各种外界因素的影响，质量和数量可能发生某种程度的变化；另一方面，各类货物虽然在出厂时都经过了检验，但有时也会出现失误，造成错检或漏检，使一些不合格货物按合格货物交货。具体讲，货物验收的目的主要表现在以下几个方面。

1. 验收是做好货物保管保养的基础

货物验收工作是做好货物保管保养的基础。货物经过长途运输、装卸搬运后，包装容易损坏、散失，没有包装的货物更容易发生变化。这些情况都将影响货物的保管。

2. 验收记录是仓库提出退货、换货和索赔的依据

货物验收过程中，若发现货物数量不足，或规格不符，或质量不合格，仓库检验人员做出详细的验收记录，据此由业务主管部门向供货单位提出退货、换货或向承运责任方提出索

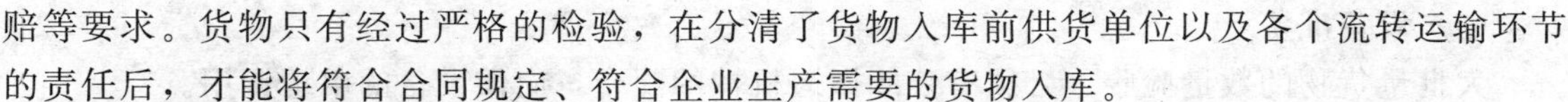

赔等要求。货物只有经过严格的检验，在分清了货物入库前供货单位以及各个流转运输环节的责任后，才能将符合合同规定、符合企业生产需要的货物入库。

3. 验收是避免货物积压、减少经济损失的重要手段

保管不合格品，是一种无效的劳动。对于一批不合格货物，如果不经过检查验收，就按合格货物入库，必然造成货物积压；对于计重货物，如果不进行检斤验数，就按有关单据的供货数量付款，当实际数量不足时，就会造成经济损失。

4. 验收有利于维护货主利益

对于进口货物，国别、产地、厂家等情况较为复杂，必须严格依据进口货物验收工作的程序与制度，认真地做好验收工作。否则，数量与质量方面的问题就不能得到及时发现，若超过索赔期，即使发现问题，也难于交涉，这就会给货主造成重大经济损失。

二、验收工作的基本要求

货物验收方式分为全验和抽验。货物验收方式和有关程序应该由存货方和保管方共同协商，并通过协议在合同中加以明确规定。及时、准确是验收工作的基本要求。

1. 及时

验收工作应在一定的时限内完成，提出验收结果，以保证货物尽快入库。验收中如发现到货数量不符、质量不符或质量不合要求，要进行退货、换货或向对方提出索赔时，均应在规定的时限内提出，否则超过规定期限，将无法提出索赔，造成不必要的损失。

2. 准确

对于入库货物的数量、规格、质量、品名、配套情况等的验收，要求做到准确无误，如实反映货物当时的情况，不能带有主观偏见，要严格按照合同规定标准进行验收。

对货物的数量、外表状况应在入库时进行检验，对货物的内在质量，依据合同的约定时间进行检验，或者按照仓储习惯在入库的 10 天之内、国外到货 30 天之内进行内在质量检验。

三、验收作业流程和内容

货物验收涉及多项作业技术。其工作过程包括验收准备、核对凭证和检验实物三个作业环节。

1. 验收准备

仓库接到到货通知后，应根据货物的性质和批量提前做好验收前的准备工作，大致包括以下内容：

（1）人员准备

安排好负责质量验收的技术人员或用料单位的专业技术人员，以及配合质量验收的装卸搬运人员。

（2）资料准备

收集并熟悉待验货物的有关文件，例如技术标准、订货合同等。

（3）器具准备

准备好验收用的检验工具，例如衡器、量具等，并检验其准确性。

（4）货位准备

确定验收入库时存放的货位，计算并准备堆码苫垫材料。

(5) 设备准备

大批量货物的数量验收，必须有装卸搬运机械的配合，应做设备的申请调用。

此外，对于有些特殊货物的验收，例如毒害品、腐蚀品、放射品等，还要准备相应的防护用品。

2. 核对凭证

一般地，入库货物相关凭证包括：

(1) 入库通知单、送货单和订货合同副本，这是仓库接收货物的凭证。

(2) 供货单位提供的材质证明书、装箱单、磅码单、发货明细表等。

(3) 货物承运单位提供的运单，若货物在入库前发现残损情况，还要有承运部门提供的运输记录或普通记录，作为向责任方交涉的依据。

核对凭证，也就是将上述凭证加以整理、全面核对。入库通知单、订货合同副本要与供货单位提供的所有凭证逐一核对，相符后，才可进行下一步检验实物。

3. 检验实物

就是根据入库单和有关技术资料对实物进行数量和质量验收。

(1) 数量验收

数量验收是保证物资数量准确不可缺少的重要步骤，一般在质量验收前，由仓库保管职能机构组织进行。按货物性质和包装情况，数量验收分为三种形式，即计件、计重、检尺求积。

1) 计件是对按件数供货或以件数为计量单位的货物做数量验收时的清点件数。一般情况下计件货物应全部逐一清点，固定包装物的小件货物，如果包装完好，打开包装对保管不利，则国内货物只检查外包装，不拆包检查，进口货物按合同或惯例办理。常见的计件货物数量验收方法见表2—2—2。

表2—2—2　**数量验收的常用方法**

数量验收方法	操作要点	适用范围
逐件点数法	人工清点，逐一计数，累计求和记总数	包装单位非定量化或散装的单件货物
集中堆码点数法	将货物堆码成固定垛形，然后计算每垛数量得出货物总数。通常采用五五化堆码	品种单一、规格一致，包装大小相同的规格化货物
抽检法	按一定比例对货物进行开箱点数	品种单一、批量大、定量化包装的货物
重量换算法	通过过磅称重换算出货物的数量	货物品种单一、包装标准、重量统一

2) 计重是对按重量供货或以重量为计量单位的货物做数量验收时的称重。

货物重量有毛重、皮重和净重之分。毛重是指包括包装重量在内的实际重量；皮重是指包装的重量；净重是指货物本身的重量，即毛重扣除包装重量后的余数。通常计重方法包括直接测量法、净重计算法和理论换算法三种。

①直接测量法。一般可以采用检斤验收法和抄码复衡抽验法。

检斤验收法就是对货物进行过磅称重的验收方法，主要适合非定量包装、无码单的货物。一般要控制磅差率在合理范围内。

$$实际磅差率=\frac{实际重量-应收重量}{应收重量}\times 1\ 000‰$$

抄码复衡抽验法是根据合同规定的比例抽取一定数量进行过磅验收的方法。适合定量包装并附有码单的货物。

$$抽验磅差率=\frac{\sum 抽验重量-\sum 抄码重量}{\sum 抄码重量}\times 1\ 000‰$$

②净重计算法。一般用于有包装且占货物质量比重较大的货物，验收过程中要除去货物的包装，计算其皮重，可以采用以下三种方法。

平均扣除皮重法：指按一定比例将商品包装拆下过磅，求得平均皮重，然后将未拆除包装的货物过磅，求得全部皮重和毛重，毛重扣除皮重后即得出货物净重。

除皮核实法：选择部分货物分开过磅，分别求得货物的皮重和净重，再核对包装上的标记重量，如果核对结果未超出允许磅差率，则可依其数值计算净重。

整车复衡法：对大宗、无包装货物，验收时将整车引入地磅，称重后扣除空车的标记重量即可求得货物的净重。适合散装货物。

③理论换算法。按理论换算重量的货物，先要通过检尺，例如金属材料中的毛材、型材等，然后按规定的换算方法换算成重量验收。

对于进口货物，原则上应全部检斤，但如果订货合同规定理论换算重量交货，则按合同规定。所有检斤的货物，都应填写磅码单。

3）检尺求积是对以体积为计量单位的货物（例如木材、竹材、砂石等），按先检尺、后求体积所得的数量验收。凡是经过数量验收的货物，都应该填写磅码单。

在做数量验收之前，还应根据货物来源、包装好坏或有关部门规定，确定对到库货物是采取抽验还是全验方式。在一般情况下数量验收应全验，即按件数供货的全部进行点数，按重量供货的全部检斤，按理论重量供货的全部检尺后换算为重量，以实际验收结果的数量为实收数。

（2）质量验收

质量验收包括外观检验、尺寸检验、机械物理性能检验和化学成分检验四种形式。仓库一般只做外观检验和尺寸检验，后两种检验如果有必要，则由仓库技术管理职能机构取样，委托专门检验机构检验。

1）货物的外观检验。在仓库中，质量验收主要指货物外观检验，通过人的感觉器官，检验货物的包装外形或装饰有无缺陷，包装的牢固程度，货物有无撞击、变形、破碎等损伤，是否被雨、雪、油等污染，有无潮湿、霉腐、生虫等。外观有缺陷的货物，有时可能影响其质量，所以，对外观有严重缺陷的货物，要单独存放，防止混杂，等待处理。凡经过外观检验的货物，都应该填写“检验记录单”。

2）货物的尺寸检验。进行尺寸检验的货物，主要是金属材料中的型材、部分机电产品和少数建筑材料。不同型材的尺寸检验各有特点，例如椭圆材主要检验直径和圆度、管材主要检验壁厚和内径、板材主要检验厚度及其均匀度等。对部分机电产品的检验，一般请用料单位派员进行。尺寸检验是一项技术性强，很费时间的工作，全部检验工作量大，并且有些产品质量的特性只有通过破坏性的检验才能测到，所以，一般采用抽验的方式进行。

3）理化检验，包括机械物理性能检验和化学成分检验，是对货物内在质量和物理化学性质进行的检验。理化检验要求一定的技术知识和检验手段，多数仓库不具备这些条件，所以一般由专门的技术检验部门检验后出具检验报告说明货物质量。

四、验收中发现问题的处理

货物验收中，可能会发现诸如凭证不齐、数量短缺、质量不符合要求等问题，应区别不同情况，及时处理。

1. 验收中发现问题等待处理的货物，应该单独存放，妥善保管，防止混杂、丢失、损坏。

2. 数量短缺在规定磅差范围内的，可按原数入账，凡超过规定磅差范围的，应查对核实，做好验收记录和磅码单交主管部门会同货主向供货单位办理交涉。凡实际数量多于应发料量的，可由主管部门向供货单位退回多发数，或补发货款。

3. 质量不符合规定时，应及时向供货单位办理退货、换货交涉，或征得供货单位同意代为修理，或在不影响使用的前提下降价处理。货物规格不符或错发时，应先将规格对的予以入库，规格不对的做成验收记录交给主管部门办理换货。

4. 凭证未到或不齐时，应及时向供货单位索取，到库货物应作为待检验货物堆放在待验区，待凭证到齐后再进行验收。凭证未到时，不能验收，不能入库，更不能发货。

5. 属承运部门造成的货物数量短少或外观包装严重残损等，应凭接运提货时索取的“货运记录”向承运部门索赔。

6. 价格不符，供方多收部分应予拒付，少收部分经过检查核对后，应主动联系，及时更正。

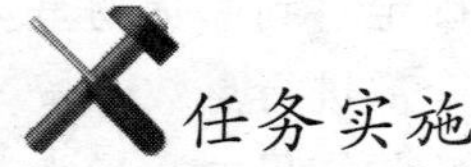

任务实施

一、验收准备工作

1. 组织验收作业人员

根据本次验收任务，验收作业人员由1名验收主管、1名仓管员和2名收货库工组成。

验收主管根据营运部客服提供的入库作业计划组织和安排验收作业，进行单据签署并完成交接手续。仓管员做好验收的各项准备工作及执行验收作业。收货库工按照作业调度指令完成具体的验收操作。

2. 资料准备

验收作业中需要的资料包括：货物的技术文件（证明货物质量和性能的说明书、合格证、检验报告或合同要求的其他书面文件或资料）、合同书（订货合同、采购合同、仓储合同等）、验收作业单（货物验收单、计数单、验收记录单等）。

3. 准备作业工具

本节任务，验收工作不需要特别检验器具，为保证作业安全可以准备人工作业用工作服、手套等用品。

4. 准备储存货位及垫底、苫盖材料

到库货物完成验收后可直接入库在包租储位储存，可以指定实训室相关储位为存货储位。就地堆码采用栈板（1 200 mm×1 000 mm）垫底，苫盖材料采用薄膜、帆布或彩条布。如图 2—2—1 和图 2—2—2 所示。

图 2—2—1　栈板（托盘）

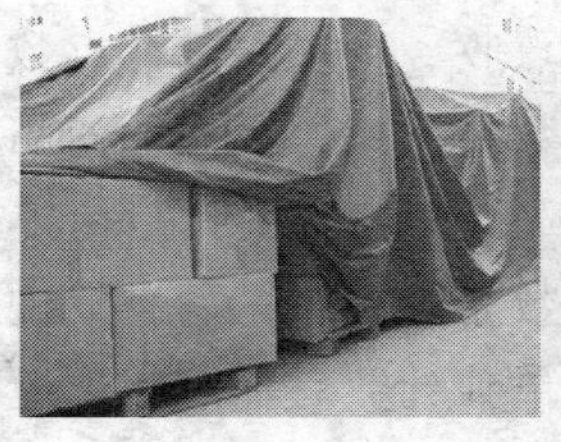
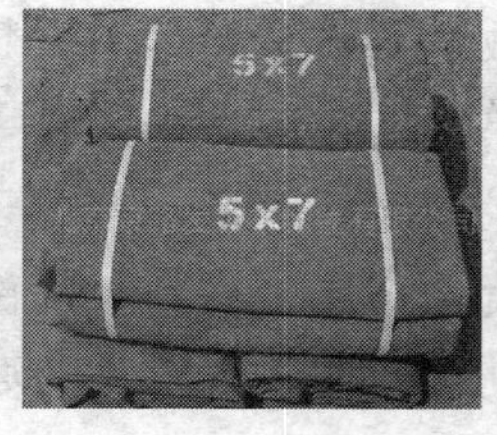

图 2—2—2　苫盖用帆布、彩条布

二、核对随货到达单证

1. 核对供货方的送货单

（1）核对送货单内容填写是否详细、清晰、完整，核对相关内容与入库通知单内容是否一致。

（2）核对供货方提供的验收凭证是否齐全，包括发票、质量保证书、发货明细表、装箱单、磅码单、说明书、保修卡、合格证等。

（3）核对送货单与采购部门下达的订单数量、品种、规格及交货期限是否相符，送货单样式见表 2—2—3。

表 2—2—3　　送货单样式

××× 公司送货单

NO：

购货单位：　　　　订货时间：

送货地点：　　　　发货时间：

货物编号	货物名称	规格	单位	到货数量	实收数量	备注

备注：

合计（大写）

承运人：　　　　收货单位：　　　　供货单位：

2. 核对承运单位提供的运单

主要核对运单中记录的供货单位与入库通知单中的供货单位是否一致，运单记载的货物品种、规格、数量、重量等内容与送货单、入库通知单、订单等相关单证信息是否一致。

三、实物验收

1. 数量验收

大数验收。这是货物入库的第一道工序，由仓库收货人员与运输人员或运输部门进行货物交接，货物由车站、码头、生产厂或其他仓库移转，运到仓库时，收货人员要到现场监卸。对于品种数量大、规格复杂的货物，卸货时要按到货的品种、规格、货号分别堆放，以便清点验收。

点收商品要先将大件（整件）数量点收清楚，即大数点收。可采用逐件点数计总或集中堆码点数两种方法。对于花色品种单一，包装大小一致，数量大或体积大的商品，适合用集中堆码点数法，即入库的商品，堆成固定的垛形（或置于固定容量的货垛），排列整齐，每层件数一致，一批商品进库完毕，货位每层（横列）的件数与堆高（纵列）的件数相乘，即得总数。须注意，如果码成的货垛其顶层件数是零头，要单独计数后加总，以免产生差错。

本节任务中，到货货物有 11 个品种，每一品种货物到货量为 130～160 箱不等，采用集中堆码点数法，将货物定量摆放在托盘上，既便于搬运，也便于清点计数，表 2—2—4 为装盘计算表。

表 2—2—4　　装盘计算表

序号	货物名称	规格	包装	外包装尺寸（mm）	数量	实收数	装盘量	托盘数
1	光友方便粉丝（香辣肥肠）	100 g×12 碗	箱	400×170×200	150	150	70	3
2	光友方便粉丝（香辣肥肠）	100 g×20 袋	箱	400×280×140	150	150	72	3
3	光友方便粉丝（香菇鸡）	95 g×12 碗	箱	400×170×200	150	150	70	3
4	光友方便粉丝（香菇鸡）	95 g×20 袋	箱	400×280×140	150	150	56	3
5	米卡多茄汁鲭鱼罐头	155 g×5 听	箱	150×100×90	150	150	150	1
6	蒙古王圆桶 38°	500 mL×6 瓶	箱	287×197×323	130	130	36	4
7	红星 56°精红盒二锅头	500 mL×6 瓶	箱	288×192×285	120	120	64	2
8	张裕馆藏解百纳干红葡萄酒	750 mL×6 瓶	箱	398×365×355	130	130	18	8
9	张裕馆藏干红葡萄酒	750 mL×6 瓶	箱	235×155×332	135	130	75	2
10	晶柔商务抽取式卫生纸	包×60	箱	460×330×355	150	160		—
11	晶柔商务盒装面纸（长方盒）	盒×72	箱	500×425×450	150	140		—
合计								29

2. 质量验收

本任务主要进行货物的外观检验。查看货物的包装外形或装饰有无缺陷，包装是否牢固，货物有无变形、破碎等损伤，是否被雨、雪、油等污染，有无潮湿、霉腐、生虫等。

3. 异常处理

（1）数量不符

仓管员应报告仓库经理，并及时与送货方联系处理，按货单上的数量补齐货物，然后签

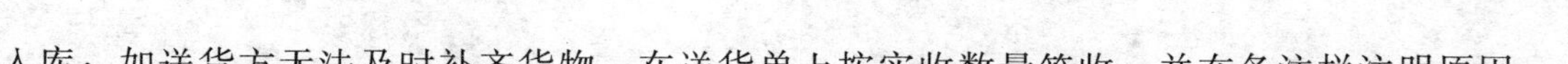

收入库；如送货方无法及时补齐货物，在送货单上按实收数量签收，并在备注栏注明原因。

（2）质量异常

将有问题货物分开堆放，并通知仓库主管和质检员及时对有问题的成品进行检查；由供货方按货单上的数量补齐货物，然后签收入库；如供货方无法及时补齐货物，在送货单上按实收数量签收，并在备注栏注明原因。

（3）批号及品种混乱

应把有问题货物分开堆放，及时通知供货方及质检员予以解决，并做好相关记录。由供货方提供正确批次及品种的货物，按货单上的数量补齐货物，然后签收入库；如供货方无法及时补齐货物，在送货单上按实收数量签收，并在备注栏注明原因。

（4）包装破损

不允许包装破损的货物入仓，如果破损，应要求供货方重新更新包装，或根据与供货方的协议，更换包装后才能入库。

（5）二次封口

凡二次封口的货物必须拒收，与客户有协议的除外。

4. 填写验收单

货物验收单见表2—2—5。

表2—2—5　　货物验收单

供应商编号：　　　　到货日期：　　　　验货单号：
供应商名称：NG公司　　　　进货部门：　　　　页　　号：
订　单　号：　　　　供应商出仓单号：　　　　入库地点：1号库

到货日期	车号	货物名称	规格	单位	计划入库数	实际入库数	备注
17/11	—	光友方便粉丝（香辣肥肠）	100 g×12碗	箱	150	150	
17/11	—	光友方便粉丝（香辣肥肠）	100 g×20袋	箱	150	150	
17/11	—	光友方便粉丝（香菇鸡）	95 g×12碗	箱	150	150	
17/11	—	光友方便粉丝（香菇鸡）	95 g×20袋	箱	150	150	
17/11	—	米卡多茄汁鲭鱼罐头	155 g×5听	箱	150	150	
17/11	—	蒙古王圆桶38°	500 mL×6瓶	箱	130	130	
17/11	—	红星56°精红盒二锅头	500 mL×6瓶	箱	120	120	
17/11	—	张裕馆藏解百纳干红葡萄酒	750 mL×6瓶	箱	130	130	
17/11	—	张裕馆藏干红葡萄酒	750 mL×6瓶	箱	135	130	少到5箱
17/11	—	晶柔商务抽取式卫生纸	包×60	箱	150	160	多到10箱
17/11	—	晶柔商务盒装面纸（长方盒）	盒×72	箱	150	140	少到10箱

存货单位（签章）　　　　交收仓库（盖章）　　　　入库验收员：

年　月　日

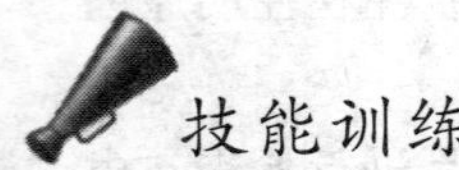

技能训练

1. 轧点训练

轧点是数量验收中快速点数的方法，具体操作是：在验收作业区将货物堆码成固定数量（最好采用五五化）的行列，然后清点行列数、层数，即可得到整垛数量，如有余数则再加余数即为全部数量，这种方法清点数量快速准确。

实训时，可用实训包装箱代替货物，如图 2—2—3 所示。事先不计使用数量，随机使用一批，视实训场地面积划出待验区并将选取出的货箱按五五化或其他定量规则进行堆码，然后轧点余数即可得到一批货物的全部数量。此训练还可与堆码实训结合起来，效果更好。

图 2—2—3　实训用纸箱

2. 重量检验训练

取一批货物，进行重量检验训练：

（1）采用平均扣除皮重法进行货物重量检验。

（2）采用除皮核实法进行货物重量检验。

思考与练习

1. 为什么要做好货物入库的验收工作？
2. 货物验收的方式有几种？有哪些方面的具体要求？
3. 数量验收包括哪几种形式，如何操作？什么是大数点收？
4. 质量验收包括哪些内容？是否所有情况下都要开箱查验货物质量？

任务3 交接入库

任务引入

承接任务 2 完成货物交接入库工作。验收入库货品清单见表 2—3—1。

表 2—3—1 货品清单

属性	种类	货物名称	单位	计划入库数	实际入库数	备注
食品	方便食品	光友方便粉丝（香辣肥肠）	箱	150	150	
		光友方便粉丝（香辣肥肠）	箱	150	150	
		光友方便粉丝（香菇鸡）	箱	150	150	
		光友方便粉丝（香菇鸡）	箱	150	150	
	罐头	米卡多茄汁鲭鱼罐头	箱	150	150	
酒	白酒	蒙古王圆桶 38°	箱	130	130	
		红星 56°精红盒二锅头	箱	120	120	
	红酒	张裕馆藏解百纳干红葡萄酒	箱	130	130	
		张裕馆藏干红葡萄酒	箱	135	130	少到 5 箱
日用品	纸巾	晶柔商务抽取式卫生纸	箱	150	160	多到 10 箱
		晶柔商务盒装面纸（长方盒）	箱	150	140	少到 10 箱

任务分析

首先根据验收结果，接收货物办理交接手续，根据相关信息填写入库单，根据入库单登记实物明细账、制作保管卡，并建立存货档案，从而完成交接入库工作。

相关知识

一、入库货物交接

入库货物经过仓库的点数、查验之后，由仓库保管员根据验收结果，在货物入库单上签收，之后可以安排卸货、入库堆码，表示仓库接收货物。仓库接收的货物要在入库单上注明该批货物的货位编号，仓库收货员还应在送货人提供的送货回单上签名盖章，并留存相应单证。如果验收过程中发现差错、破损等不良情况，必须在送货单上详细注明差错的数量、破损状态等，并由当事人签字，以便与供货方、承运方分清责任。在卸货、搬运、堆垛作业完毕后，与送货人办理交接手续，建立仓库台账。

1. 办理交接手续

交接手续是指仓库对收到的货物向送货人进行的确认，表示已接收货物，目的是分清责任。交接手续包括接收货物和签署单证。

(1) 接收货物及有关文件

仓库通过理货、查验货物，将不良货物剔出、退回或者编制残损单证以明确责任，确定收到货物的确切数量。在接收货物的同时也要接收送货人送交的相关文件，如货物资料、准运证、货物运输的普通记录和商务记录等。

(2) 签署单证

仓库与送货人或承运人共同在入库验收单（见表 2—3—2)、交接清单（见表 2—3—3）上签署，并留存相应单证。仓库提供相应的入库、查验、理货、残损单证、事故报告由送货人或承运人签署。

表 2—3—2　　货物入库验收单

年　月　日　　　　合同编号：

入库货物名称		数　量	
验收部门		验收人员	
验收记录	入库通知单□ 订货合同□ 装箱单□ 发货明细表□ 数量□ 外观□ 尺寸□ 理化要求□	验收结果	□合格 □不合格
入库记录	入库单位	入库部门	
	主管　　经办人	主管　　入库人	

表 2—3—3　　货物交接清单

名称	标识	单位	件数	重量	货位号	车号	运单号

经办人（送货人)：　　收货人（验收人员)：　　仓管员：

2. 填写入库单

入库单是记录货物入库的单据，是仓库管理中重要的单据之一，它记录入库货物的名称、编号、实际验收数量等内容，自营仓储的外购商品还包括进货价格。

(1) 商业营业仓储入库单

商业营业仓储通过与存货人订立仓储合同的方式建立仓储关系，主要为客户提供仓储服务，一般不负责货物购进及供货管理。因此，入库交接主要交接货物，入库单内容主要包括货物编号、名称、规格、计划和实际入库数量等内容。入库单格式见表 2—3—4 和图 2—3—1。

表 2—3—4 入库单

作业单号： 入库日期： 年 月 日

仓库名称： 入库类型：□正常入库 □退换货

客户编号： 客户名称：

货物编号	货物名称	规格	单位	数量			批次	货位号
				计划	实际	差异		

送货人： 复核人： 仓管员：

注：一般入库单为三联单，第一联仓库留存，第二联财务或统计记账，第三联交送货人或业务部。

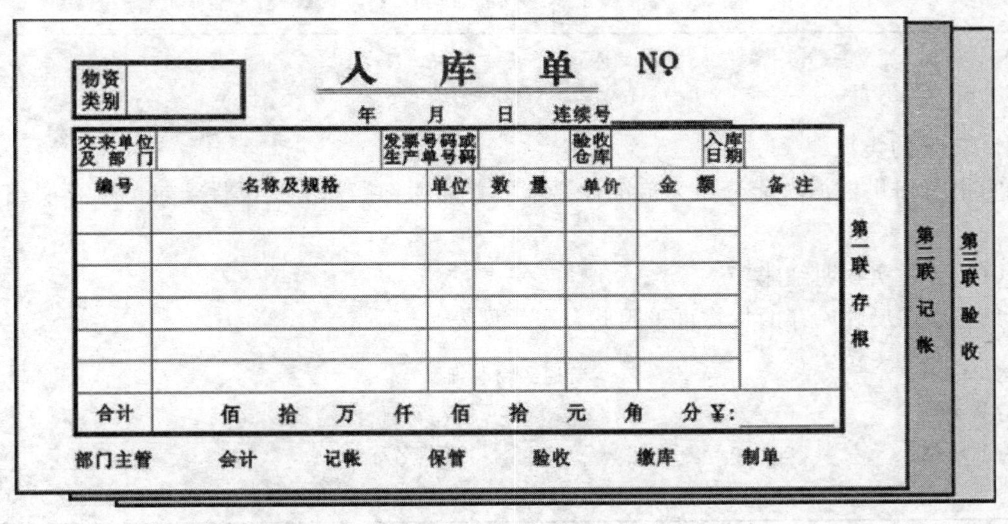

入 库 单 NO

物资类别	

年 月 日 连续号

交来单位及 部 门			发票号码或生产单号码		验收仓库		入库日期	
编号	名称及规格		单位	数 量	单价	金 额	备 注	
合计	佰 拾 万 仟 佰 拾 元 角 分 ¥：							

部门主管 会计 记帐 保管 验收 缴库 制单

第一联 存根 第二联 记帐 第三联 验收

图 2—3—1 入库单样式

（2）自营仓储入库单

1）外购入库单。指企业从供货单位采购的货物（原材料或商品），入库单内容除记录货物名称、规格、数量外，还包括合同编号、进货价格、结算方式等。入库单基本格式见表 2—3—5。

2）成品入库单。企业自己生产的产品存入仓库。入库单内容除产品的基本信息外，还包括生产日期、质检状态等内容。入库单基本格式见表 2—3—6。

二、登记实物明细账

为对入库货物进行准确管理，正确反映货物入、出库及结存数的状况，为对账盘点等作业提供有力依据，仓库要建立完整的实物明细账册（台账），动态地记录库存货物的状况。

表 2—3—5　　外购商品入库单

合同编号：　　　　入库日期：　　年　月　日

发货单位：　　　　收货单位：

货物编号	名称及规格	单位	数量			批次	单价	金额	结算方式		备注
			计划	实际	差异				转账	现金	

采购部：　　　　财务部：　　　　仓管部：

注：入库单为三联单，第一联仓库留存，第二联财务记账，第三联交送货人或业务部。

表 2—3—6　　成品入库单

编号：　　　　入库日期：

货物编号	名称及规格	单位	数量	批号	生产日期	质量检验

入库单位：　　　　复核人：　　　　仓管员：

注：第一联仓库留存，第二联生产单位留存，第三联财务留存。

1. 账册的类型

实物明细账根据功能分为无追溯性要求的普通明细账和有追溯性要求的库存明细账两种。

（1）普通实物明细账

只需动态反映库存的货物可采用此台账。见表 2—3—7。

表 2—3—7　　普通实物明细账

存货编号：　　　　存货货位：

存货单位：　　　　存货名称：

最低库存：　　　　最高库存：

年		凭证		摘要	入库数	出库数	结存数	备注
月	日	种类	编号					

（2）库存明细账

对有区分批次和追溯性要求的货物，如企业生产所需的零部件、原材料等，应采用有可追溯性的库存明细账。见表 2—3—8。

表 2—3—8　　库存明细账

存货编号：　　　　存货货位：

存货名称：　　　　计量单位：

年		凭证		摘要	收入数		发出数		结存数		备注
月	日	种类	编号		批次	数量	批次	数量	批次	数量	

2. 登账方法

（1）登账凭证

登记实物明细账时，必须以正式合法的入库凭证（如入库单、领料单、出库单等）为依据。

（2）记录方法

记录时必须依时间顺序连续记录，完整填写各项内容，不能隔行、跳页，要对账页进行编号，错登账不能随意撕掉账页，应签名后使用销账专用印章注销错记账页。年末结存转入新账后，旧账页要入档保管，以备后查。

（3）改错方法

当发现记账错误时，不能刮擦、涂抹或用药水更改字迹，而应在错记处画一横线表示注销，然后在空白处重新填写正确内容，并在更改处加盖更改者印鉴，红线划过后的原字迹必须仍可辨认。

三、设置货物保管卡

货物入库后，仓库保管员将入库货物的名称、数量、规格、质量状况等详细信息编制成一张卡片，即货物的保管卡，又称为货卡、货牌。它是对仓库库存商品进行有效管理的重要工具之一。

1. 保管卡的内容

保管卡主要包括三个方面的内容：

（1）货物的状态，如待检、待处理、合格、不合格等。

（2）货物的名称、规格、供应商和批次。

（3）货物的入、出库信息。

仓管员根据仓储业务的需要，可以对保管卡的具体内容做适当的调整。对于设置了专门的待检区、待处理区、合格品区、不合格品区的仓库，在设置保管卡时可以省略货物状态内容。为便于对货物存量进行控制和管理，可在保管卡上增添货物估计用量、安全库存等管理信息。表 2—3—9 给出了货物保管卡的一种样式。

2. 保管卡的使用

使用货物保管卡是为了便于仓管员随时与实物进行核对，确保货物进出库数量准确，减少差错发生。

表 2—3—9　　货物保管卡

保管卡

货位编号：　　立卡日期：

货物编号：

货物名称：

货物入出库记录

日期	入库	出库	结存	签注	日期	入库	出库	结存	签注

(1) 保管卡的放置

一般悬挂在上架货物的下方或货垛正前方，放置时要注意悬挂位置明显、牢固，便于观察和取放。

(2) 保管卡的使用

仓管员根据作业内容，要及时更新保管卡信息。新收货入库后要及时设置专门的货物保管卡；货物入出库、盘点结转后要及时更新保管卡信息；货物清库后，要结转归零并收回保管卡，进行归档管理。

四、建立货物档案

仓库应对所接收仓储的货物建立存货档案或者客户档案，以便货物管理，也为将来发生的争议保留凭据。

1. 档案资料的内容

(1) 货物入库资料

主要包括：货物技术资料和各种凭证，如技术证明、合格证、装箱单、发货明细表等；货物运输单据，如货运单、货运记录等；货物验收入库单据，如入库通知单、验收记录、磅码单、技术检验报告等。

(2) 货物保管资料

主要包括：货物入库保管期间的检查、保养、损益、变动等情况记录，库内外温湿度记录及对货物的影响情况。

(3) 货物出库资料

货物出库操作的各种凭证，如领料单、出库单、调拨单等。

2. 建立保管档案

存货档案应按一货一档设置，将货物入库、保管、交付的相应单证，报表，记录，作业安排，资料等的原件或者附件、复制件存档。存货档案应统一编号，妥善保管，长期保存。

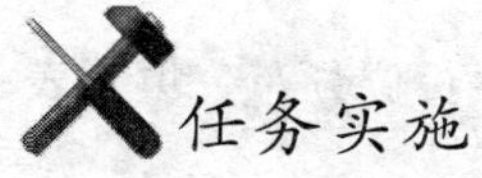

任务实施

一、根据验收结果，接收货物，办理交接手续

1. 接收货物及有关文件

确定收到货物的确切数量，并接收送货人送交的货物资料、货物运输的普通记录和商务记录等。

2. 签署单证

以入库货物“张裕馆藏干红葡萄酒”为例，仓管员与送货人或承运人共同在入库验收单（见表2—3—10）上签署，全部货物入库交接清单见表2—3—11，并留存相应单证。仓库提供相应的入库、查验、理货、残损单证、事故报告由送货人或承运人签署。

表2—3—10　货物入库验收单

2010年11月17日　　合同编号：××××××××××

入库货物名称	张裕馆藏干红葡萄酒		数　量	130
验收部门	仓管部		验收人员	×××
验收记录	入库通知单√ 订货合同√ 装箱单√ 发货明细表√ 数量：少发货5箱 外观√ 尺寸√ 理化要求√		验收结果	√合格 □不合格
入库记录	入库单位：客户A		入库部门：营运部	
	主管：×××	经办人：×××	主管：×××	入库人：×××

表2—3—11　货物交接清单

序号	名称	规格	单位	件数	重量	车号	运单号
1	光友方便粉丝（香辣肥肠）	100 g×12碗	箱	150		—	***
2	光友方便粉丝（香辣肥肠）	100 g×20袋	箱	150		—	***
3	光友方便粉丝（香菇鸡）	95 g×12碗	箱	150		—	***
4	光友方便粉丝（香菇鸡）	95 g×20袋	箱	150		—	***
5	米卡多茄汁鲭鱼罐头	155 g×5听	箱	150		—	***
6	蒙古王圆桶38°	500 mL×6瓶	箱	130		—	***
7	红星56°精红盒二锅头	500 mL×6瓶	箱	120		—	***
8	张裕馆藏解百纳干红葡萄酒	750 mL×6瓶	箱	130		—	***
9	张裕馆藏干红葡萄酒	750 mL×6瓶	箱	130		—	***
10	晶柔商务抽取式卫生纸	包×60	箱	160		—	***
11	晶柔商务盒装面纸（长方盒）	盒×72	箱	140		—	***

经办人：×××　　收货人：×××　　仓管员：×××

二、填写入库单

本任务设定为商业营业仓储的一票货物入库，根据装盘计算表及货架货位分布，填写表2—3—12入库单。

表 2—3—12　　入库单

作业单号：N0. 20101117001　　入库日期：2010年11月17日

仓库名称：天河粤垦库1号库　　入库类型：　正常入库　□退换货

客户编号：　　客户名称：NG公司

货物编号	货物名称	规格	单位	数量			批次	货位号	备注（存货量）
				计划	实际	差异			
SP400011	光友方便粉丝（香辣肥肠）	100 g×12 碗	箱	150	150		1	B-1-1-1 B-1-1-2 B-1-1-3	10 70 70
SP400012	光友方便粉丝（香辣肥肠）	100 g×20 袋	箱	150	150		1	B-1-1-4 B-1-1-5 B-1-1-6	6 72 72
SP400021	光友方便粉丝（香菇鸡）	95 g×12 碗	箱	150	150		1	B-1-2-1 B-1-2-2 B-1-2-3	10 70 70
SP400022	光友方便粉丝（香菇鸡）	95 g×20 袋	箱	150	150		1	B-1-2-4 B-1-2-5 B-1-2-6	38 56 56
SP600010	米卡多茄汁鲭鱼罐头	155g×5 听	箱	150	150		1	B-1-1-7	150
BJ200010	蒙古王圆桶 38°	500 mL×6 瓶	箱	130	130		2	B-2-1-1 B-2-1-2 B-2-1-3 B-2-1-4	22 36 36 36
BJ200031	红星 56°精红盒二锅头	500 mL×6 瓶	箱	120	120		1	B-2-3-1 B-2-3-2	56 64
HJ100010	张裕馆藏解百纳干红葡萄酒	750 mL×6 瓶	箱	130	130		1	B-2-2-1 B-2-2-2 B-2-2-3 B-2-2-4 B-2-2-5 B-2-2-6 B-2-2-7 B-2-2-8	4 18 18 18 18 18 18 18
HJ100011	张裕馆藏干红葡萄酒	750 mL×6 瓶	箱	135	130	—5	1	B-2-3-3 B-2-3-4	55 75

续表

货物编号	货物名称	规格	单位	数量			批次	货位号	备注（存货量）
				计划	实际	差异			
RY500113	晶柔商务抽取式卫生纸	包×60	箱	150	160	10	1	A1	160
RY500114	晶柔商务盒装面纸（长方盒）	盒×72	箱	150	140	－10		A2	140

主管：王冠　　　　复核人：李复　　　　仓管员：张苍

注：一般入库单为三联单，第一联仓库留存，第二联财务或统计记账，第三联交送货人或业务部。

三、登记实物明细账

以入库货物“张裕馆藏干红葡萄酒”为例，根据入库单信息登记保管台账，见表2—3—13。

表2—3—13　　实物明细账

存货编号：HJ100011　　　　存货货位：B-2-3-3，B-2-3-4

存货名称：张裕馆藏干红葡萄酒　　　　存货单位：NG公司

2010年		凭证		摘要	入库数	出库数	结存数	备注
月	日	种类	编号					
				转前			0	
11	17	入库单	×××	—	130		130	

四、制作保管卡

以入库货物“张裕馆藏干红葡萄酒”为例，根据入库货物性质，制作如下货物保管卡，见表2—3—14和表2—3—15。

表2—3—14　　货物保管卡（1）

保管卡

货位编号：B-2-3-3　　　　立卡日期：2010—11—17

货物编号：HJ100011

货物名称：张裕馆藏干红葡萄酒

货物入出库记录

日期	入库	出库	结存	签注	日期	入库	出库	结存	签注
11/17	55		55	张苍					

表 2—3—15　　　　　　　　　　**货物保管卡（2）**

保管卡

货位编号：B-2-3-4　　　　　　　　　　　　　　立卡日期：2010—11—17

货物编号：HJ100011

货物名称：张裕馆藏干红葡萄酒

货物入出库记录									
日期	入库	出库	结存	签注	日期	入库	出库	结存	签注
17/11	75		75	张苍					

五、建档

存货档案按一货一档设置，将货物入库、保管、交付的相应单证，报表，记录，作业安排，资料等的原件或者附件、复制件存档。存货档案按客户名称统一编号。

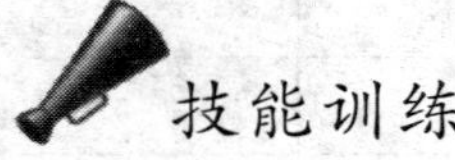

技能训练

1. 按表 2—3—10 样式完成其他货物入库验收单的填写。
2. 按表 2—3—13 样式完成其他货物明细账的登记。
3. 按表 2—3—14 和表 2—3—15 样式完成其他货物保管卡的填写。

思考与练习

1. 办理交接手续时，要做好哪些工作？重点是什么？
2. 登账时，需要注意什么问题？请说出理由。
3. 设立保管卡（货卡）的作用是什么？如何使用和登记保管卡信息？登记保管卡信息时要注意什么问题？
4. 为什么要进行货物档案管理？存档时要注意什么问题？
5. 登账出错时该怎么处理？为什么？

模块三

在库作业管理

保管与养护作业是仓储作业过程中重要的作业环节，也是作业时间持续最长、作业要求较高的环节之一。货物保管与养护的质量好坏对仓储管理质量有直接影响，它包括货物的合理码放、根据不同货物的特征和属性实施相应的养护措施以及根据作业要求进行的盘点工作。“以防为主，防治结合”是保管和养护的核心，也是基本的作业原则。

任务1 堆码管理

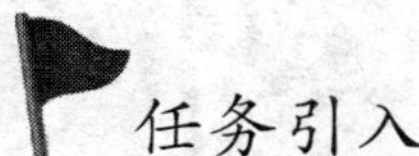

任务引入

XK 家电商场配送仓库某天进货情况见表 3—1—1。库房可利用高度为 5 m，地坪荷载 3 t/m^2，货位包括地面平置货位和货架货位，根据储区规划和实际货位的使用状况对入库的货物进行合理地堆码管理。

表 3—1—1　　货物基本情况

货物名称	规格（cm）	重量（kg）	数量	堆码层数限制
冰箱	85×85×150	50	20	3 层
洗衣机	95×80×110	20	30	3 层
电视机	105×85×90	40	100	3 层
空调	100×85×180	52	100	3 层
微波炉	50×30×40	12	120	5 层
饮水机	60×30×40	16	120	4 层

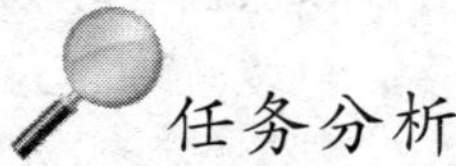

任务分析

本任务的货物类型主要是家电产品。其中冰箱、洗衣机、电视机和空调等属于大家电类商品，微波炉、饮水机属于小家电类商品，单件货物的体积重量不尽相同，使得堆码保管的方式和方法差异较大。尤其是搬运作业的方式不同，在进行堆码管理中要注意区别对待。同时，由于几种货物均属于家电这一商品大类，因而对保管环境、养护措施等方面的要求基本一致。

完成上述货物的堆码管理，主要涉及堆码作业的基本原则、货物堆码的方式、搬运的方法、堆垛设计、垫底和苫盖的方法等作业技术。

相关知识

货物入库验收后，应按一定的要求集中堆放在库内指定的货位，并进行必要的苫垫。堆码与苫垫作业是货物入库作业管理中的一个重要环节，其作业结果会影响货物的储存质量。

一、堆码技术

堆码就是根据货物的特性、形状、规格、重量、包装等具体情况，充分考虑储区的地面负荷和环境要求，将货物叠堆成各种码垛或放置在相应的货架货位上。仓库货物堆码方法主要有：散堆法、货架存放法和堆垛存放法。

1. 散堆法

散堆法是指在确定货位后，直接使用堆扬机或者铲车等机械，将货物堆高，并达到设定的高度。由于散货具有较强的流动性和散落性，堆货时不能堆离垛位四边太近，以免货物超出垛位四边而散落。这种方法主要适用于露天存放的没有包装的大宗货物，如煤炭、矿石、黄沙等，也可适用于库内少量存放的谷物、碎料等散装货物。如图 3—1—1 所示。

图 3—1—1　散堆法

2. 货架存放法

货架是用支架、搁板或托架组成的立体储存货物的设施。货架存放可充分利用仓库空间，提高仓容利用率，扩大仓库储存能力。采用货架存放，货物互不挤压，可以保证货物本身的性能，提高存储货物的数量。这种方法一般适用于小件、品种规格繁多、包装简易、不便堆垛的货物。如图 3—1—2 所示。

3. 堆垛存放法

堆垛存放法主要针对有包装的货物和裸装的计件货物。该方法能够提高仓容利用率。根据货物的基本性能、外形等不同，主要有以下几种堆垛方法。

图 3—1—2　货架存放法

（1）重叠式

按入库货物数量，视单位仓容定额，确定堆高层数，确定底层的垛脚件数，然后逐层向上重叠加高。上一层每件货物应直接安放在下一层每件货物上面，并对齐整。硬质整齐的货物包装、正方形的包装和占用面积较大的钢板等可用此法，此法是机械化作业的主要垛形之一。为保证货垛稳定，在一定层数后，可改变方向继续向上，如堆码板材时，可逢十行交错，以便计数。如图 3—1—3 所示。

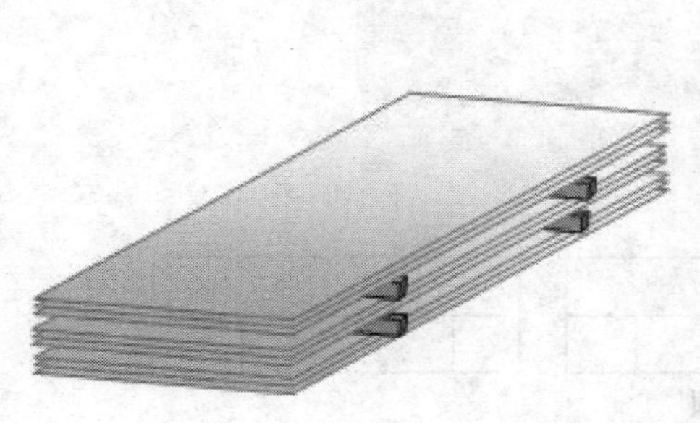

图 3—1—3　重叠式

（2）纵横交错式

每层货物都改变方向向上堆放。适用于管材、捆装、长箱装货物。该方法较为稳定，但操作不便。如图 3—1—4 所示。

（3）仰俯相间式

对上下两面有大小差别或凹凸的货物，如槽钢、钢轨、箩筐等，将货物仰放一层，再翻一面俯放一层，仰俯相间相扣。该垛极为稳定，但操作不便。如图 3—1—5 所示。

（4）压缝式

将底层并排摆放，上层放在下层的两件货物之间。如果每层货物都不改变方向，则形成梯形形状；如果每层都改变方向，则类似于纵横交错形。根据上下层件数的关系分为“2 顶 1”“3 顶 2”“4 顶 1”“5 顶 3”等。如图 3—1—6 所示。

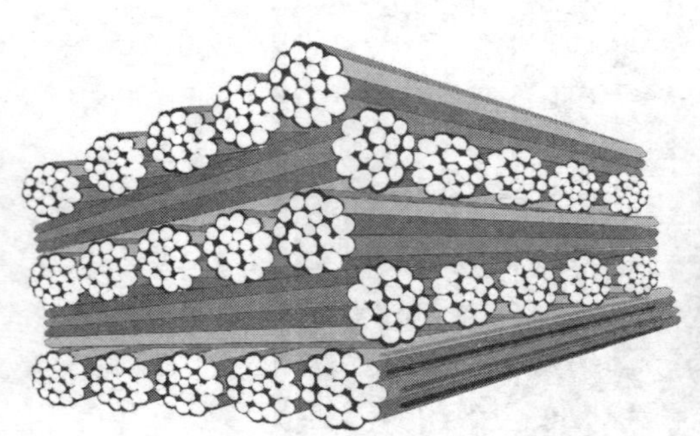

图 3—1—4　纵横交错式

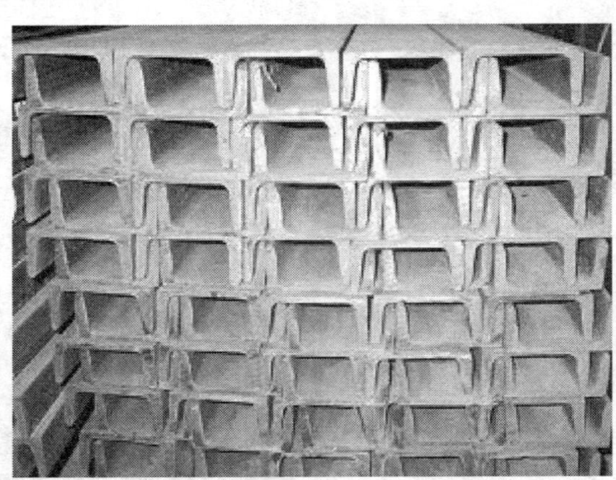

图 3—1—5　仰俯相间式

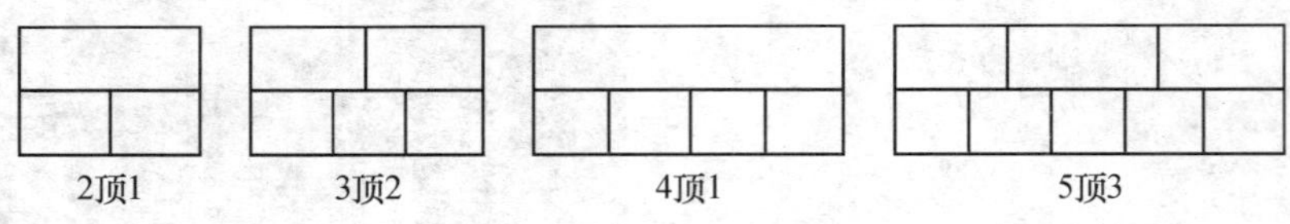

图 3—1—6　压缝式

（5）通风式

货物在堆码时，每件相邻的货物之间都留有空隙，以便通风。层与层之间采用压缝式或者纵横交错式。此法适用于需要通风量较大的货物堆垛。如图 3—1—7 所示。

（6）栽柱式

码放货物前在货垛两侧栽上木桩或者钢棒，形如 U 形货架，然后将货物平码在桩柱之间。几层后用铁丝将相对的两边柱拴连，再往上摆放货物，形如 H 形货架。此法适用于棒材、管材等长条状货物，操作较为方便。如图 3—1—8 所示。

（7）衬垫式

码垛时，隔层或隔几层铺放衬垫物，衬垫物平整牢靠后，再往上码。适用于不规则且较重的货物，如无包装电动机、水泵等。如图 3—1—9 所示。

（8）直立式

货物保持垂直方向码放的方法。适用于不能侧压的货物。如玻璃、油毡、油桶、塑料桶等。如图 3—1—10 所示。

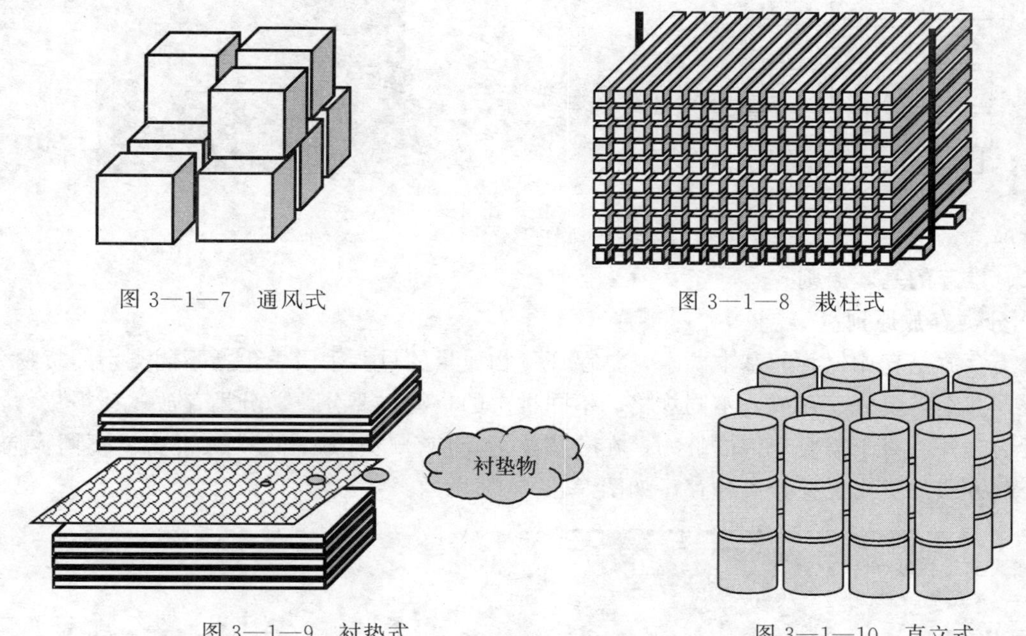

图 3—1—7　通风式

图 3—1—8　栽柱式

图 3—1—9　衬垫式

图 3—1—10　直立式

（9）宝塔式

宝塔式堆垛与压缝式堆垛类似，但压缝式堆垛是在两件物体之间的压缝上码，宝塔式堆垛则在四件物体之中心上码，逐层缩小，例如电线、电缆等。如图 3—1—11 所示。

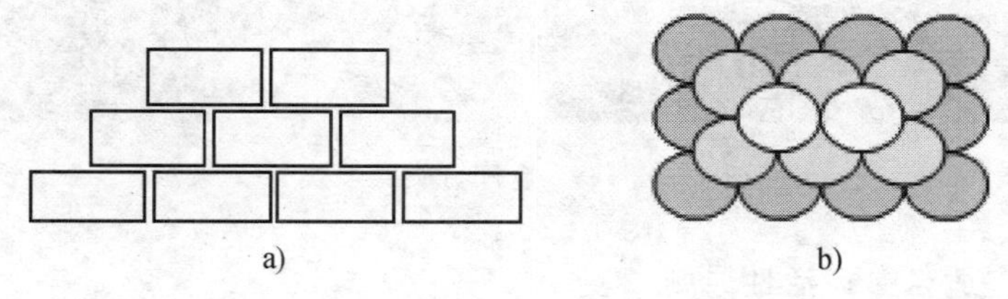

图 3—1—11　宝塔式

a）侧面　b）俯视

（10）托盘式

托盘式堆垛是近几十年来得到迅速发展的一种堆垛方法。它的特点是货物直接在托盘上存放。货物从装卸、搬运入库，直到出库运输，始终不离开托盘，这就可以大大提高机械作业的效率，减少搬运次数。托盘式堆垛的应用范围很广，包装整齐又不怕压的货物可以使用平托盘；散装或零星货物可以使用箱式托盘；怕压或形状不规则的货物，为了增加堆码高度，可以使用立柱托盘，堆码时四根立柱不但承受了上部重量，而且大大增加了稳定性。如图 3—1—12 所示。

图 3—1—12　托盘式

二、堆存的基本原则

1. 分类存放原则

分类存放是仓库保管的基本要求，是保证货物质量的重要手段。包括不同类别的货物分类存放，甚至需要分库存放，不同规格、不同批次的货物也要分位、分堆存放；残损货物要与原货物分开。对于需要分拣的货物，在分拣之后，应分位存放，以免又混合。不同流向、不同经营方式的货物也要分类分存。如图 3—1—13 所示。

图 3—1—13　仓库分类存放实景

2. 摆放整齐，适当搬运活性原则

为了减少作业时间、次数，提高仓库周转速度，根据货物作业的要求，合理选择货物的搬运活性。对搬运活性高的货物，也应注意摆放整齐，以免堵塞通道，浪费仓容。如图 3—1—14 所示。

3. 垛形稳固、垛高适当原则

为了充分利用仓容，存放的货物要尽可能码高，使货物最小占用地面面积，但不能超过仓库地面承载力和货物本身堆高限制，因此垛高要适当。货物堆垛必须稳固，避免倒垛、散垛，要求叠垛整齐、放位准确，必要时采用稳固方法，如垛边、垛头采用纵横交叉叠垛，使用固定物料加固等。只有在货垛稳固的情况下才能码高。

4. 面向通道、不围不堵原则

面向通道包括两方面意思，一是堆码、存放的货物正面，尽可能面向通道，以便察看。

图 3—1—14　库内实景（1）

货物的正面是指标注主标识的一面。二是所有货物的货垛、货位都有一面与通道相连，处在通道旁，以便能对货物进行直接作业。只有在所有货位都与通道相通时，才能保证不围不堵。如图 3—1—15 所示。

图 3—1—15　库内实景（2）

三、堆垛设计

1. 堆垛的基本要求

（1）合理

要求不同性质、品种、规格、等级、批次和不同客户的货物，分开堆放。货垛形式适应货物的性质，有利于货物的保管，能充分利用仓容和空间；货垛间距符合作业的要求以及安全防火的要求；大不压小，重不压轻，缓不压急，不围堵货物，特别是后进货物不堵先进货物，确保"先进先出"。

（2）牢固

货垛必须不偏不斜，稳定牢固，必要时采用衬垫、绳网、木柱、钢柱等物料固定，不压坏底层货物或外包装，不超过库场地坪承载能力。

(3) 定量

每一货垛的每行每层的数量应力求固定，且为整数，通常采用“五五化”定量堆码；过称货物每层应该明显分隔，料卡填写完整、清楚。这样，就能做到过目知数，便于清点发货。

(4) 整齐

货垛堆放整齐，垛形、垛高、垛距标准化和统一化。货垛上每件货物都排放整齐，垛边横竖成列，垛不压线；货物外包装的标记和标识一律朝垛外。

(5) 节约

堆垛应考虑节约货位，提高仓容利用率；妥善组织安排，做到一次作业到位，避免重复搬动，节约劳动消耗；合理使用苫垫材料，避免浪费。

(6) 方便

选用的垛形、尺寸、堆垛方法，应便于堆垛作业、搬运装卸作业，提高作业效率；垛形便于理数、查验货物；便于通风、苫盖等保管作业。

2. 货垛的“五距”

货垛的“五距”是指墙距、柱距、顶距、垛距和灯距，即货垛不能倚墙、靠柱、碰顶、贴灯，货垛间必须保留适当的距离。

(1) 墙距

分为外墙距和内墙距，外墙距是指库房墙壁外无其他建筑物时货垛与墙壁间的必要距离，一般保持 0.3～0.5 m 的间距；内墙距是指库房墙壁外有其他建筑物时货垛与墙壁间的必要距离，一般保持 0.1～0.2 m 的间距。主要防止墙壁的潮气对货物的影响，便于开关库窗、检点货物、通风散潮等。

(2) 柱距

是指货垛与库房立柱间保留的必要距离，一般为 0.1～0.3 m，主要是防止立柱潮气影响货物以及保护建筑物安全。

(3) 顶距

是指货垛顶部与库房顶部最低建筑构造物间保留的必要距离，一般平房仓库为 0.2～0.5 m，人字顶库房以屋架下弦底为货垛的可堆高度，多层建筑库房顶层不得少于 0.5 m，底层与中间层为 0.2～0.5 m。留出顶距能起到通风散潮、查漏接漏、隔热散热、便于消防、便于装卸操作等作用。

(4) 垛距

是指货垛间的必要距离，主要起通风、散热、方便进出等作用，通常以支道作为垛距，库房内垛距一般为 0.3～0.5 m，货场垛距不少于 0.5 m。

(5) 灯距

是指货垛顶部与照明灯之间的必要距离，主要起防止火灾的作用，灯距严格规定不得少于 0.5 m。

3. 垛形设计

垛形是指货物在库场码放的外部轮廓形状，垛形应根据货物的特性和保管的需要确定，保证能方便、迅速地实现作业，并能充分利用仓容。

仓库常见的垛形有：

（1）平台垛

平台垛是在底层以同一个方向平铺摆放一层货物，然后垂直继续向上堆积，每层货物的件数、方向相同，垛顶呈平面，垛形呈长方体（见图3—1—16）。当然在实际堆垛时并不是采用层层加码的方式，往往从一端开始，逐步后移。平台垛适用于包装规格单一的大批量货物，包装规则、能够垂直叠放的方形箱装货物、大袋货物、规则的软袋成组货物、托盘成组货物。平台垛只是用在仓库内和无须遮盖的堆场堆放的货物码垛。

（2）起脊垛

起脊垛实质上是平台垛的变形，其下部的码垛方法与平台垛一样，堆垛到一定高度时，以压缝的方式逐层收小，将顶部收尖呈脊形，这样便于雨水排泄，防止水湿货物。该垛形是堆场堆货的主要垛形，有些仓库由于陈旧或建筑简陋有漏水现象，怕水的货物也应采用起脊垛堆垛并遮盖。

（3）立体梯形垛

立体梯形垛是在最底层以同一方向排放货物的基础上，向上逐层同方向减数压缝堆码，整个货垛呈下大上小的立体梯形形状（见图3—1—17）。立体梯形垛稳固，仓容利用率较高。主要用于包装松软的袋装、桶装、筐装、卷形、捆包货物。

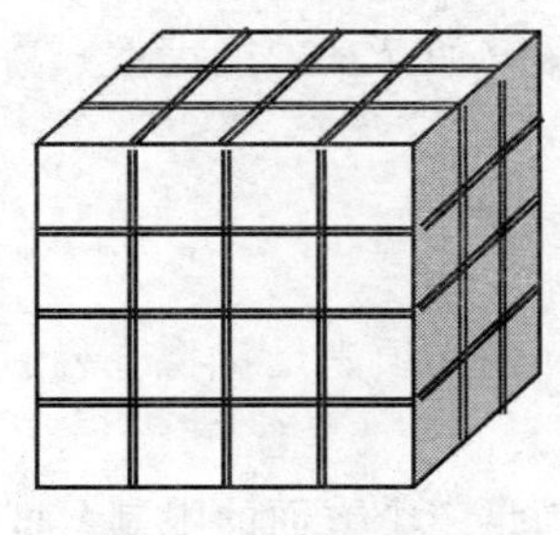

图3—1—16　平台垛

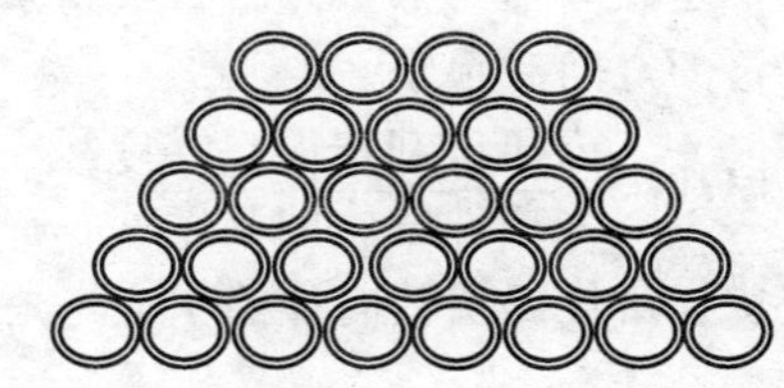

图3—1—17　立体梯形垛

（4）井形垛

井形垛是在以一个方向铺放一层货物后，再以垂直于第一层方向铺放第二层货物，货物横竖隔层交错逐层堆放，垛顶呈平面（见图3—1—18）。井形垛垛形稳固，但层边货物容易滚落，需要捆绑或收紧。井形垛主要用于长形的钢材、钢管、木材等货物。

（5）梅花形垛

将每一排（列）货物排成单排（列），第二排（列）货物每件都依次紧靠在第一排（列）的两件之间卡位，以后每排（列）依次卡缝排放，形成梅花形垛（见图3—1—19）。该垛形货物摆放紧凑，能充分利用货物之间的空隙，提高仓容利用率。对于能够多层堆码的货物，堆放在第二层以上时，应将每层货物压放在下层的三件货物中间，四边各收半件，形成立体梅花形垛。该垛形主要适用于需要直立存放的大桶装货物。

4. 货垛参数计算

（1）货垛可堆码层数

货垛堆码层数有两种计算方法。

地坪不超重可堆码层数——指货物堆垛重量必须在库房地坪安全负荷范围内的堆码层数。

图 3—1—18　井形垛

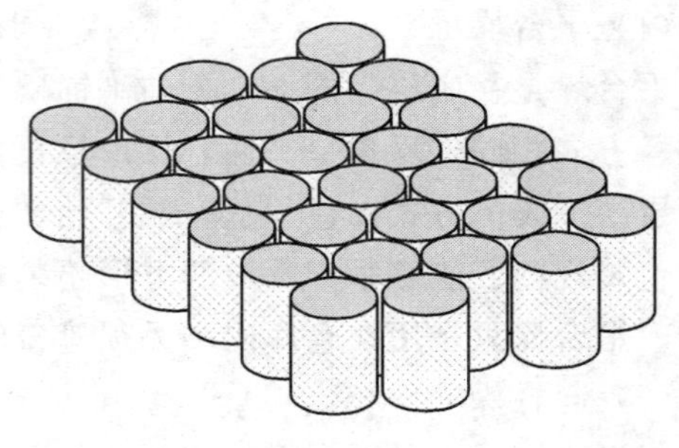
图 3—1—19　梅花形垛

1）以单件货物计算

$$堆码层数=\frac{库房地坪单位面积技术定额\times 单件货物底面积}{单件货物毛重}。$$

2）以整垛货物计算

$$堆码层数=\frac{整垛货物实占面积\times 库房地坪单位面积技术定额}{单层货物堆码件数\times 单件货物毛重}。$$

货垛不超高可堆码层数——指货物堆码必须在作业机械（如叉车）最大举升高度范围内并保持严格的灯距和顶距。

$$堆码层数=\frac{库房可利用安全高度}{单件货物的高度}。$$

确定货物可堆码层数时，除了应考虑上述两个因素外，还必须满足货物包装的堆码层数限制。

上述三个方面的因素，计算出的可堆码层数必须同时满足三个方面的限制，即取三个限制因素的最小可堆码层数为堆高的层数。

例如：某仓库入库一批纸箱包装的货物，单箱毛重 20 kg，纸箱包装规格为 80 cm×50 cm×25 cm，包装堆码层数限制为 8 层，地坪荷载为 3 t/m²，库房可用高度为 4 m，求该批货物可堆码高度。

解：$不超重堆码层数=\frac{3\times 0.4}{0.02}=60$ 层，

　　$不超高堆码层数=\frac{4}{0.25}=16$ 层，

包装堆码层数限制为 8 层，因此该批货物最大堆码层数为 8 层。

（2）货垛占地面积

一般地，每个货垛占地面积不应大于 150 m²。对于规格整齐、形状一致的箱装货物采用平台垛堆码，占地面积的计算可参考以下公式：

$$占地面积=\frac{总件数}{可堆码层数}\times 单件货物底面积。$$

接上例：$该批货物占地面积=\frac{总件数}{可堆码层数}\times 单件货物底面积=\frac{200}{8}\times 0.4=10\ m^2$。

5. **垛基的设计**

垛基是货垛的基础，也称为垫垛，是指在货物堆垛前，在预定的货位地面位置上使用衬垫材料进行铺垫。其目的是为了使地面平整；隔离地面的潮湿、杂物和尘土；形成垛底通风层，便于货垛通风排湿；使货物的泄漏物留存在衬垫物内，便于收集和处理；通过强度较大的衬垫物使重物的压力分散，避免损害地坪。常见的衬垫材料有枕木、钢轨、货板架、木板、钢板、花岗石、帆布、芦苇片、水泥块等。如图 3—1—20 所示。

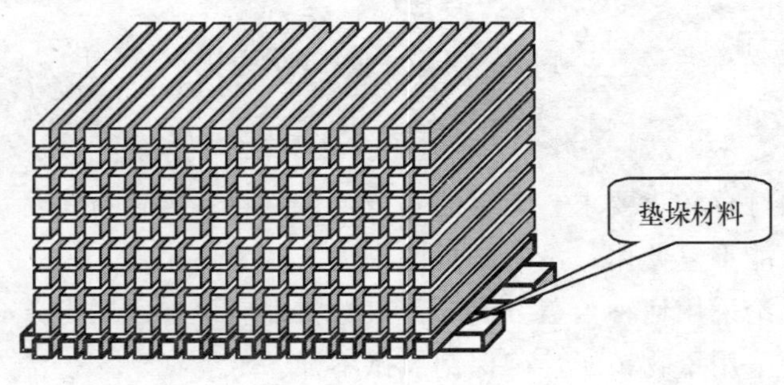

图 3—1—20 垛基

垛基设计的基本要求：

（1）所选用的衬垫物不会影响拟存货物的品质。堆放货物时，要选择坚固耐压的衬垫物。

（2）堆场在使用前，必须平整夯实，露天堆场要布置畅通的排水系统，衬垫物要铺平放正，保持同一方向。

（3）衬垫物不能露在货垛外面，以防雨水顺着衬垫物浸湿货物。

（4）垛基要保持良好的通风和防潮，垛基应有一定的离地高度，一般情况下，露天不低于 30 cm，库房内不低于 20 cm。

6. **苫盖技术**

苫盖是指为了减少自然环境中的光照日晒、雨雪风沙、灰尘湿度等对货物的侵蚀、损害，采用专用苫盖材料对货垛进行遮盖，以保护货物在储存期间的质量。常用的苫盖材料有各种篷布、塑料布、帆布、油布、芦席、竹席、玻璃钢瓦、铁皮等。常见的苫盖的方法包括以下三种。

（1）就垛苫盖法

直接将大面积苫盖材料覆盖在货垛上遮盖。适用于起脊垛或大件包装货物，一般采用大面积的帆布、油布、塑料膜等。就垛苫盖法操作便利，但基本不具有通风条件，如图 3—1—21 所示。

（2）鱼鳞式苫盖法

将面积较小的苫盖材料从货垛的底部开始，自上而下呈鱼鳞式逐层交叠围盖。一般采用小面积的席、瓦等。鱼鳞式苫盖法通风条件较好，但每件苫盖材料都需要固定，操作比较烦琐复杂，如图 3—1—22 所示。

（3）活动棚苫盖法

将苫盖材料制成一定形状的棚架，在货物堆垛完毕，移动棚架到货垛遮盖，或者采用即时安装活动棚架的方式苫盖。活动棚苫盖法较为快捷，具有良好的通风条件，但购置成本较高，而且本身还会占用一定的仓库面积，如图 3—1—23 所示。

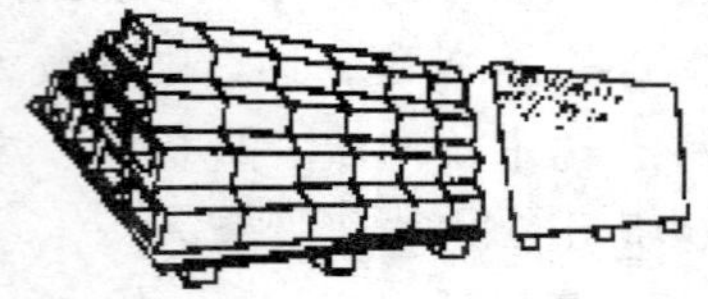
图 3—1—21　就垛苫盖法

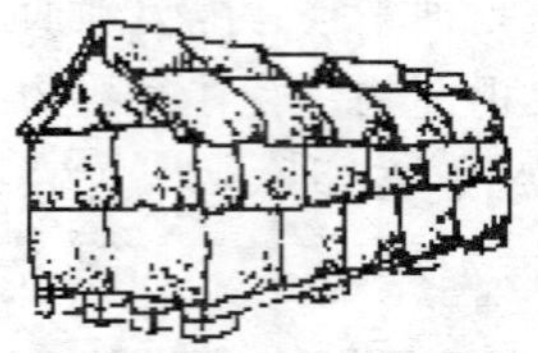
图 3—1—22　鱼鳞式苫盖法

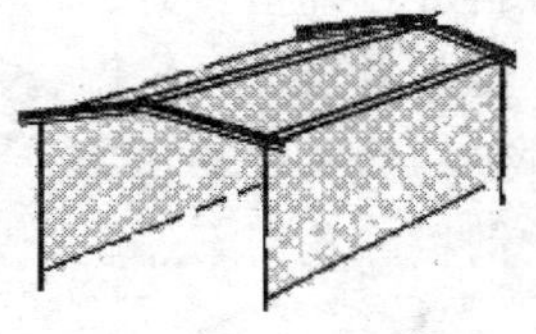
图 3—1—23　活动棚苫盖法

苫盖的基本要求：

选料合理。选用符合防火要求、无害的安全苫盖材料；苫盖材料对货物无不良影响；成本低廉，不易损坏，能重复使用；没有破损或霉烂。

苫盖要牢固。无论采用何种苫盖方法，苫盖材料都应该加以固定，必要时在苫盖物外用绳索、绳网绑扎或者采用重物镇压，确保刮风掀不开。

苫盖接口要紧密。苫盖的接口要有一定深度的互相叠盖，不能迎风叠口或留空隙；苫盖必须拉挺、平整，不得有折叠或凹陷，防止积水。

苫盖底部与垫垛平齐。不悬空或拖地，并牢固地绑扎在垫垛外侧或地面的绳桩上，衬垫材料不露出垛外，以防雨水顺延渗入垛内。

注意材质和季节。使用旧的苫盖材料或雨水丰沛季节，垛顶或者风口需要加层苫盖，确保雨淋不透。

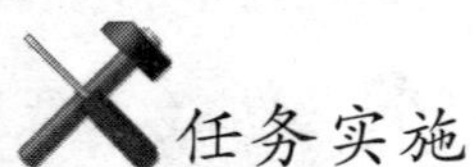

任务实施

一、确定堆码方式

根据入库货物类型确定如下堆码方式：

冰箱、洗衣机、电视机和空调属于大家电类货物，体积较大且采用规格化纸箱包装，适合采用堆垛法平置堆码，微波炉和饮水机属于小家电，体积较小且采用规格化纸箱包装，可以采用托盘货架存放。

二、计算堆垛参数

1. 平置堆码

(1) 堆码层数及占地面积测算

根据入库货物的规格参数和数量做如下参数测算。

1) 冰箱堆码层数及占地面积测算

不超重堆码层数$=\dfrac{3\times 0.85\times 0.85}{0.05}=43$ 层，

不超高堆码层数$=\dfrac{5}{1.5}\approx 3$ 层，

包装堆码层数限制为 3 层，因此冰箱最大堆码层数为 3 层。

冰箱占地面积$=\frac{\text{总件数}}{\text{可堆码层数}}\times$单件货物底面积$=\frac{20}{3}\times 0.85\times 0.85\approx 5\ m^2$。

2）洗衣机、电视机和空调堆码层数及占地面积测算

同理，洗衣机、电视机和空调最大堆码层数也为 3 层。

洗衣机占地面积$=\frac{\text{总件数}}{\text{可堆码层数}}\times$单件货物底面积$=\frac{30}{3}\times 0.95\times 0.8\approx 8\ m^2$。

电视机占地面积$=\frac{\text{总件数}}{\text{可堆码层数}}\times$单件货物底面积$=\frac{100}{3}\times 1.05\times 0.85\approx 30\ m^2$。

空调占地面积$=\frac{\text{总件数}}{\text{可堆码层数}}\times$单件货物底面积$=\frac{100}{3}\times 1.0\times 0.85\approx 29\ m^2$。

（2）平置堆码开桩

1）冰箱。长度方向堆码 4 箱，长 3.4 m，宽度方向堆码 2 箱，宽 1.7 m，单层堆码 8 箱，堆码三层，货位面积为 5.78 m^2。

2）洗衣机。长度方向堆码 2 箱，长 1.9 m，宽度方向堆码 5 箱，宽 4 m，单层堆码 10 箱，堆码三层，货位面积为 7.6 m^2。

3）电视机。长度方向堆码 7 箱，长 7.35 m，宽度方向堆码 5 箱，宽 4.25 m，单层堆码 35 箱，堆码三层，货位面积为 31.3 m^2。

4）空调。长度方向堆码 7 箱，长 7 m，宽度方向堆码 5 箱，宽 4.25 m，单层堆码 35 箱，堆码三层，货位面积为 29.75 m^2。

上述开桩方案可根据实际货位规划尺寸加以调整。

2. 货架存货

微波炉和饮水机采用托盘货架存货。可采用规格为 1 200 mm×1 000 mm×150 mm 的标准托盘打托，货架采用层高 1.5 m 的 5 层托盘货架，每层货位可容纳三个托盘，如图 3—1—24 所示。

图 3—1—24　托盘货架

微波炉包装尺寸为 50 cm×30 cm×40 cm，采用重叠堆码打托，每层可码放 8 箱，每盘可堆码层数为 3 层，每盘装盘量为 24 箱，入库量为 120 箱共 5 托盘，占用两个托盘货位，如图 3—1—25 所示。

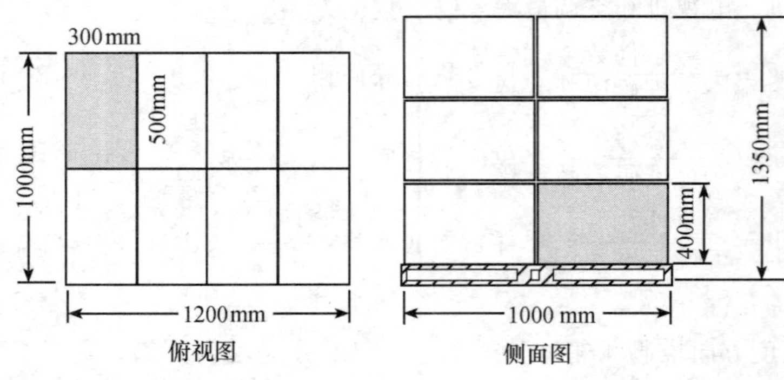

图 3—1—25 微波炉装盘效果示意图

饮水机包装尺寸为 60 cm×30 cm×40 cm，采用重叠堆码打托，每层可码放 8 箱，每盘可堆码层数为 3 层，每盘装盘量为 18 箱，入库量为 120 箱共 7 托盘（最后一盘装盘量为两层 12 箱），占用三个托盘货位，如图 3—1—26 所示。

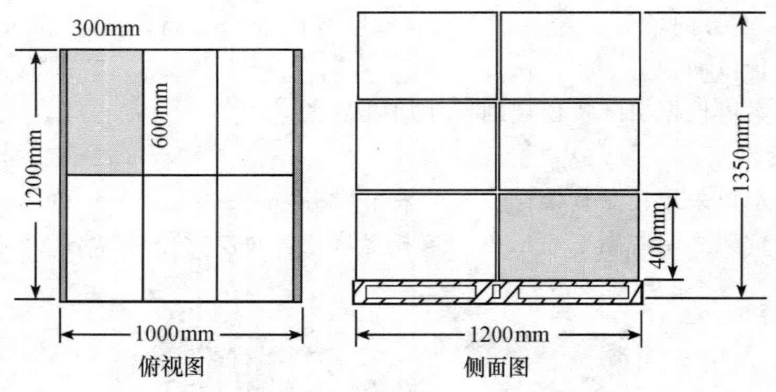

图 3—1—26 饮水机装盘效果示意图

三、堆码操作

平置货位货物堆码采用叉车加装叉车属具（夹抱器）或采用堆垛机进行堆码作业，垛形采用重叠堆码平台垛。

货架货位采用托盘叉车或液压堆高车上架操作。

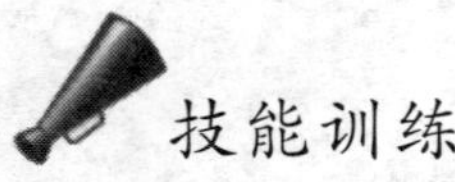

技能训练

请根据下列入库货物的基本情况和货位使用状况，进行堆码设计。

1. 入库货物的基本情况

入库货物的基本情况见表 3—1—2。

表 3—1—2 货物基本情况

货物名称	规格（cm）	重量（kg）	入库数量
冰箱	85×85×150	50	20
洗衣机	95×80×110	20	30
电视机	105×85×90	40	100
空调	100×85×180	52	100
微波炉	50×30×40	12	120
饮水机	60×30×40	16	120

2. 仓库货位的使用状况（货位图）

储区技术参数：长 50 m，宽 30 m，使用面积 150 m^2，库房可利用高度为 5 m，地面为环氧树脂地坪，荷载为 3 t/m^2。库内分货架存货区和平置存货区。库内设走道和支道，走道宽 3.5 m，支道宽 1.5 m。进出库理货区设置在进出口处，宽度为 2.5 m。库内储区布置符合"五距"要求，如图 3—1—27 所示。

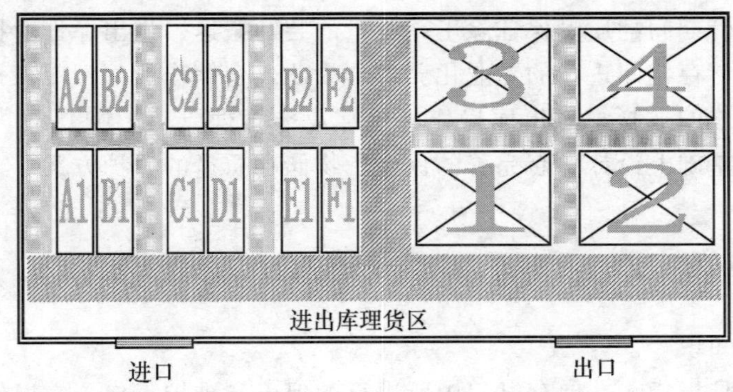

图 3—1—27 储区布置示意图

货架存货区安装 12 组货架，每组货架长 11 m，宽 1.5 m，高 4.5 m，3 层，每层设置 4 个存货货位，每个货位宽 2.5 m，高 1.5 m，放置两个托盘货物（1 200 mm×1 000 mm×150 mm）。

平置存货区设置 4 个货位，每个货位长 15.5 m，宽 10.5 m。

思考与练习

1. 货物堆存的基本原则有哪些？

2. 货垛设计有哪些基本要求？其中的"五距"是指什么？为什么要满足"五距"要求？

3. 仓库堆垛设计常采用哪些垛形？各种垛形有什么优缺点？如何根据不同垛形和货物储存保管要求核算堆码层数、可堆存货物数量、货垛占地面积？

4. 什么是垛基？垛基设计有什么要求？

5. 什么是苫垫技术？为什么要对货垛进行苫垫？实际操作中常采用哪些苫垫技术方法？

任务2 养护管理

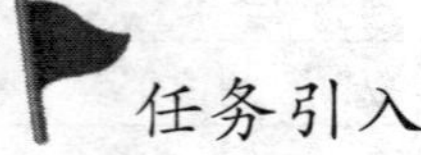

任务引入

A 物流公司采用包仓代管的方式，将两间 3 000 m^2 的库房分别租给了 XK 家电集团（主要货物为冰箱、电视、空调等）和 NG 百货公司（主要货物为家电、食品、服装、小五金、皮具、日用百货办公家具等）。本任务要求根据客户储存的货物性质不同，采取适当的保管保养措施，制订确保商品在库期间品质和安全的养护方案。

任务分析

货物在储存保管期间的质量保证除了高质量的装卸搬运、进出库作业操作手段以外，还来源于对货物在库储存期间进行的专业化养护。为此，仓储作业部门应根据不同客户，从仓库设施的布置、货位的选择、进出库操作、日常业务管理以及影响仓储货物质量的各种因素，在详细分析的基础上设计一套完善的保证货物储存质量的养护方案。

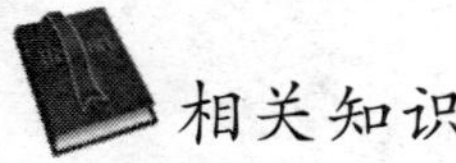

相关知识

一、货物养护知识

货物养护主要是指货物在储存过程中所进行的保养和维护工作，它以储存过程中货物质量变化的规律及其防护方法为研究对象。由于地域差异和自然因素差异，货物储存的条件不尽相同。货物在储存的过程中会受到各种外界因素的影响，往往会发生各种各样质量变化的现象（如发生化学变化、物理变化、生化变化等），根据库存货物发生质量变化速度、危害程度、季节变化，应制订相应的货物养护措施，保证货物原有的使用价值。

货物养护质量的好坏与运输、装卸搬运、包装、流动加工等物流环节有着密切的关系。

1. 影响货物质量的因素

（1）货物内在因素

1）货物的物理性质。包括货物的吸湿性、导热性、耐热性、透气性等。

2）货物的机械性质。包括货物的形态、结构在外力作用下的反应。

3）货物的化学性质。包括货物的形态、结构以及货物在光、热、氧、酸、碱、温度、湿度等作用下会发生改变的性质。

（2）自然因素

1）氧。氧是非常活跃的，能和许多货物发生作用，对货物质量变化影响很大。因此，在货物养护中，对受氧气影响比较大的货物，要采取各种方法隔绝氧气。

2）日光。日光中含有热量、紫外线、红外线等，在一定条件下，一方面我们可以利用日光能够加速受潮货物的水分蒸发，杀死杀伤微生物和害虫的作用进行货物的养护；另一方面，某些货物在光的直射下，又会被破坏，如发生挥发、褪色、老化等。

3）微生物和害虫。微生物可使货物产生腐臭味和色斑霉点，影响货物的外观，同时使货物破坏、变质、丧失其使用或食用价值；仓库中的害虫不仅蛀蚀动植物性货物和包装，有些仓虫还能危害塑料、化纤等化工合成货物。此外，白蚁和老鼠还会破坏仓库建筑物和纤维质货物。

4）空气温度和湿度。气温是影响货物质量变化的重要因素，一般货物在常温下，都比较稳定；高温能够促进货物的挥发、渗漏、熔化等物理变化及各种化学变化；而低温又容易引起某些货物的冻结、沉淀等变化：控制和调节仓储的温度是货物养护的重要工作之一。此外，空气湿度的改变也能引起货物的含水量、化学成分、外形或体态结构发生变化。湿度降低，将使货物因放出水分而降低含水量，减轻重量。所以，在货物养护中，必须掌握各种货物适宜的湿度要求，尽量创造货物适宜的空气湿度。

5）卫生条件和空气环境。灰尘、油垢、垃圾等不良卫生环境会污染货物，也为微生物、仓库害虫创造了活动场所。空气中的有害气体浓度过高也会影响货物的质量，特别是金属货物，必须远离二氧化硫发源地。

（3）人为因素

主要是指作业人员未按物品自身特性的要求或未认真按有关规定和要求作业，甚至违反操作规程而使物品受到损害和损失的情况。一般包括：

1）保管场所选择不合理。不同货物在储存期内要求的保管条件不同，所以对不同货物应选择合理的保管场所。一般地，普通的黑色金属材料、大部分建筑材料和集装箱货物可在露天货场储存；怕雨雪侵蚀、阳光照射的物品放在普通库房及货棚中储存；要求一定温湿度条件的物品要相应存放在冷藏、冷冻、恒温、恒湿库房中；易燃、易爆、有毒、有腐蚀性的危险物品必须存放在特种仓库中。

2）包装不合理。包装不充分，或捆扎不牢，将会造成倒垛、散包，使货物丢失或损坏。另外，包装材料或包装方法不当不仅会失去包装的保护作用，还会加速库存物受潮变质或受污染霉烂。

3）装卸搬运不合理。装卸搬运活动贯穿仓储作业过程始终，各种物品的装卸搬运均有严格规定。实践表明，装卸搬运作业不规范、作业方法不合理，不仅给储存物造成不同程度的损害，还会给劳动者的生命安全带来威胁，是影响储存货物质量的主要因素。

4）堆码苫垫不合理。垛形选择不当、堆码超高超重、不同物品混码、需苫盖而没有苫盖或苫盖方式不对都会导致库存物损坏变质。

（4）存期的影响

货物在仓库中停留的时间越长，受外界因素影响发生变化的可能性就越大，发生变化的程度也越深。存期的长短主要受采购计划、供应计划、市场供求变动、技术更新、甚至金融危机等因素的影响。因此仓储管理应坚持先进先出的基本原则，定期盘点，将接近保存期限的物品及时处理，对于落后产品或接近淘汰的产品限制入库或随进随出。

2. 货物养护的日常工作

要做好货物养护工作，必须做好以下几项日常性的工作。

（1）严格验收入库物品

为防止货物在储存期间发生质量变化，货物入库时要严格验收，准确把握货物及其包装的质量状况。对有异常情况的货物要查清原因，做好记录，防微杜渐。

（2）适当安排储存场所

货物性能不同，对保管条件的要求也不同，合理安排存储场所并实行分区分类管理是货物养护工作的重要环节。怕潮湿和易霉变、易生锈的物品，应存放在较干燥的库房里；怕热，易溶化、易发黏、易挥发、易变质、易燃、易爆的物品，应存放在温度较低的阴凉场所；性能相互抵触或易串味的物品不能在同一库房混存；对于化学危险物品，要严格按照有关规定，分区分类安排储存地点。

（3）科学进行堆码和苫垫

堆码时合理设计垛形与高度，应根据各种物品的性能和包装材料，结合季节气候等情况妥善堆码。含水率较高的易霉物品，夏天应码通风垛；容易渗漏的物品，应码间隔式的行列垛；对易燃物品还应适当留出防火距离。阳光、雨雪、地面潮气对物品质量影响很大，要切实做好货垛遮苫和货垛垛下苫垫隔潮工作。存放在货场的物品，货区四周要有排水沟，货垛周围要遮盖严密，以防雨淋日晒。

（4）控制好仓库温度、湿度

应根据库存物品的保管保养要求，适时采取密封、通风、吸潮和其他控制与调节温湿度的办法，力求把仓库温湿度保持在适应物品储存的范围内。

（5）定期进行物品在库检查

由于仓库中保管的物品性质各异、品种繁多、规格型号复杂、进出库业务活动每天都在进行，加之物品受周围环境因素的影响，使物品可能发生数量或质量上的损失，对库存物品和仓储工作进行定期或不定期的盘点和检查非常必要。

（6）保持仓库清洁卫生

环境不清洁，易引起微生物、虫类寄生繁殖，危害物品。因此，对仓库内外环境应经常清扫，及时清理杂草、垃圾，必要时使用药剂杀灭微生物和害虫，要根据货物性能采取必要的防鼠防虫措施。

二、仓库温湿度控制

1. 空气温度及变化规律

（1）空气温度

空气温度是指空气的冷热程度，简称气温。衡量物体温度高低的尺度称为温标，常用的温标有摄氏温标和华氏温标两种，都以水沸腾时的温度（沸点）与水结冰时的温度（冰点）作为基准点。

摄氏温标的结冰点为 0 度，沸点为 100 度，中间分成 100 等分，每一等分为 1 度，用符号“℃”来表示。

华氏温标的结冰点为 32 度，沸点为 212 度，中间分成 180 等分，每一等分为 1 度，用符号“℉”来表示。

摄氏温标和华氏温标的换算公式为：

t℉＝9/5t℃＋32　　或　t℃＝5/9（t℉－32）

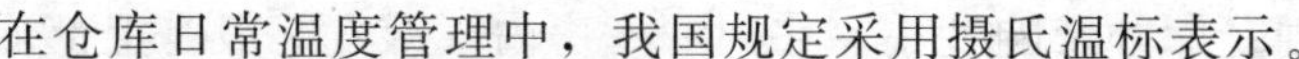

在仓库日常温度管理中，我国规定采用摄氏温标表示。

（2）空气温度变化的一般规律

空气的温度处于经常的、不断的运动变化中。它的变化有周期性变化和非周期性变化两种类型。

1）周期性变化分日变化和年变化两种。日变化是指一昼夜间气温的变化。一天中气温的最高值和最低值的差叫气温日较差，气温日较差的大小受纬度、季节、地形等因素的影响很大。年变化是指气温在一年内有规律的变化。影响气温年变化的因素有纬度、地形、海拔等。

2）气温的非周期性变化。非周期性变化是指时间上没有像周期性变化那样有规律的气温变化。它是不规律的、偶然性的变化。如霜冻、寒流、暖流、风、雪、雾、雨等，都会造成气温的突然变化。

（3）库内空气温度的变化规律

库内空气温度的变化主要受大气温度变化的影响，它随着大气温度的变化也相应地发生规律性变化。一般情况是库内温度变化落后于库外，夜间库内温度比库外高，白天库内温度比库外低。有的地区采取夜间通风便是基于这一原理。同一库房内，一般上部比下部高，朝阳面比背阴面高。

2. 空气湿度及变化规律

（1）空气湿度

空气湿度是指空气中水汽含量的多少，简称湿度。空气湿度有绝对湿度、饱和湿度、相对湿度三种表示方法。

1）绝对湿度。绝对湿度是指单位体积的空气中实际所含的水汽量。温度对绝对湿度有直接影响，温度越高，水分蒸发越多，绝对湿度亦越大；反之，温度越低，水分蒸发越少，绝对湿度亦越小。

2）饱和湿度。指在一定的温度下，一定体积的空气中所能容纳的水汽量是有限度的，空气的饱和湿度是随着空气温度的变化而变化的。

3）相对湿度。指在同温度下，空气的绝对湿度与饱和湿度的百分比，它是表示空气中实际含有的水汽量（绝对湿度）距离饱和状态（饱和湿度）的程度。

（2）空气湿度变化的一般规律

1）绝对湿度的变化规律。一般来说，绝对湿度是随着温度的升高而增加，随着温度的降低而减小的。绝对湿度日变化与气温的日变化规律相一致，一年之中，绝对湿度的年变化规律也与气温的年变化规律相一致，通常7—8月份最高，1—2月份最低。

2）相对湿度的变化规律。一般情况下，与气温的变化规律恰恰相反，随气温的升高而减小，随气温的降低而增大。从相对湿度的日变化看，一般日出前气温最低，相对湿度最大，午后气温最高，相对湿度最小。在我国东南沿海，夏季季风带来大量水蒸气，相对湿度较高，成为高温高湿季节；冬季，季风从大陆吹来干冷空气，相对湿度较低。

（3）库内湿度的变化规律

库内的空气湿度，主要是受库外空气湿度的影响。但库房建筑结构、储存货物的状况等，对库内湿度也有一定的影响。库外空气湿度主要通过门窗的缝隙传到库内影响库内的相对湿度，如果库房密闭条件好，则受库外影响就小。在同一库房内，湿度一般是上部低，下部高，墙角、墙根、箱架下面相对湿度比库房中部高一些。不同层次库房湿度也有差异，顶层库房因气温较高，其相对湿度较低，底层特别是近地面的那一层因气温较低，其相对湿度则较高。

3. 温湿度的控制方法

仓库的温度和湿度是货物储存条件中最重要也是最基本的因素，为保持库存货物质量完好，最有效的手段就是使仓库的温度和湿度始终维持在适宜的范围。

（1）空气温度的控制方法

库房内空气的防热措施主要有：利用夜间通风；使用空调机降温；屋顶搭凉棚；屋顶喷水。

库房内的防冻措施主要有：利用暖气设备保温；对需要冬暖夏凉的货物，可选择建筑良好、地坪干燥的小型库房；库房内密封，库房门外挂厚门帘，能起到隔热防冻的作用。

（2）空气湿度的控制方法

采取通风、密封与吸湿相结合的办法，可有效控制与调节库内湿度。

密封。利用一些导热性差、隔潮性较好或透气率较小的材料，把库房、货垛或货物尽可能地密闭起来，以防止或减弱外界空气条件的影响，达到防潮、防热、防干裂、防冻、防溶化、防锈蚀等的目的，保证货物安全储存。常见的密封材料有：防潮纸、塑料薄膜、油毡纸等。通常可以采取整库密封、整垛密封、整柜（货架、橱）密封、整箱密封等方式进行密封。

通风。通过通风使仓库内外的空气产生对流，以达到调节库内湿度的目的。常用的通风方法包括自然通风和机械通风。

吸湿。吸湿是与密封相结合、降低库内空气湿度的一种有效方法。若库内外湿度都比较大，不宜进行通风散潮时，可以在库房密封的条件下，采用吸湿的办法降低库内的湿度。通常可采用吸潮剂吸湿（如生石灰、氯化钙、硅胶、木炭等）和机械吸湿（如去湿机）两种方法进行。

三、仓库虫害防治

货物在储存过程中会经常受到仓库内虫害的侵害，一般仓库害虫的来源主要有两类：一是自然传播，如仓库的环境不够清洁而滋生的害虫；另一类是人为传播，如货物在生产和运输过程中受到害虫的侵害等。因此，对仓库害虫的防治必须以防为主，防重于治。

1. 杜绝仓库害虫来源和传播途径

杜绝仓库害虫来源和传播途径，要做好以下几点：

（1）做好货物的杀虫、防虫处理。

（2）严格入库货物的虫害检查和处理。

（3）做好对仓库环境及备品用具的卫生消毒。

2. 物理防治方法

物理防治是指利用自然或人为的高温、低温、电离辐射等作用于害虫机体，破坏害虫的生理机能和虫体结构使害虫致死。

（1）灯光诱集

是利用害虫对光的趋性而设计的。如在储存烤烟的库房内可安装诱虫灯。但灯光诱集法杀虫不彻底，不能诱集货垛内的幼虫。

(2) 高温杀虫

利用较高温度抑制害虫的发育和繁殖，当环境温度上升到 40～45℃时，一般害虫的活动会受到抑制，至 45～48℃时，大多数害虫处于昏迷状态，当温度上升至 50℃以上时即死亡。暴晒、烘烤正是利用高温杀虫的方法。此外，蒸汽杀虫法也是高温杀虫的一种方法，它利用湿热的蒸汽处理货物而达到杀虫的目的。

(3) 低温杀虫

低温能控制害虫的生长发育，在低温下害虫机体的生理活动变得缓慢，取食活力和行动速度降低，新陈代谢减退，体内储备物质如脂肪和糖类逐渐减少，害虫陷入麻痹状态。当温度下降到致死极限时，害虫因细胞受压破裂而死亡。据此，可以利用自然气候条件或人工制冷降低库内温度，以达到抑制害虫生长、发育与繁殖直到杀死害虫。

(4) 电离辐射杀虫

利用 X 射线、γ 射线、快中子等的杀伤能力杀死害虫，或使其不育，从而达到治虫的目的。

(5) 高频加热和微波加热灭虫

高频加热和微波加热对象都是电介质。高频加热属于电磁场加热。微波加热也是由热效应而引起害虫致死杀虫，它具有快速、高效、无残毒、对环境无污染等优点，在货物入库时，经微波一次照射处理，防虫效果很好。同时，利用微波加热灭虫可减少货垛的翻桩倒运次数，节约搬倒转运费用，这对货物较长久的储存，减少货物损失也是十分有利的。

(6) 清洁卫生防治

做好货物入库前的清仓消毒工作，是防治害虫的关键。要扫除库房上下四方的尘土、虫网，消除仓外杂草、垃圾、砖石、污水；要根据各地的仓虫发生规律，在越冬仓虫开始活动以前，在所有容易藏匿害虫的地方对漏网的越冬仓虫进行深入细致的检查，彻底扑灭之。库房清洁卫生工作应持久化，制度化。

3. 化学防治方法

化学防治是利用有毒的化学物质（毒剂或杀虫剂）直接或间接地毒杀害虫的方法。这种方法是利用化学药剂来破坏仓库害虫的正常机体，致使害虫中毒死亡。

(1) 驱避剂

驱避剂的驱虫作用是利用升华并且有特殊气味和毒性的固体药物，放入货物包装或密封货垛内，使药物升华出来的气体在货物周围保持一定的浓度，消灭害虫或使害虫不敢接近。从而起到驱避毒杀仓库害虫的作用。

常用驱避剂有：

1) 精萘丸（卫生球）。这是一种较好的驱虫药剂，可用于毛、丝、棉、麻、人造毛和人造丝织品，及皮革、胶木、橡胶、纸制品等的防虫。不能用于人造革制品、食品和各种怕串味的货物。

2) 樟脑精（合成樟脑）。樟脑精纯品为无色结晶，在空气中易挥发，适用于羊毛及合成纤维、混纺织物的防虫。

（2）熏蒸剂

熏蒸剂，即可以挥发成剧毒气体用以残杀害虫的化学药剂。熏蒸剂挥发的气体，渗透力很强，不仅能杀死货物外表的害虫，甚至能杀死货物内部的害虫，有的还对害虫的卵、幼虫、蛹、成虫等各个虫期都有效。主要有氯化苦、溴甲烷、磷化铝、磷化锌、磷化钙几种常用的熏蒸剂。

（3）杀虫剂

杀虫剂主要通过触杀、胃毒作用杀灭害虫。触杀剂和胃毒剂很多，常用于仓库及环境消毒的有敌敌畏、敌百虫等。

4. 其他方法

仓库害虫的防治除采用以上方法外，还有高、低温杀虫、缺氧防治、辐射防治等。

四、仓库霉腐防治

仓库霉腐防治，必须贯彻“以防为主，防治结合”的方针，立足于改善货物组成、结构和储存的环境条件，使其不利于微生物的生理活动，从而达到抑制或杀灭寄生在货物上的微生物的目的。

1. 仓库货物霉腐的预防

仓库货物霉腐的预防就是要消除适于微生物生长发育的条件，以达到防霉腐的目的。主要应做好以下工作。

（1）加强仓储管理

是防止货物霉腐的主要方法，关键是减少霉腐微生物对货物的污染和控制霉腐微生物生长繁殖的环境条件。

1）加强货物的入库验收。易霉腐货物入库，尤其要检查包装是否潮湿，货物的含水量是否超过安全水平。对已经发生霉腐或含水量过高的货物，应暂时另行存放，并采取适当措施，及时处理。

2）选择合理的储存场所。容易霉腐的货物，应选择干燥的、密封条件较好的库房存放，避免与含水量大的货物同储在一起。如果库房不是防潮层地面，为防止地潮对货物的直接影响，码垛时应做好下垫、隔潮等工作，并且货物堆垛不应靠墙靠柱。

3）加强库房的温湿度管理。为了劣化微生物生长繁殖的温湿度条件，就要调节一个可以抑制或延缓其生长期繁殖的温度范围，以及与货物安全含水量相适应的湿度范围。所以，要根据不同性能的货物，正确地运用密封、吸湿及通风相结合的方法，管好库内温湿度。特别是在梅雨季节，要将相对湿度控制在不适宜霉菌生长的范围内。

4）切实做好货物的在库检查。对易霉腐货物的储存保管，应建立并严格执行在库检查制度。采用定期和不定期相结合的方法，随时观察并及时发现货物霉变的迹象，控制霉腐的发生和扩大。尤其在梅雨季要特别加强易腐货物的在库检查工作。

（2）药物防霉腐

是把对霉腐微生物具有杀灭或抑制作用的化学药剂，加到货物表面或内部，以达到防霉腐目的的一种方法。常用工业品防腐剂包括五氯酚钠、水杨酰苯胺、多菌灵、多聚甲醛等，食品防霉剂包括苯甲酸及其钠盐、山梨酸及其钾盐、托布津等。

（3）低温冷藏防霉腐

是利用各种制冷剂降低温度，以保持储存中所需要的一定低温，来抑制微生物的生理活动和酶的活性，使易腐货物在整个保藏期内，基本上处于无变化的状态。常用的制冷剂有液态氨、天然冰、人造冰、冰盐混合物等。多数含水量较大的易腐货物，如鲜肉、鲜鱼、鲜蛋、水果、蔬菜等，要长期保管，多采用低温冷藏的方法。低温冷藏按降低温度的范围，分为冷却法和冷冻法两种。

1）冷却法是使温度保持在0℃左右，这时冷藏的食品并不结冰，这种方法适用于不耐冰冻的货物。例如，鲜蛋最好在－1℃条件下恒温保管；水果、蔬菜等可在不低于冰点条件下保管。若鲜肉、鲜鱼等不需长期保存，也可采用冷却法，但时间上必须严格控制，如冷却肉的保藏期一般限为15～20昼夜（从送出屠宰车间算起）。

2）冷冻法是用很低的温度，一般为－16～－28℃，使易腐性货物迅速冻结。这种方法适用于保存期较长而冷冻又基本上不损害其货物质量，如肉品、鱼品等。

（4）气调防霉腐

是将各类商品用不同的保护气体置换包装内的空气以达到防霉腐的效果。适用于各类食品的保鲜，以延长食品货架期，提升食品价值。气调防霉腐常用的气体有二氧化碳、氮气、氧气等。二氧化碳具有抑制大多数腐败细菌和霉菌生长繁殖的作用。

（5）气相防霉腐

是通过药剂挥发出的气体渗透到货物中，杀死霉菌或抑制其生长繁殖，达到防霉腐和保鲜目的的方法。常用的气相防霉腐剂有环氧乙烯、甲醛、多聚甲醛等，主要用于皮革制品等日用工业品的防霉。应注意的是，气相防霉腐剂应与密封仓库、大型塑料膜罩或其他密封包装配合使用，才能获得理想效果。另外，使用中要注意安全，严防毒气对人体的伤害。

货物霉腐的预防，除了上述方法外，尚有干燥防霉腐、盐渍防霉腐、烟熏防霉腐、罐藏防霉腐、电离辐射防霉腐、紫外线杀菌防霉腐、高频电场防霉腐等。

2. 仓库货物霉腐的救治

已经发生霉腐并且可以救治的货物，应立即采取措施进行救治，以免霉腐继续发展。霉腐货物的救治方法很多，可根据货物的不同性质和设备条件，因地制宜，选择使用。

（1）暴晒和摊晾

凡经日晒不影响质量的货物，如不含或少含油脂的干果、干菜以及鞋帽、皮毛制品等，生霉后可放在日光下进行暴晒。这样既能散去货物的水分，又能杀灭货物上的霉菌。但在暴晒中要适当掌握时间，注意经常翻动，不要晒得过分，以防干裂或走油。霉变货物暴晒后，还要清刷霉菌残体，并使货物温度降至室温后再包装堆码。对于不宜暴晒或含水量过高的货物，如卷烟、茶叶、色布、含有油脂较多的货物等，则应采用摊晾法来降低货物的含水率。

（2）烘烤

货物严重霉变，含水量过大而又无暴晒条件的情况下，即通过晾晒会影响质量或不能除灭内部微生物的货物，如卷烟、茶叶、某些干果（如桂圆、荔枝等），可采取烘烤法散湿除霉。采用烘烤法散湿除霉，最好先测货物的含水量，计算恢复正常含水量所需要的烘烤时间，以便能较准确地掌握烘烤程度。烘烤要以不损伤货物为前提，接近货物表面的烘烤温度不超过40℃，并要经常翻动，若使用炉火烘烤的，则应特别注意安全。对于含有易挥发有效成分的货物，如卷烟等，烘烤必须在密闭的烘箱或烘房内进行。对于不适于炉火烘烤的货物，如针纺织品等，应采用红外线烘箱或烘房，并调节在31～38℃条件下进行烘烤。

(3) 药剂熏蒸灭菌

一般在密封的条件下，利用易挥发并能产生毒杀气体的化学药剂来杀灭微生物。常用熏蒸剂主要是溴甲烷、氯化苦等。这种方法可以保持货物在短时间内不霉或抑制其蔓延范围。熏蒸后，再将货物摊晾，刷去霉毛。具体使用方法和注意事项，详见仓库害虫防治中的介绍。

(4) 紫外线灭菌

紫外线具有很强的杀菌作用，特别是波长在254 nm左右的紫外线，杀菌效率最高。在库内或货垛周围装置紫外线灯进行定期照射，对货物防霉也有一定的效果。每次照射时间一般为20～50 min。但由于紫外线灭菌只限于被照射的部分，因此，用于货物灭菌时，必须根据货物霉变的程度和部位，采取不同的方式进行照射。在照射时操作人员可不必离开现场，但一定要戴太阳镜。

(5) 加热灭菌

加热可以抑制微生物生长繁殖，以致使其死亡，主要包括干热灭菌。一般在电热干燥箱中进行，这种方法必须把温度提高140～170℃，保持1～2 h，才能达到灭菌效果。干热灭菌适用于怕潮而不怕高温的货物，如干果、干菜等。同时也适用于实验器皿和培养基的灭菌。湿热灭菌，对于不怕高温高湿而不宜干热的货物，可采用加压蒸汽灭菌、间歇加温灭菌两种方法。

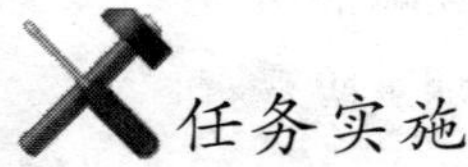

任务实施

一、分析客户及其储存货物的属性

本任务中，XK家电集团主要经营的是家电产品，仓储货物品种单一、性质一致。NG公司是百货零售企业，主要经营家电、食品、服装、小五金、皮具、日用百货、办公家具等，其仓储物种类繁杂、性质多样，对储存保管的环境、条件和养护作业要求不尽相同。因此，针对两个典型客户及储存的不同种类的货物应进行归类并采取不同的养护措施。

第一类：家电类；

第二类：服装、服饰用品；

第三类：日用百货；

第四类：办公家具；

第五类：食品（不含鱼肉蛋禽等生鲜食品）。

二、做好入库货物的质量验收

货物入库时，除了进行数量验收外，要重点查验货物外包装，主要检查货物包装是否有表面破损、水渍、箱口启封等痕迹。如果存在上述问题，则货物在入库前可能会存在质量隐患，要进行开箱查验，确认货物是否已经发生质量损坏或存在质量缺陷。如有损坏或缺陷要做好记录，存放暂存区与正常货物隔离，以保证质量完好的货物正常入库。入库质量验收的常规检查项目见表3—2—1。

表 3—2—1 货物入库质量检查项目

项目/类别	包装物					内装商品					
	破损	水渍	开封	霉污	虫蛀/鼠咬	凹陷	胀气	霉点	渗漏	锈蚀	虫蛀/鼠咬
第一类	√	√	√	√	√	○	○	○	○	√	√
第二类	√	√	√	√	√	○	○	√	○	○	√
第三类	√	√	√	√	√	○	○	√	○	√	√
第四类	√	√	√	√	√	○	○	√	○	√	√
第五类	√	√	√	√	√	√	√	√	√	√	√

除做好上述质量检查以外，裸装金属制品货物还应注意检查货物表面是否有脱漆、龟裂、褪色，食品类货物应要记录好货物的保质期。

三、安排储存场所，进行科学堆码和苫垫

货物性能不同，对保管条件的要求也不同，所以，必须对在库货物合理安排存储场所并实行分区分类管理。

1. XK 家电集团包租仓

该客户主要经营的产品是家电产品，仓储物品种单一、性质一致。储区可按大家电和小家电分配储位。大家电储位采用地面平置存放，垛底要衬垫垫垛物，可采用卡板、防潮纸或其他隔潮抗压垫垛材料的垫仓板垫底。小家电可采用货架存放，既可采用托盘货架整盘存货，也可采用普通货架存货。家电商品怕潮、怕鼠咬，最好选择通风良好、存取方便的货位，并注意安放粘鼠胶或毒饵站。

2. NG 公司包租仓

该客户是百货零售企业，第一类为家电类，第二类为服装、服饰，第三类为日用百货，第四类为办公家具，第五类为非生鲜食品。应按分区分类保管原则，对不同货物类别分配不同储位。

第一、四类货物采用地面平置货位堆码存放，两类货物均怕潮，要注意选择通风良好的货位。

第二类货物为服装和服饰用品，储位安排主要选择通风、干燥的货位，地面平置堆存需以卡板或防潮纸等垫仓板进行垫底。

第三类货物为日用百货，类别繁杂，保管环境要求多样。以日化商品为例：

护肤品——最大堆高不超过 1.65 m，每个卡板的产品上面应有纸板遮盖。

洗衣粉——袋装产品最大堆放高度不超过 2 m，不得与强气味的产品混放。

香皂——应存放在干净、干燥和通风的货位，以箱间距至少 5 cm 的蜂窝状堆放在卡板上，不得与洗衣皂一同存放。为确保空气的流通，香皂需要定期翻垛，翻垛频率根据生产时间确定。生产时间为 2 月至 8 月的货物每月翻垛一次，9 月至次年 3 月的货品每两月翻垛一次。翻垛时，将上层转到下层，中间转到旁边。每月应检查香皂储位的潮湿和发霉情况。

3. 包租仓储存保管条件和环境要求

（1）地面、窗、墙面和天花板。仓库的地面须平整，材料为水泥或石料，高于周围环境以防雨季雨水倒灌。地面、窗、墙面和天花板须干燥而清洁，无霉迹。定期检查窗、墙面和天花板，如发现渗漏应及时维修。

（2）防雨棚。每个仓间至少有一个活动防雨棚，以便在雨天装卸货时防止雨淋。

（3）堆垛。通常，堆垛离墙最小距离 50 cm，堆垛离柱最小距离 30 cm，堆垛离屋顶最小距离 50 cm，堆垛离灯最小距离 50 cm，大垛之间最小距离 30 cm，小垛之间最小距离 10 cm。

（4）采光。仓间应有良好的采光条件，最好朝阳，可减少微生物的生长。

（5）标记。为了有效利用库位及实施货物的先进先出，在墙、堆垛和走道之间做画线标记。清晰的标记能清楚地区分货物位置。

四、仓库温度、湿度控制

1. 温湿度控制的要求

包租仓间应确保库内的温湿度与货物的储存条件相符。仓管员应每天对库内温湿度进行检查和记录，确保其在允许的范围内；质监员负责每年一次对仓库内的温湿度计进行有效性鉴定，并不定期地对各库区的温湿度进行抽查，确保库内的温湿环境适应商品的要求；仓库主管应对不符合温湿度要求的仓库按程序要求及时申报改良。

2. 温湿度监控的主要内容

（1）温湿度计的使用

仓库使用的温湿度计必须经过有效性鉴定，几种常见的温湿度计如图 3—2—1 所示。

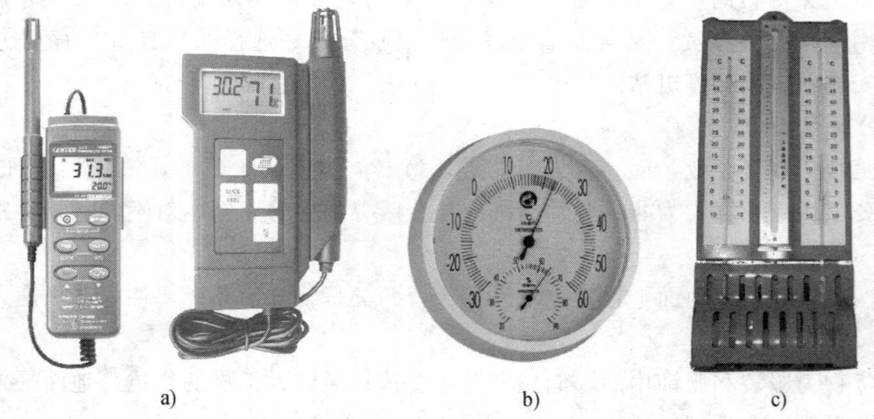

a)　　b)　　c)

图 3—2—1　常见的温湿度计

a）电子温湿度计　b）表盘温湿度计　c）普通干湿球温度计

（2）保持仓库温湿度

温度 22～25℃，相对湿度小于等于 85%；仓管员每天 AM9：30 和 PM14：00 以及 PM22：00 对仓库的温湿度进行检查并填写《仓库温湿度记录表》（见表 3—2—2）。

（3）温湿度调节

当仓库的温湿度超过货物储存条件的上下限时，仓管员应在 1 h 内报告主管，根据仓库的实际情况采取相应的措施，调节仓库内的温湿度。温湿度的调节原则是：温度与相对湿度相比，应首先抓相对湿度的达标，高湿比高温危害大；干燥与高湿相比，应先解决高湿问题；

表 3—2—2　　仓库温湿度记录表

库区：　　　　　　　　　　　　　　　　　　　　年　月

（适宜温度 22～25℃，适宜相对湿度小于等于 85%）

日期	AM 9：30		PM 14：00		PM 22：00		温湿度调节措施	记录人
	温度	相对湿度	温度	相对湿度	温度	相对湿度		
1								
2								
3								
4								
……								
29								
30								
31								

主管签字　　　　仓管员签字

高温与低温相比，先解决高温问题；温湿度调节措施要记录《仓库温湿度记录表》中。气候潮湿的情况下，每个通风窗的通风板应当关闭，防止潮湿气流进入库内。

（4）通风

若库内湿度较大或温度没有在允许范围内，可考虑打开库门并在库内使用大功率风扇排风，或使用空调机，促使潮气尽早散发，温度保持在允许范围内。但在使用时应注意两点：每台风扇连续使用时间不得超过 2 h，定期检查空调机；必须有专人看管，电源未关不得离场，以避免火灾或其他意外事件的发生。通风时机的选择原则：

1）通风目的为降温。只要库内高于库外即可通风，通常日出前是最佳时机。

2）通风目的为除湿。应遵循四原则，即库外温湿度小于库内时可通风，反之不可；库内外温度相等，库外相对湿度小于库内可通风，反之不可；库内外相对湿度相等，库外温度小于库内可通风，反之不可；库外温度低于库内、相对湿度高于库内或库外温度高于库内、相对湿度小于库内，这两种情况下必须查绝对湿度查对表，比较库内外绝对湿度大小，库内大于库外可通风，否则不可。

问题：若库内温度 20℃，相对湿度 70%，库外温度 12℃，相对湿度 90%。问此时能否通风除湿？

分析：绝对湿度查对表得，此时库内绝对湿度是 12.11 g/m^3，此时库外绝对湿度是 9.63 g/m^3。因为此时库内绝对湿度（12.11 g/m^3）大于库外绝对湿度（9.63 g/m^3），所以可用通风的办法来达到降低库内湿度的目的。

3）通风目的为升湿。如果库内湿度过低，为了升湿，可反用上述通风原理。另外，比较简便的通风升湿方法可以用湿拖把拖地或用喷雾器向地面喷水。

（5）潮湿气候作业

潮湿气候下的进出仓作业，门口篷布不能长时间开启，应当有专人在门口负责升放篷布。当小推车或叉车须进出门口时将篷布开启，其他时间将篷布关闭，尽量减少潮湿气流进入库内。潮湿气候下要经常清洁地面，作业时须将拖把拧至无水珠滴下再清洁地面。发现货物外包装受潮，应当及时擦拭，并视情况进行翻堆倒垛。

五、日常检查

仓库主管每周对库内货物的储存状况检查一次，并填写《仓库周检表》；对能自行解决的问题立即加以解决，对不能解决的问题及时报告本公司仓储部主管协助完成。

仓管员每日进行检查，确保仓库的储存条件与货物要求一致，达到GMP[①]管理的要求。

六、保持仓库清洁卫生

1. 日常清洁卫生的责任承担

（1）仓储部主管不定期检查并指导所有仓库的环境卫生工作。

（2）仓库主管应确保仓库卫生环境清洁。

（3）仓管员应按要求做好其责任仓库的卫生清洁工作。

2. 清洁卫生规范要求

（1）小扫

每天一次，内容包括：清除地面垃圾、杂物，除去货物（货垛）上的灰尘。

（2）中扫

每周一次，内容包括：用拧干的湿地拖擦地面和地台板；对商品包装的清洁应使用干布清洁，避免货物受潮或污染；对仓库内部的管道进行清扫；对墙角和天花板上的蜘蛛网进行清除。

（3）大扫

每月一次，内容包括：擦洗仓库的门窗及周边管道，对天花板进行清扫，对仓库四周的排水渠进行清洗，清除积水和垃圾，杜绝蚊蝇的滋生。

清洁作业时，清洁工具的使用和用后保管要规范。另外，每隔三个月清除灯罩与灯泡上的灰尘。

所有清洁工作应在《仓库GMP每日自我检查表》（见表3—2—3）上记录。

表3—2—3　　仓库GMP每日自我检查表

检查部位	检查内容	1	2	3	…	30	31
仓库建筑	仓库的门和窗是否保持密封，密封的海绵、橡皮等是否脱落						
	仓库的门、窗、地面、天花板等是否清洁，没有灰尘、杂物、水和其他污染						
	仓库的门、窗、地面、墙壁等建筑物保持完好，没有破损、缝隙、脱落等						
	库顶、墙壁是否漏雨或渗漏						
	库外的排水沟、排水管是否清洁、完好，保持畅通						
设施设备	手推车、清洁工具等是否保持完好、清洁，并整齐存放在指定区域						
	照明设备是否能够正常工作，并保持清洁						
	粘鼠胶、鼠笼、灭蚊灯等害虫控制设备摆放位置正确，保持清洁，是否捕捉到害虫						

① GMP为Good Manufacturing Practice的英文缩写，可翻译为“良好作业规范”。

续表

检查部位	检查内容	1	2	3	…	30	31
设施设备	排气扇、空调等温湿度设备是否保持完好并能够正常工作						
	库内的消防水管、暖气管道等是否完好，不漏水						
	温湿度计是否保持完好，能够正常工作						
成品储存	货物堆码是否整齐，没有倾斜变形						
	货物的表面等是否清洁，没有灰尘、杂物、水和其他污染						
	完好货物的外包装是否完好，没有破损						
	完好产品、残损产品、待处理产品是否隔离，标识是否清楚						
	库内是否有杂物						
每日盘点	货物数量、质量状态是否准确，与货卡保持一致						
	货卡（进仓单）是否填写完整、规范						
产品养护	温湿度的记录工作是否按照程序完成						
	每天清洁工作是否按时完成						
每日自我检查者签字							
发现的问题及采取的措施：							
每周中扫（执行人2人/日期）							
每月大扫（执行人/日期）							
每月仓库主管检查确认							

七、仓虫防治措施

1. 日常防治措施

（1）仓库的门窗必须密封，防虫网必须完好，确保害虫无法进入库内。

（2）可在库内墙角的地面上放置粘鼠胶，仓管员每天对库内的粘鼠胶进行有效性检查并在《仓库GMP每日自我检查表》（见表3—2—3）上予以记录，若发现粘鼠胶表面肮脏则立即进行更换，其他情况下的粘鼠胶更换周期为45天。

（3）仓库周围的沟渠应当干净，对可能滋生害虫的环境必须每月喷洒一次杀虫剂，库内喷洒杀虫剂，用量必须严格遵守说明，而且必须保证三米以内无货物。使用的杀虫剂应当是安全可靠的正规产品，如凯素灵25%可湿性粉剂、溴氰菊酯、顺式氯氰菊酯，同时应当注意交换使用，以免害虫产生抗药性。使用杀虫剂要做好记录（见表3—2—4）并经常检查使用效果。

（4）杜绝害虫的食物来源，禁止在库内或库外1 m以内进食。

表 3—2—4　　杀虫剂使用记录表

仓库名称：

日期	库号	存在问题	杀虫剂名称	喷洒地点	效果	责任人签名

2. 白蚁的专治

（1）专业机构操作。白蚁防治要聘请专业的白蚁防治机构进行操作，仓库若发现白蚁的踪迹，应立即报告仓储部主管并通知专业机构前往处理。

（2）重点防控。通常每年的 4—8 月是白蚁的繁殖季节，仓储部主管应及时对仓库建筑的周边环境进行全面的普查与防治，并填写白蚁检查表（见表 3—2—5）。检查中发现白蚁或其他虫害，应第一时间对受害货物进行有效隔离，并立即使用有效的杀虫剂杀灭可发现的害虫，同时通知白蚁防治机构进行根治处理。

表 3—2—5　　白蚁检查表

仓库：　　　　月份：

时间	是否发现白蚁	措施	实施时间	效果	检查人
第一个星期					
第二个星期					
第三个星期					
第四个星期					
第五个星期					

技能训练

温湿度计的使用。

表 3—2—6　　实训任务单

项目名称：仓库温湿度监控	
实训目的：通过实训学会使用温湿度计并能根据货物储存保管要求控制库内温湿度	项目背景：在实训室库分区设定实训背景
实训分组：以教学班级为单位，3～5 人为一组，每组设组长一名	使用工具：模拟货物、温湿度计等

续表

操作步骤	小组任务	操作注意事项
温湿度计的使用	掌握干湿球温度计和电子温湿度计的使用方法	干湿球温度计测量时，放在库房中部1.5 m处，不能放置在门窗、通风口处，也不能放在不通风的死角；库外测量湿度宜放在百页箱内；保证湿球纱布有良好的蒸发性；选质量好的纱布并正确缠缚（绕球一周，重叠部分不能超过圆周的1/4），润湿纱布的水要用蒸馏水或冷开水
温湿度计的数据读取	能根据温湿度计的刻度显示正确读取数据	读取数据时，眼睛要平视读取
库房温湿度控制的方法	使用密封、通风、除湿（吸湿剂、除湿机）等方法进行温湿度控制	见任务实施要点

思考与练习

1. 影响货物保管质量的因素有哪些方面？
2. 货物养护工作的基本要求是什么？
3. 空气的温湿度如何衡量？其变化有哪些规律？
4. 什么情况下可以采用通风降温除湿？
5. 一般仓库可以采用哪些方法进行温湿度控制？
6. 仓库害虫的主要来源有哪些？如何防治仓虫？
7. 仓库可以采取哪些措施防治货物发生霉腐？
8. 金属制品货物在储存过程中应采取哪些养护措施防止锈蚀？

任务3　盘点管理

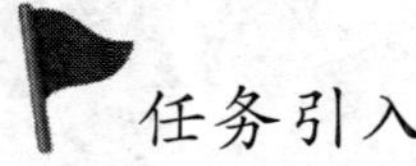

任务引入

仓库的账务与实物，一般来讲必须做到日清月结。但在大多数企业，做到每天结账的可能性很小，主要原因是单证不齐全，还有一个重要的原因就是工作量太大，企业所给予的人力物力不能完成这项繁重的工作。为尽可能地做到账务与实物的一致，并与财务要求保持一致，财务部一般会要求仓库每月盘点一次，以满足会计核算的要求。

根据上述关于仓库盘点工作的描述，编制一份仓库盘点作业流程规划，要求既能指导盘点作业组织，又能指导盘点工作实践。

任务分析

盘点是一项日常工作，是账务与实物之间的一个衔接点。盘点作业流程规划是仓库在盘点作业时的指导性文件，它通过对盘点作业的计划、组织、初盘、复盘、稽核、查核、数据输入、盘点表审核、数据校正、盘点总结等方面给仓库盘点管理工作指明方向并给出措施方法。

相关知识

仓库中储存的货物始终处于进、存、出的动态之中，在仓储作业过程中产生的消耗和误差经过一段时间的积累后会使库存资料反映的数据与实际数据不相符。另外，有些物品则因存放时间太长或保管不当，会发生数量或质量的变化。为了对库存商品的数量进行有效控制，并掌握其在库中的储存质量状况，必须定期或不定期地对各储存场所进行清点、查核，这一过程称为盘点作业。

一、盘点作业的目的

1. 查清实际库存数量

盘点可以查清实际库存数量，并通过盈亏调整使库存账面数量与实际库存数量一致。账面库存数量与实际存货数量不符的主要原因通常是收发作业中产生的误差，如记录库存数量时多记、误记、漏记；作业中导致的损失、遗失；验收与出货时清点有误；盘点时误盘、重盘、漏盘等。通过盘点清查实际库存数量与账面库存数量，发现问题并查明原因，及时调整。

2. 帮助企业计算资产损益

对货主来讲，库存商品总金额直接反映企业流动资产的使用情况，库存量过高，流动资金的正常运转将受到威胁。而库存金额又与库存量及其单价成正比，因此通过盘点能准确地计算出企业实际损益。

3. 发现仓储管理中存在的问题

通过盘点查明盈亏的原因，发现作业与管理中存在的问题，并通过解决问题来改善作业流程和作业方式，提高人员素质和企业的管理水平。

二、盘点的种类

1. 按盘点对象分

（1）账面盘点

又称为永续盘点，就是把每天入库及出库货品的数量及单价，记录在计算机或账簿上，而后不断地累计加总算出账面上的库存量及库存金额。

（2）现货盘点

也称为实地盘点或实盘，就是去清点调查仓库内的实际库存数，再依货品单价计算出实际库存金额的方法。

目前，大多数仓库都已使用计算机来处理库存账务，当账面数与实存数发生差异时，很难断定是账面数有误还是实盘数有误。所以，可以采取“账面盘点”和“现货盘点”平行的方法，以查清误差出现的实际原因。

2. 按盘点范围分

（1）全面盘点

即对整个仓储物资进行全面彻底的清查盘点。一般是安排在月末、季末、年末，视企业的具体情况而定。

（2）局部盘点

即对部分仓储物资进行盘点。这是一种有针对性的盘点，所需要的时间和人力、物力较少，对企业正常的生产工作影响不大，必要时可随时进行，对解决局部突发问题效果明显。

3. 按盘点时间分

（1）定期盘点

即根据规定的盘点时间进行的全面性盘点，类似全面盘点。一般是在年末、季末或月末。年度商品盘点是企业年终对全部商品资金进行全面清查的重要组成部分，据以落实企业的全部库存商品资金，编制年度会计决算；按月或按季盘点商品，用以确定实际库存数量，以便及时处理损益，调整账务。

（2）日常盘点

通常称为“动碰复核”，就是保管员在发货时，对付过货的货垛立即查点余数，并与货卡的结存数相符，这样能经常保持账物相符，及时发现数量上的问题。坚持日常盘点是提高账货相符率的基本措施。

（3）临时盘点

即不定期的盘点，如遇商品调价、实物负责人的调动交接、仓库发生意外事故等情况。临时盘点根据需要可以是部分盘点，也可以是全面盘点。

三、盘点作业的内容

盘点的内容主要是“四查”，即：

1. 查数量

通过点数计数查明在库物品的实际数量，核对库存账面资料与实际库存数量是否一致。

2. 查质量

检查在库物品质量有无变化，有无超过有效期或保质期，有无长期积压等现象，必要时还必须对其进行技术检验。

3. 查保管条件

检查保管条件是否与各种物品的保管要求相符合。如堆码是否合理稳固，库内温度是否符合要求，各类计量器具是否准确等。

4. 查安全

检查各种安全措施和消防设备、器材是否符合安全要求，建筑物和设备是否处于安全状态。

四、盘点作业的原则

盘点的作用是查清库存货物的真实数量和质量、掌握库存损益及发现并解决仓储管理中存在的问题。那么，盘点作业的原则包括：

1. **真实性原则**

这是仓储盘点最基本的原则，即要保证盘点的数据是真实可靠的，不能有一点虚假成分。如果盘点的数据不真实，不但失去了盘点的目的和作用，而且还会因提供虚假或不真实的仓储数据影响仓储决策。

2. **一致性原则**

在盘点过程中要统一标准，明确盘点的统计、计量单位，并明确盘点的范围、时间和地点。确定盘点的方式和方法，明确盘点的程序和顺序，保证盘点数据准确、真实、有效。

3. **效率性原则**

人工方法盘点会因人工记录每条信息的时间过长，使盘点效率不高。为提高盘点工作的效率，一方面要制定出合理、高效、可行的盘点方案，另一方面要尽可能利用现代化的科技手段，采用盘点机、电子盘点系统等，可大幅度地提高盘点速度，盘点工作效率显著提高。

4. **协调性原则**

盘点的内容涉及数量、质量、价值等多个方面，盘点作业要求各部门之间的协作与配合。在盘点之前，尽可能明确盘点中可能产生的问题处理程序和办法。

五、盘点作业组织

1. **盘点前的准备**

盘点作业的事先准备工作是否充分，关系到盘点作业进行得顺利程度，事先的准备工作十分重要，其内容主要包括：

（1）明确建立盘点的具体方法和作业程序。

（2）配合财务会计做好准备。

（3）设计打印盘点用表单。

（4）准备盘点作业使用的工具。

2. **确定盘点的时间**

对货账相符的盘点目标而言，盘点的次数越多越好，但每次盘点必须投入人力、物力、财力，这些投入耗资不菲，故也很难经常为之。

事实上，导致盘点误差的关键因素在于出入库的作业过程，出入库作业中检查点数的错误、单据输入的错误、搬运作业失误等都会造成货物数量与账面数不符，因此货物出入库作业次数多，误差也会随之增加。据此可以根据物品的不同特点、价值大小、流动速度、重要程度来分别确定盘点时间，盘点时间的间隔可以从每天、每周、每月到每年盘点依次不等，如A类主要货品每天或每周盘点一次；B类货品每两三周盘点一次；C类不重要的货品每月盘点一次即可。

另外，每次盘点持续的时间应尽可能短，盘点的日期可选择在财务结算前夕或生产（或货物进出库）淡季进行。

3. **确定盘点方式**

因为不同现场对盘点的要求不同，盘点的方法也会有差异，为尽可能快速准确地完成盘点作业，必须根据实际需要确定盘点方法。

4. 人员的组织与培训

为使盘点工作得以顺利进行，盘点时必须增派人员协助进行。由各部门增援的人员必须组织化，并且施以短期训练，使每位参与盘点的人员充分发挥其作用。通常，这样的培训不是几天的培训，而是盘点前一两个小时跟大家沟通一下本次盘点的注意事项，以及上一次盘点有哪些经验教训可以借鉴。

盘点人员的培训分为两部分：一是针对所有人员进行盘点方法及盘点作业流程的训练，让盘点作业人员了解盘点目的、表格和单据的填写；二是针对复盘与监盘人员进行识别货品的训练，让他们熟悉盘点现场和盘点商品，对盘点过程进行监督，并复核盘点结果。

5. 清理盘点现场

盘点现场就是仓库或配送中心的保管区域。盘点作业开始前必须对储存保管区进行整理，其目的是提高盘点作业的效率和盘点结果的准确性。清理作业主要包括以下几方面的内容：

（1）在盘点前，对于已验收完成的货物应及时整理归库，对尚未验收的货物要搁置暂存区，避免与储存货品混淆。

（2）如需停止进出库作业，应在盘点开始前一天通知相关部门和货主单位并预留出足够批量货品放在特定储区（可称为虚拟仓库）。

（3）储存场所整理整顿完成，以便计数盘点。

（4）预先鉴定呆料、废品、不良品，以便盘点。

（5）账卡、单据、资料均应整理后加以结清。

（6）储存场所的管理人员在盘点前应自行预盘。

6. 执行盘点

盘点实施分为初盘和复盘两个阶段：

（1）初盘

初盘由盘点人以永续盘存账（货物保管账）结存数为基准做出"预盘明细表"，交给仓库保管员依之"点"出应有数量，同时进行储位整顿使货物定位储存，挂上盘点单，记录初盘有关栏位，并把初盘结果呈报盘点主持人。

（2）复盘

盘点主持人一般由仓管部之外的相关部门主管担当，主要是根据初盘阶段的"盘点单"去复查。复盘者要逐项货品深入清点、记录实际状况，填入"复盘"有关栏位内。

盘点时可采用人工抄表计数，也可以用电子盘点计数器。盘点工作不仅工作量大，而且非常烦琐，因此，除了加强盘点前的培训工作外，盘点作业时的指导与监督也非常重要。

7. 查清盘点差异分析

当盘点结束后，发现所得数据与账簿资料不符时，应追查差异原因。一般而言，产生盘点差异的原因主要有如下几个方面：

（1）记账员登录数据时发生错登、串登、漏登等情况。

（2）账务处理系统管理制度和流程不完善，导致货品数据不准确。

（3）盘点时发生漏盘、重盘、错盘现象，导致盘点结果出现错误。

（4）盘点前数据资料未结清，导致账面数不准确。

(5) 出入作业时产生误差。

(6) 由于盘点人员不尽责导致货物损坏、丢失等。

8. 盘点结果的处理

差异原因查清后，应针对主要原因进行适当的调整与处理，至于呆废品、不良品减价的部分则需与盘亏一并处理。

对于厂商来说，货物除了盘点时产生数量的盈亏外，有些货品在价格上会产生增减，这些变更可在经主管审核后利用货品盘点盈亏及价目增减更正表修改。

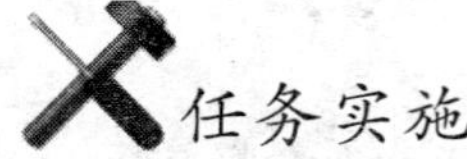

任务实施

根据上述仓储作业组织过程和业务需要，盘点流程规划如下。

一、盘点的目的

确保库存货物数量的正确性和质量的安全性，达到仓库物料有效管理和公司财产有效管理的目的。

二、盘点的范围

仓库所有库存商品。

三、各部门的盘点职责

1. 仓管部

负责组织、实施仓库盘点作业，最终盘点数据的查核、校正，盘点总结。

2. 财务部

负责稽核仓库盘点作业数据，以反馈其正确性。

3. IT 部

负责盘点数据的录入和差异的数据调整。

四、盘点管理流程

1. 盘点方式

(1) 定期盘点

即闭库盘点，是将仓库其他活动停止一定时间，对存货实施盘点。一般采用与会计审核相同的时间跨度。

(2) 月末盘点

仓库平均每两月组织一次盘点，盘点时间一般在第二个月的月底（如 27 日、28 日两天）。月末盘点由仓库负责组织，财务部负责稽核。

(3) 年终盘点

仓库每年进行一次大盘点，盘点时间一般在年终放假前（与会计核算期相同）。年终盘点由仓库负责组织，财务部负责稽核。

(4) 不定期盘点

不定期盘点由仓库根据需要自行组织安排，且可灵活调整。

2. 盘点方法及注意事项

(1) 盘点方法

1）账面盘点。主要查对保管账册库存量与货卡结存数是否一致。

2）现货盘点。采用实盘实点方式，禁止目测数量、估计数量。

（2）盘点注意事项

1）盘点时注意货品的摆放，盘点后需要对货品进行整理，保持原来的或合理的摆放顺序。

2）所负责区域内货品需要全部盘点完毕并按要求做相应记录。

3）盘点过程中注意保管好“盘点表”，避免遗失。

3. 盘点计划

月末盘点由仓库和财务部自发根据工作情况组织进行，年终盘点需要主管批准。

（1）盘点准备

盘点一周前需要制作好“盘点计划书”，计划中需要对盘点具体时间、仓库停止作业时间、账务冻结时间、初盘时间、复盘时间、人员安排及分工、相关部门配合及注意事项做详细计划。盘点前需要将所有能入库货品全部归位入库登账，不能归位入库或未登账的进行特殊标示，注明不参加本次盘点。将仓库所有货位进行整理整顿标示，所有货品外箱上都要求有相应货品库存量单位、储位标识。同一储位货品不能放在超过 2 m 远的距离，且同一货架的货品不能放在另一货架上。盘点前仓库账务需要全部处理完毕。财务处理完毕后制作盘点卡、盘点单、盘点汇总表、盘盈盘亏调整表。

（2）时间安排

1）初盘时间。确定初步的盘点结果数据。初盘时间计划在一天内完成。

2）复盘时间。验证初盘结果数据的准确性。复盘时间根据情况安排在第一天完成或在第二天进行。

3）查核时间。验证初盘、复盘数据的正确性。查核时间安排在初盘、复盘过程中或复盘完成后由仓库内部指定人员操作。

4）稽核时间。稽核初盘、复盘的盘点数据，发现问题，指正错误。稽核时间根据稽核人员的安排而定，在初盘、复盘的过程中或结束后都可以进行，一般在复盘结束后进行。

（3）人员安排

1）初盘人。负责盘点过程中物料的确认和点数、正确记录盘点表，将盘点数据记录在“盘点数量”一栏。

2）复查人。初盘完成后，由复盘人负责对初盘人负责区域内的物料进行复盘，将正确结果记录在“复盘数量”一栏。

3）查核人。复盘完成后由查核人负责对异常数量进行查核，将查核数量记录在“查核数量”一栏中。

4）稽核人。在盘点过程中或盘点结束后，由总经理和财务部、行政部指派的稽核人和仓库经理负责对盘点过程予以监督，盘点物料数量或稽核已盘点的物料数量。

5）数据录入员。负责盘点查核后的盘点数据录入电子档的“盘点表”中。

根据以上人员分工设置，仓库需要对盘点区域进行分析及人员责任安排。

（4）准备盘点工具

盘点前需要准备 A4 夹板、笔、透明胶、盘点卡、盘点表、盘点汇总表、盘盈盘亏调整表等。见表 3—3—1～表 3—3—4 和图 3—3—1。

表 3—3—1　　表 3—3—1 盘点卡（1）

NO：

<table>
<tr><td colspan="2">品类代号</td><td colspan="2"></td><td>品类名称</td><td colspan="2"></td></tr>
<tr><td colspan="2">货品代号</td><td></td><td>货品名称</td><td></td><td>货品规格</td><td></td></tr>
<tr><td colspan="2">计量单位</td><td colspan="2"></td><td>预盘量</td><td colspan="2"></td></tr>
<tr><td rowspan="2">初盘</td><td>日期</td><td colspan="2"></td><td>盘点人</td><td colspan="2"></td></tr>
<tr><td>实盘量</td><td colspan="2"></td><td>盘盈（亏）量</td><td colspan="2"></td></tr>
<tr><td rowspan="2">复盘</td><td>日期</td><td colspan="2"></td><td>盘点人</td><td colspan="2"></td></tr>
<tr><td>实盘量</td><td colspan="2"></td><td>盘盈（亏）量</td><td colspan="2"></td></tr>
<tr><td rowspan="2">查核</td><td>日期</td><td colspan="2"></td><td>盘点人</td><td colspan="2"></td></tr>
<tr><td>查核量</td><td colspan="2"></td><td>盘盈（亏）量</td><td colspan="2"></td></tr>
<tr><td>存货状态</td><td>□良　品
□不良品
□呆　料</td><td>备注</td><td colspan="4"></td></tr>
</table>

盘点单一式三联，第一联：仓库，第二联：会计，第三联：稽核

表 3—3—2　　盘点表

盘点编号：

盘点日期：　　　　页次：

盘点卡号	仓别	储位	货品编号	货物名称	单位	厂商	初盘数	复盘数	稽核数	备注	最终正确数据

总盘人：　　　稽核人：　　　复盘人：　　　初盘人：

表 3—3—3　　盘点汇总表

盘点编号：

盘点日期：　　　　页次：

盘点卡号	仓别	储位	货品编号	货物名称	单位	厂商	账面数	实盘数	差异数	备注

会计主管：　　　仓库主管：　　　制表：

表 3—3—4　　　　　　　　　　盘盈（亏）调整表

盘点单号	类别	品名规格	单位	盘点数量	盘盈		盘亏		调整后数量	差异原因	
					数量	金额	数量	金额		说明	对策

经理：　　　　　会计主管：　　　　　仓库主管：　　　　　制表：

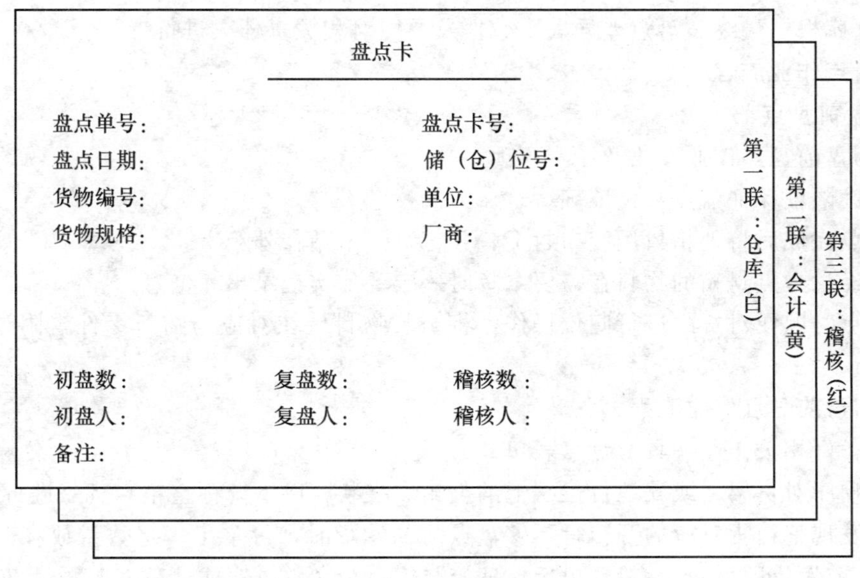
盘点卡

盘点单号：　　　　　　盘点卡号：
盘点日期：　　　　　　储（仓）位号：
货物编号：　　　　　　单位：
货物规格：　　　　　　厂商：

初盘数：　　　复盘数：　　　稽核数：
初盘人：　　　复盘人：　　　稽核人：
备注：

第一联：仓库（白）
第二联：会计（黄）
第三联：稽核（红）

图 3—3—1　盘点卡

4. 相关部门配合事项

（1）盘点前一周发“仓库盘点计划”到财务部、质检部、运营部、客服主管、IT 主管，并抄送总经理，说明相关盘点事宜，仓库盘点期间禁止物料出入库。

（2）盘点三天前运营部尽量要求供应商或客户将货物提前送至仓库收货，以提前完成收货及入库任务，避免影响正常发货。

（3）盘点三天前通知质检部，要求在盘点前 4 h 完成检验任务，以便仓库及时完成货品入库。

（4）盘点前和 IT 部主管做好沟通，按时将最终盘点数据传送给录入员，由其安排对数据进行库存调整工作。

5. 盘点前有关人员的培训

（1）仓库盘点前需要组织参加盘点的人员进行盘点作业培训，包括盘点作业流程、上次盘点错误经验、盘点中需要注意的事项等。

（2）仓库盘点前需要组织相关参加人员召开会议，以便落实盘点各项事宜，包括盘点人员及其分工安排、异常事项如何处理、时间安排等。

(3) 盘点前根据需要进行“模拟盘点”，模拟盘点的主要目的是让所有参加盘点的人员了解和掌握盘点的操作流程和细节，避免出现错误。

6. 盘点工作要求

(1) 在盘点过程中需要本着“细心、负责、诚实”的原则进行盘点。

(2) 盘点过程中严禁弄虚作假，虚报数据，盘点粗心大意导致漏盘、少盘、多盘，书写数据潦草、错误，丢失盘点表，随意换岗；复盘人不按要求对初盘异常数据进行复盘，“偷工减料”；不按盘点作业流程作业等（特殊情况需要领导批准）。

(3) 对在盘点过程中表现优异和不负责任的人员按“仓库管理及奖惩制度”做相应考核。

(4) 仓库根据最终“盘点差异表”数据及原因对相关责任人进行考核。

五、盘点作业流程

1. 初盘前盘点

(1) 初盘前盘点作业方法及注意事项

1) 最大限度保证盘点数量准确。

2) 盘点完成后将外箱口用胶布封上，并将盘点卡贴在外箱上。

3) 已经过盘点封箱的物料在需要拿货时一定要如实记录出库信息。

4) 盘点时顺便对货品进行归位操作，将箱装物料放在对应的物料零件盒附近，距离不得超过 2 m。

(2) 初盘前盘点作业流程

1) 准备好相关作业文具及盘点表单。

2) 按顺序对货架（或就地货位）上的整箱（袋装，以下统称整箱）货品进行点数。

3) 如发现整箱货对应的开箱货不够盘点前的发货时，可拿出一定数量放在开箱货品箱内（够盘点前发货即可）；一般拿出后保证箱装物料为“整十”或“整五”数最好。

4) 点数完成后在盘点卡上记录库存量单位、储位、盘点日期、盘点数量，并确认签名。

5) 将完成的“盘点卡”贴在或订在外箱上。

6) 最后对已盘点货品进行封箱操作。

按以上流程完成所有箱装、袋装货物的盘点。

2. 初盘

(1) 初盘注意事项

1) 只负责“盘点计划”中规定区域内的初盘工作，其他区域在初盘过程不予负责。

2) 按储位先后顺序和先盘点开箱货品再盘点整箱货品的方式进行，不允许采用开箱货与整箱货同时盘点的方法。

3) 所负责区域内的物料一定要全部盘点完成。

4) 初盘时需要重点注意以下盘点数据错误原因：货品储位错误，货品标识库存量单位错误，货品混装等。

5) 由仓库安排两人一组，一人（盘点人）点数、一人（会点人）记录。

(2) 初盘作业流程

1) 初盘人准备相关文具及资料（A4 夹板、笔、盘点表单）。

2）根据“盘点计划”的安排对所负责区域进行盘点。

3）按开箱货储位先后顺序对开箱货品进行盘点。开箱货品点数完成确定无误后，在“盘点表”中记录初盘数量，并在备注栏注明“开箱货”。按此方法及流程完成所有开箱货品的盘点。

4）按照箱子摆放的顺序盘点整箱货品。如果安排有“初盘前盘点”，则根据货箱“盘点卡”上的标识信息和盘点单上的信息进行对应，并在“盘点单”上对应的初盘栏填上数量，同时需要在“盘点卡”上进行盘点标记，表示已经记录了盘点数量；如之前未安排“初盘前盘点”或发现异常情况（如外箱未封箱、外箱破裂或其他异常时）则需要对箱内物料进行点数。点数完成后根据外箱“盘点卡”上信息在对应盘点表的初盘栏填上数量。按以上方法及流程完成负责区域内整个货架物料的盘点。

5）初盘完成后根据记录的盘点差异数据对货品再盘点一次，以保证初盘数据的正确性。

6）在盘点过程中发现异常问题不能正确判定或不能正确解决时可以找“查核人”处理。初盘时需要重点注意盘点数据错误原因，如货品储位错误、物料标识库存量单位错误、物料混装等。

7）初盘完成后，初盘人在“盘点表”上签字确认，签字后将初盘盘点表复印一份交给仓库经理存档，并将原件给到指定的复盘人进行复盘。

8）初盘时如发现该货架货品不在所负责的盘点表中，但是属于该货架物料，同样需要进行盘点，并对应记录在“盘点表”的相应栏中。

9）特殊区域内（无储位标示物料、未进行归位物料）的货品盘点由指定人员进行。

10）初盘完成后需要检查是否所有箱装货品都进行了盘点、箱上的盘点卡是否有表示已记录盘点数据的盘点标记。

3. 复盘

（1）复盘注意事项

1）复盘时需重点查找以下错误：货品储位错误，物料标识库存量单位错误，物料混装等。

2）复盘有问题的需要与初盘人进行数量确认。

（2）复盘作业流程

1）复盘人对“初盘盘点表”进行分析，按照先盘差异大、后盘差异小、再抽查无差异货品的方法进行复盘。复盘安排在初盘结束后进行，且可根据情况在复盘结束后再安排一次复盘。

2）复盘时根据初盘的作业方法和流程对异常数据物料进行点数盘点，如确定初盘盘点数量正确，则“盘点表”的“复盘数量”不用填写数量；如确定初盘盘点数量错误，则在“盘点表”的“复盘数量”填写正确数量。

3）初盘所有差异数据都需要经过复盘盘点。

4）复盘时需要重点查找以下错误原因：物料储位错误，物料标识库存量单位错误，物料混装等。

5）复盘完成后，与初盘数据有差异的需要找初盘人当面核对，核对完成后，将正确的数量填写在“盘点表”的“复盘数量”栏，如以前已经填写，则予以修改。

6）复盘人与初盘人核对数量后，需要将初盘人盘点错误的次数记录在“盘点表”的

"初盘错误次数"中。

7）复盘人不需要找出物料盘点数据差异的原因，如果很清楚确定没有错误可以将错误原因写在盘点表备注栏中。

8）复盘时查核是否所有的箱装物料全部盘点完成及是否有盘点标记。

9）复盘人完成后在"盘点表"上签字转给"查核人"。

4. 查核

（1）查核注意事项

1）查核主要是最终确定货品差异及原因。

2）查核不能凭经验或主观判断，需要找初盘人或复盘人确定。

（2）查核作业流程

1）查核可安排在初盘、复盘过程中或结束之后，按照先盘差异大后盘差异小的方法进行查核工作。

2）查核人按照复盘方法对货品异常进行查核，并将正确的查核数据填写在"盘点表"上的"查核数量"栏中。

3）确定最终的货品盘点差异后需要进一步分析错误原因，并写在"盘点表"的相应位置。

4）完成查核工作后在"盘点表"上签字并将"盘点表"交给仓库经理，由仓库经理安排"盘点数据录入员"进行数据录入工作。

5. 稽核

（1）稽核注意事项

1）仓库指定人员需要积极配合稽核工作。

2）"稽核人"盘点的最终数据需要"稽核人"和仓库"查核人"签字确认方为有效。

（2）稽核作业流程

1）稽核作业分仓库稽核和财务行政稽核，操作流程基本相同。

2）稽核人员用仓库事先作好的电子档盘点表根据随机抽查或重点抽查的原则筛选制作出一份"稽核盘点表"。

3）根据需要在仓库进行初盘、复盘、查核的过程中或结束之后进行稽核。

4）稽核人员可先自行抽查盘点，在自行盘点完成后，要求仓库安排人员（一般为查核人）配合进行库存数据核对工作，核对完成无误后在"盘点表"的"稽核数量"栏填写正确数据。

6. 盘点数据录入及盘点错误统计

（1）盘点数据录入

经仓库经理审核后，盘点表交由仓库盘点数据录入员录入电子档盘点表中，录入前将初盘、复盘、查核、稽核的所有正确数据手工汇总在"盘点表"的"最终正确数据"一栏中。

（2）仓库盘点录入员以"盘点表"的"最终正确数据"为准录入电子档盘点表中，并将盘点差异原因录入。

（3）录入完成后检查确定无误后将电子档"盘点表"发邮件给总经理审核，同时抄送财务部、采购部、客服部主管、IT 部主管。

六、盘点表审核

1. 仓库确认及盘点差异原因分析

（1）经仓库确认的最终盘点表，在盘点数据库存调整之前如果没有足够的时间去查核差异原因，可先将“盘点差异表”发给 IT 部调整后再查核盘点差异物料的差异原因；如盘点差异物料较少，可查核原因经主管审核后调整。

（2）在盘点差异数据经过库存调整后，仓库应查核所有差异原因。

（3）查核人将电子档盘点表的差异原因更新，交仓库主管审核，将“盘点差异表”呈交总经理审核签字。

（4）仓库对“盘点差异表”进行存档。

2. 财务确认

（1）仓库盘点完成后，财务稽核人员在仓库“盘点表”的相应位置签字，并根据稽核情况注明“稽核物料抽查率”“稽核抽查金额比率”“稽核抽样盘点错误率”等。

（2）总经理审核完成后“盘点差异表”由财务部存档。

（3）盘点库存数据校正。

1）总经理书面或口头同意对“盘点表”差异数据进行调整，IT 部根据电子档“盘点表”对差异数据进行调整。

2）IT 部调整差异完成后，形成“盘点差异表”并发财务部、仓储部、客服主管、总经理。

3. 盘点总结及报告

根据盘点期间的各种情况进行总结，尤其对盘点差异原因进行总结，撰写“盘点总结报告”，盘点总结报告一般包括初盘情况、复盘情况、盘点结果、盘点差异原因分析及改善措施等。

技能训练

1. 根据仓储实训室储位管理方法和存货类别，进出库操作的具体情况，编制仓储实训室存货盘点计划。

要求：盘点计划要包括盘点组织、盘点时间、人员安排、培训内容、操作流程、盘点方法、盘点工具（含表单、仓储管理系统单据、盘点用各类文具等）。

2. 组织实盘

要求：按盘点计划进行初盘（预盘）、复盘、监盘、盘点盈亏检查与分析、盘点处理，并保存盘点原始单据作为单元考核依据，盘点完成后撰写 1 000 字以内的盘点报告。

思考与练习

1. 盘点计划应包括哪些内容？盘点培训的主要内容包括什么？

2. 初盘与复盘有什么关系？初盘的重要性体现在哪些方面？

3. 盘点报告应包括哪些方面的内容？

模块四

出库作业管理

出库作业是货物储存阶段的终止，也是仓库作业的最后一个环节，它使仓库工作与运输部门和货物使用单位直接发生联系。

出库业务是仓库根据业务部门或存货单位开出的货物出库凭证（提货单、调拨单等），按其所列货物的编号、名称、规格、型号、数量等项目，组织货物出库一系列工作的总称。在出库作业管理中，出库准备是作业的基础，出库备货是作业质量的保证，出库交接是作业的关键环节。各阶段作业必须准确、及时，包装必须完整、牢固，标记正确清楚，核对必须仔细。

任务1 出库准备

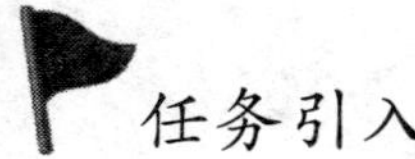

任务引入

11月10日，A公司物流仓库收到合同客户NG公司的出库通知，11月27日上午8时将有一批货物出库，出库方式为自提，提货人为NG公司业务员，货物清单如下：

表4—1—1　　出库通知单

天河粤垦库　　凭单号：20101127001

以下交易人已经申请货物出库，请安排出库。

申请交易商	NG公司		
联系人	张康	联系电话	020—88888888
出库方式	自提	运输方式	汽车运输
出库品种	食品、酒	出库数量	
出库时间	2010年11月27日		
备注	附出库货物清单		

经办人：×××　　审批：×××

表 4—1—2 出库货物清单

属性	种类	货物名称	规格	包装	外包装尺寸（mm）	数量	保质期
食品	方便食品	光友方便粉丝（香辣肥肠）	100 g×12 碗	箱	400×170×200	50	12 个月
		光友方便粉丝（香辣肥肠）	100 g×20 袋	箱	400×280×140	50	12 个月
		光友方便粉丝（香菇鸡）	95 g×12 碗	箱	400×170×200	30	12 个月
酒	白酒	蒙古王圆桶 38°	500 mL×6 瓶	箱	287×197×323	20	—
		红星 56°精红盒二锅头	500 mL×6 瓶	箱	288×192×285	10	—

根据上述信息，完成出库作业准备工作。

任务分析

货物出库作业的第一步就是根据客户的出库通知单进行出库作业准备工作，此项工作是涉及客服、仓管、搬运装卸等部门或岗位的配合作业。

客户服务人员要熟悉货物出库的不同形式和出库通知单的送达方式，了解客户有无特殊出库作业要求，要对出库通知单的关键出货信息进行确认。根据出库通知单做相应的信息处理生成出库作业单，目的是将不同客户、不同形式的出库通知单信息转化成统一的格式出库作业单证，以便在企业内部各作业岗位间流转，指导各岗位进行配合作业。

仓管员根据出库作业单显示的货物种类、属性做好货物出库前的各项准备工作，按预定作业程序完成出库作业。

装卸作业人员要根据出库货物的种类和数量，准备相关的作业设备和工具，规划作业组织形式和方法。

相关知识

一、出库业务

商品出库必须依据货主开出的“出库凭证”进行。不论在任何情况下，仓库都不得擅自动用、变相动用或者外借货主的库存商品。“出库凭证”的格式不尽相同，不论采用何种形式，都必须是符合财务制度要求的有法律效力的凭证，坚决杜绝凭信誉或无正式手续的发货。出库业务包括以下几个环节。

1. 催提

仓库对将要到期的仓储物，要做好催提工作。催提是直接向已知的提货人发出提货通知，可以用信件、传真、电话等方式。当不知道确切提货人时，可以向存货人催提。

到期催提应在到期日的前一段时间进行。合同有约定的，在约定期通知，合同没有约定的，仓库应选择合理的提前时间催提，以便收货人有足够的准备时间。另外，对于在仓储期间发生损坏、变质的物品，保质期就要到期的物品，或者剩余的少量残货、地脚货，也应进行催提，以免堆积占用仓库仓容，同时也可减小或避免存货人的损失。

2. 审核出库凭证

仓库接到出库凭证（仓单）后，必须对出库凭证进行审核并生成出库作业指令（如出库通知单、出库单等）。

3. 备货

出库凭证审核无误后，要按出库凭证所列项目和数量进行出库准备，包括拣选、补货、配货、加工、包装及物品出库时应附有的质量证明书、装箱单、重量单、保险单等附件。机电设备、仪器仪表等产品的说明书及合格证应随货同行。进口商品还要附海关证明、商品检验证书、原产地证、外汇核销单等。备货时应本着“先进先出”的原则，易霉易坏的先出，接近失效期的先出。

4. 复核

为了保证出库物品不出差错，备货后应进行复核。复核时应遵循“单货相符”的原则，即出库物品的品名、型号、规格、数量、质量、包装等信息应与出库凭证相一致。

5. 交接

出库物品经全面复核无误后，即可办理清点交接手续。如果是用户自提方式，即将物品和证件向提货人当面点清，办理交接手续。如果是代运方式，则应办理内部交接手续，即由物品保管人员向运输人员或包装部门的人员清点交接，由接收人签章，以划清责任。

6. 登账

清点交接后，保管员应在出库单上填写实发数、发货日期等内容，并签名。然后将出库单连同有关证件资料，及时交给货主，以便货主办理货款结算。

7. 销账存档

物品发运出去后，该物品的仓库保管业务即告结束，保管员应做好清理工作，及时注销账目、料卡，调整货位上的吊牌，以保持物品的账、卡、物一致，将已空出的货位标注在货位图上，以备后续使用。

二、出库准备工作

仓库应根据凭证的要求，做好如下准备工作。

1. 作业单据准备

(1) 出库文员核实客户的货物出库凭证

办理货物出库时，首先，出库文员应根据客户提交的出库凭证（提货单、出货通知单），与客户预留的单据样式、印鉴、签字等相核对，据此审核出库凭证的合法性和准确性，如有不符或不清楚之处，应立即与主管联系，核对无误后方可执行该业务；其次，按照出库单证上所列的物资品名、规格、数量等审核其内容的准确性，凡在审核中有物资名称、规格、型号不对的，印鉴不齐全、数量有涂改、手续不符合要求的，均不能发货出库。

严禁无书面出库凭证办理货物出库。

(2) 开具出库单

出库文员根据审核后的出库凭证及库存保管账的相关信息，按单据使用和填写要求，开具出库单并交指定仓库的仓管员办理出库。采用送货方式出库时，业务人员还要同时开具送货单。出库单及送货单样式如下：

表 4—1—3　　出库单

凭单号：　　　　　　　　　　　出库日期：　　年　月　日
仓库名称：　　　　　　　　　　出库方式：□自提　□送货
客户编号：　　　　　　　　　　客户名称：

货物编号	货物名称	规格	单位	数量			批次	货位号
				计划	实际	差异		

提（送）货人：　　主管：　　复核人：　　仓管员：　　制单员：

注：一般出库单为四联单，第一联存根，第二联财务或统计记账，第三联交提货人，第四联仓库留存

表 4—1—4　　送货单

凭单号：　　　　　　　　　　　送货日期：　　年　月　日
客户名称：　　　　　　　　　　客户电话：
送货地址：

货物编号	货物名称	规格	单位	数量	签收数量	备注

收货人：　　送货人：　　制单员：

注：一般送货单为三联单，第一联存根，第二联交收货人，第三联为送货回执

2. 出库作业准备

仓库主管要根据货物出库预报的品种、规格、数量和出库的时间组织相关作业人员做好货物出库前的准备工作。

（1）包装整理

货物经过多次装卸、堆码、翻仓和拆检，会使部分包装受损，不宜运输。因此，仓库必须视情况事先进行整理、加固或改换包装。

（2）货物的组配、分装

根据出货需要，有些货物需要拆零后出库，仓库应为此事先做好准备，备足零散货物，以免因临时拆零而延误发货时间；有些货物则需要拼箱，为此，应做好挑选、分类、整理、配套等准备工作。

（3）包装材料、工具和用品的准备

对从事装箱、拼箱或改装业务的仓库，在发货前应根据性质和运输部门的要求，准备各种包装材料及相应的衬垫物，以及刷写包装标识的用具、标签和钉箱、打包等工具。

（4）待运货物的仓容及装卸机具的安排调配

货物出库时，应留出必要的理货场地，并准备必要的装卸搬运设备，及时装载货物，加快发送速度。

叉车司机按叉车操作规范要求进行作业准备，装卸工做好托盘、手推车、拖板车（地

牛）等搬运工具的准备。

（5）发货作业组织

发货作业是一项涉及人员较多、处理时间较紧、工作量较大的工作，合理的人员组织和机械协调安排是完成发货的保证。

由于出库作业比较细致复杂，工作量也大，事先对出库作业加以合理组织，安排好作业人员和机械，保证各个环节的紧密衔接，也是十分必要。

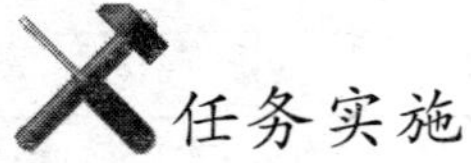

任务实施

一、接收出货通知单，对相关信息进行确认与核实

1. 接收出货通知

NG 公司通过电话、电子邮件或传真将出库通知单及出库清单发送到仓库营运部，营运部客服人员对出货信息进行确认并回复。

2. 确认出库通知单的出库信息，开具出库单

仓库业务部门根据货物入库信息和库存信息核实出库通知单的客户印鉴、签字及出库货物清单列表。

本次出库通知单客户为 NG 公司，该公司 4 月 17 日入库一批货物，查入库及库存信息满足出库要求，见表 4—1—5。

表 4—1—5　　相关库存信息

属性	种类	货物名称	规格	包装	外包装尺寸（mm）	数量	保质期
食品	方便食品	光友方便粉丝（香辣肥肠）	100 g×12 碗	箱	400×170×200	50	12 个月
		光友方便粉丝（香辣肥肠）	100 g×20 袋	箱	400×280×140	50	12 个月
		光友方便粉丝（香菇鸡）	95 g×12 碗	箱	400×170×200	50	12 个月
酒	白酒	蒙古王圆桶 38°	500 mL×6 瓶	箱	287×197×323	30	—
		红星 56°精红盒二锅头	500 mL×6 瓶	箱	288×192×285	30	—

根据核实结果开具出库单，见表 4—1—6。

表 4—1—6　　出库单

凭单号：20101127001　　出库日期：2010 年 11 月 27 日

仓库名称：天河粤垦库 1 号库　　出库方式：　自提　□送货

客户编号：　　客户名称：NG 公司

货物编号	货物名称	规格	外包装尺寸（mm）	单位	数量			库存量	货位号
					计划	实际	差异		
SP400011	光友方便粉丝（香辣肥肠）	100 g×12 碗	400×170×200	箱	50			10 70 70	B-1-1-1 B-1-1-2 B-1-1-3
SP400012	光友方便粉丝（香辣肥肠）	100 g×20 袋	400×280×140	箱	50			6 72 72	B-1-1-4 B-1-1-5 B-1-1-6

续表

货物编号	货物名称	规格	外包装尺寸（mm）	单位	数量			库存量	货位号
					计划	实际	差异		
SP400021	光友方便粉丝（香菇鸡）	95 g×12 碗	400×170×200	箱	30			10 70 70	B-1-2-1 B-1-2-2 B-1-2-3
BJ200010	蒙古王 38°	500 mL×6 瓶	287×197×323	箱	20			22 36 36 36	B-2-1-1 B-2-1-2 B-2-1-3 B-2-1-4
BJ200031	红星 56°精红盒二锅头	500 mL×6 瓶	288×192×285	箱	10			56 64	B-2-3-1 B-2-3-2

提（送）货人：　　　　　主管：　　　　　仓管员：　　　　　制单员：李霞

注：一般出库单为四联单，第一联存根，第二联财务或统计记账，第三联交提货人，第四联仓库留存

二、出库前准备工作

1. 人员准备

仓库主管根据货物出库预报的品种、规格、数量和出库的时间要求组织 1 名客服文员、1 名仓管员、1 名理货员、2 名库工（搬运人员）并进行业务分工。客服文员负责审核出货凭证并根据库存信息开具出库单；理货员负责备货组织；仓管员负责安排库工进行装卸搬运作业、填写出库单、开具出门通行证并会同理货员采用“双人复核制”进行备货复核、装车前复核检查。

2. 包装整理

货物经过入库装卸、堆码储存等作业后，可能存在部分包装受损，不宜运输的状况，尤其是纸箱包装的酒类货物易碎、方便食品易受压变形。备货前要对待出库的货物包装进行认真检查，包装有压迫变形或污渍要及时处理，另外纸箱包装货物出库前要进行灰尘清理。

3. 装卸机具的安排调配

本次出库货物为纸箱包装的方便食品和酒类货物，宜采用人工搬运方式，须准备两部杠杆式手推车。

4. 出货暂存区准备

出货暂存区安排在靠近库门或站台，备货前要进行暂存区的整理和清扫，划定作业范围和区域。

5. 发货作业组织

发货前，仓管员按要求进行货位整理、清扫，做好出库前的盘点工作。仓管员接收客服文员开具的出库单并核对信息、准备出门通行证，安排理货员进行备货准备、安排库工进行搬运准备。具体作业组织如图 4—1—1 所示。

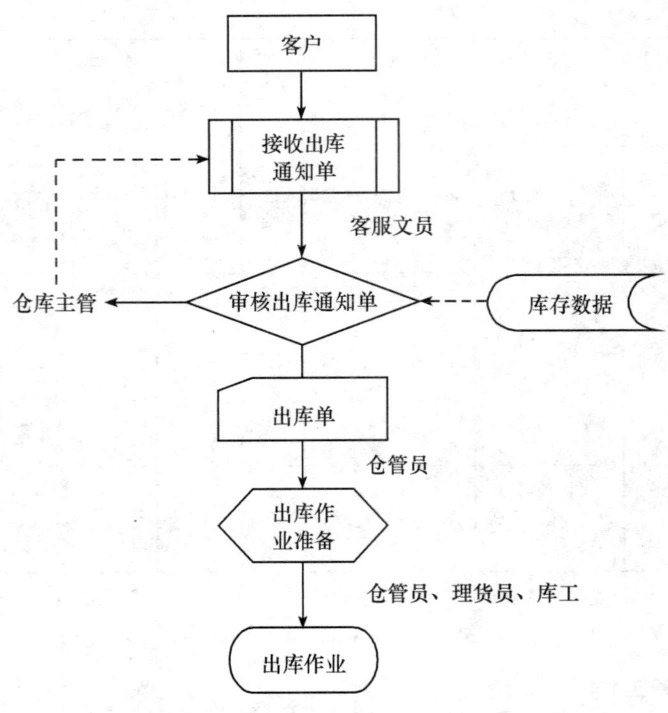

图 4—1—1　出库作业组织

技能训练

根据下列出库信息要求，见表 4—1—7，表 4—1—8，进行出库信息处理，完成货物的出库准备。

表 4—1—7　　　　出库通知单

（根据实训中心具体情况设定）库　　　　凭单号：（根据实训时间设定）

以下交易人已经申请货物出库，请安排出库。

申请交易商	（根据设定的实训环境设定）		
联系人	张康	联系电话	020-88888888
出库方式	自提	运输方式	汽车运输
出库品种	食品、酒	出库数量	
出库时间	（根据实训时间设定）		
备注	附出库货物清单		

经办人：×××　　　　审批：×××

表 4—1—8　出库货物清单

属性	种类	货物名称（可根据实际情况选择实训货物类别和数量）	规格	包装	外包装尺寸（mm）	数量	保质期
酒	白酒	红星 56°精红盒二锅头	500 mL×6 瓶	箱	288×192×285	30	12 个月
		张裕馆藏解百纳干红	750 mL×6 瓶	箱	398×365×355	30	12 个月
	红酒	张裕馆藏干红	750 mL×6 瓶	箱	235×155×332	30	12 个月
日用品	卫生纸	晶柔商务抽取式卫生纸	包×60	箱	460×330×355	40	—
		晶柔商务盒装面纸（长方盒）	盒×72	箱	500×425×450	50	—

思考与练习

1. 出库业务中的催提有什么作用？什么情况下应进行催提？
2. 为什么出库作业中，首先要审核出库凭据？请举例说明。
3. 出库作业应准备哪些单证？
4. 货物出库暂存区的设置要注意哪些要求？需要做好哪些方面的准备工作？

任务 2　出库拣货

任务引入

经过前期出库准备工作，客服文员开具了出库单（见表 4—1—6），本任务要求根据出库单完成本批货物的拣货作业。

任务分析

首先对出库单进行复核，然后根据出库单所列的货物信息确定拣选策略，组织作业人员完成拣货作用，最后对拣取到出库待验区的货物进行复核。

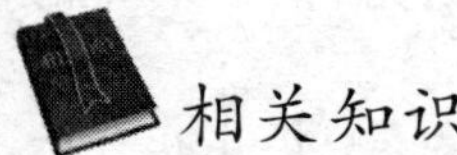

相关知识

拣货作业是依据出库单准确地将货物从其储位或其他区域拣取出来，并按一定方式进行分类、集中并移送至待出库区等待出货的作业过程，在出库作业中，拣选作业十分重要，其动力来自于客户的订单，目的是迅速、准确地集合出库的货物。

一、拣货作业的方法

1. 按订单的处理方法分类

（1）单一订单拣选

这种方法是按客户的每张出货订单进行货物拣选，不做批量处理。适合订单大小差异较大，订单的数量变化频繁，季节性强的商品。此外，在商品外形体积变化较大和商品差异较大的情况下，也适宜采用这种方式。

（2）批量订单拣选

这种方法是先汇总客户的多张订单为一张拣选单（或出库单），然后按汇总后的拣选单（或出库单）进行拣选，拣选后再按不同订单的出货品种和数量进行分货并记录订单。此种方式通常在系统化自动化设备齐全、作业速度较高的情况下采用，适合订单变化较小，订单数量稳定的仓库（主要是配送中心或物流中心仓储）和外形较规则、固定的商品。此外，需要进行流通加工的商品也可以采用先批量拣选批量加工、加工后再按订单分类的方法，这样有利于拣选和加工效率的提高。

（3）复合拣选

这是将单一分拣和批量分拣组合起来的拣选方式。也就是根据订单的品种、数量和出库频率，决定哪些订单适合按单一订单拣取，哪些适合批量拣取，然后分别采用不同的拣选方式。

2. 按作业组织的形式分类

（1）单人拣选（也称一人拣选）

单人拣选是按照一张订单要求的货物进行分拣的方法。

（2）分程传递法（也称分区接力拣选）

这种方法是由多个作业人员协同完成货物拣选。首先决定每个人所分担的货物种类和货架的范围，选取单中仅是自己所负责的货物品种进行拣选，完成拣选后将订单转交给下一个区域的拣选作业人员继续拣选订单上的其他货物。

（3）区间拣选法

这种方法和分程传递法相似，也是由数人协同完成货物拣选。拣选作业时首先决定每个人负责的拣选区域，然后将一张订单按拣选区域拆分成数张拣选单（或出库单），每个区域按拣选单（或出库单）进行货物拣选后，再将各区域拣选的货物汇总起来。

3. 按操作方法分类

（1）摘果式（也称订单别拣选）

摘果式拣选就像在果园中摘果子那样去拣选货物，如图 4—2—1 所示。作业人员拉着集货箱在排列整齐的仓库货架间巡回走动。按照每一张拣选单（或出库单）上所列的品种、规格、数量等将客户所需要的货物拣出并装入集货箱内。其要点是每次拣选只完成一张订单的货物拣取。

1）摘果式拣选人的特点。采用按单拣选，拣货作业准确程度很高，不容易发生货差等错误；作业机动灵活。

2）适用领域。用户不稳定，波动较大，不能建立相对稳定的用户分货货位，难以建立稳定的分货线；用户之间需求差异很大；用户需求的种类太多；一般仓库改造成配送中心或新建配送中心的初期；用户配送时间要求不一。

（2）播种式（也称商品别拣选）

播种式拣选类似于田园中的播种操作。操作时要先将数张订单按货物种类（品类）进行数量合并，在拣选区每次只拣取一种货物，然后在分货区根据每张订单的出货信息分别投放到每张订单的出货货位上，直至所有订单货物拣选完毕。

1）播种式拣选人的特点。这种作业计划性较强；有利于考虑车辆的合理调配、合理使用和规划配送线路；与摘果式作业相比，更有利于综合考虑，统筹安排，形成规模效益。

2）适用领域。用户稳定且用户数量较多，建立了稳定的分货线；用户的需求差异较小，需求数量虽有差异但种类相同；集中取货分放给各用户，可以提高效率；用户需求的种类有限，用户配送时间的要求没有严格限制；商业连锁、服务业连锁、大型企业内部供应配送；专业性强的配送中心，容易形成稳定的用户和需求，货物种类有限，宜于采用。

图 4—2—1　摘果式拣选

图 4—2—2　播种式拣选

4. 利用电子标签拣选系统拣货

电子标签拣选系统是计算机辅助拣货系统最常用的方式之一，它通过电子标签货架的电子标签显示器（见图 4—2—3），向拣选作业人员及时、明确地下达向货架内补货（入库）或取货（出库）指示。具有拣货速度快，错误率低，免除表单作业等优点。

采用电子标签拣选系统进行拣选作业时，首先把客户的出库信息输入计算机中，通过计

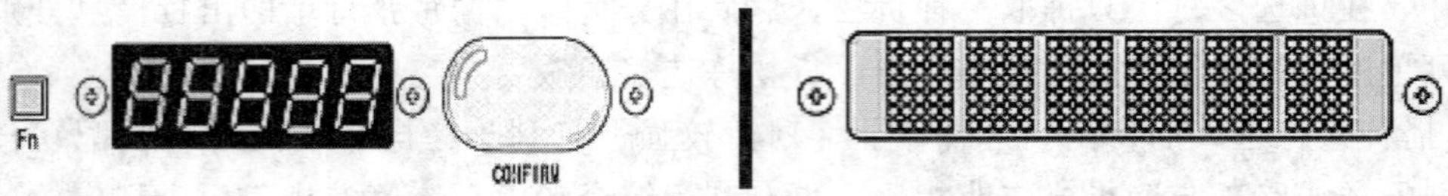

图 4—2—3　典型的电子标签样式

算机运算会得到最佳的拣选策略，并将拣选信息显示在电子标签拣选货架的显示器上。拣选作业人员根据拣选货架上作业指示灯的闪亮进行拣选作业，按货位指示灯的数量显示拣选相应的货物并放入集货箱中。拣取货品后按下复位按钮，指示灯熄灭表示该货位的货物已按数量拣取完毕。如此直至拣选完货架上所有指示灯闪亮的货位上的货物，无指示灯闪亮即表明已完成了该订单货物的拣选。电子标签拣选系统分为摘果式（DPS）和播种式（DNS）两种。

DPS 方式中的电子标签货架货位为拣选货位，拣选作业人员按电子标签显示的拣选位置和拣选数量全部拣选完毕后，将集货箱内的货物移送至出货暂存区等待出货即可。

DNS 中的电子标签货架货位为分货货位。首先，拣选人员按批量订单的拣选信息，从储存区依次拣选不同的货物品类。批量拣取一个品类的货物后在 DNS 货架中按不同订单的出货数量进行分货，直至批量订单中的所有品类货物全部拣取并分货完毕。此时每一拣选货位上的集货即为该订单（出库单）出货的种类和数量，可移送至出库暂存区等待出货。

二、拣选策略

1. 分区策略

（1）按拣选单位分区

其目的在于将储存与拣选单位分类统一，以方便拣取与搬运单元化，将拣取作业单纯化。一般而言，按拣选单位分区所形成的区域范围是最大的，适合自动化拣选系统。

（2）按拣选方式分区这是按出货量的大小和拣取次数人的多少，将货物分为 A、B、C 等群组，然后再依各群组，决定适合的拣选设备及方式运用。

（3）按工作区域分区

将拣选作业场地划分成若干拣选分区，由一个或一组固定的拣选人员负责拣取区域内的货品。此策略主要的优点在于使拣选人员所需记忆的存货位置及移动距离减少，以缩短拣选的时间，还可配合订单分割策略，运用多组拣选人员在短时间内共同完成订单的拣取，但必须要注意工作平衡的问题。如图 4—2—4 所示。

2. 订单分割策略

当订单所订购的商品项目较多，或设计一个讲求及时快速处理的拣选系统时，为了使其能在短时间内完成拣选处理，可利用此策略将订单切分成若干个子订单，交由不同的拣选人员同时进行拣选作业以加速拣选的达成。订单分割策略必须与分区策略联合运用，才能有效缩短作业时间。同时按各子订单拣选完成时，必须考虑到子订单的汇集，即集货作业需求增大，注意降低出错概率。如图 4—2—5 所示。

3. 订单分批策略

订单分批是为了提高拣选作业效率而把多张订单集合成一批，进行批次拣取作业。其目的在于缩短拣取时平均行走搬运的距离及时间。

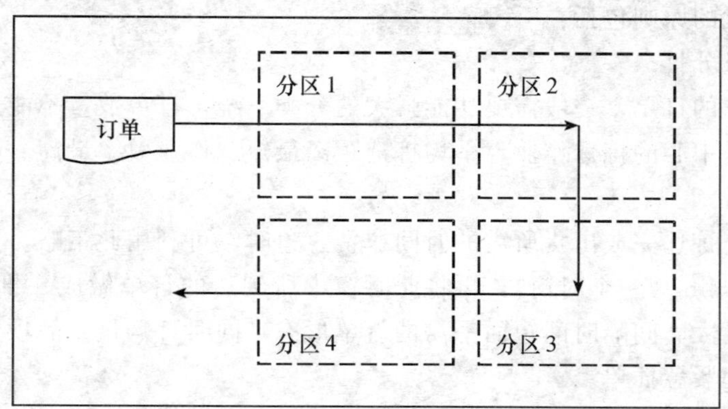

图 4—2—4 分区策略

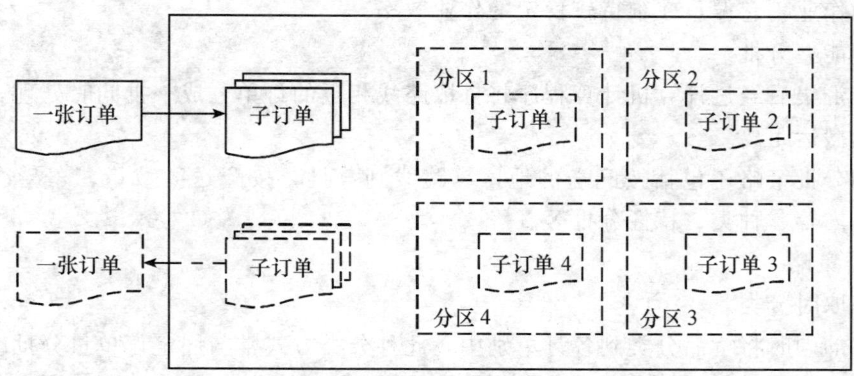

图 4—2—5 订单分割策略

如果将每批次订单中的同一商品品项加总做拣选，然后把货品分类至每一顾客订单别，则形成所谓的批量拣取（或播种式拣选）。它不仅缩短了拣取时平均行走搬运的距离，也减少了储位重复寻找的时间，进而提高拣选的效率。但若每批次的订单数目增多时，则必须耗费较多的分类时间，更甚者，则必须要有一强大的自动化分类系统支持才行。如图 4—2—6 所示。

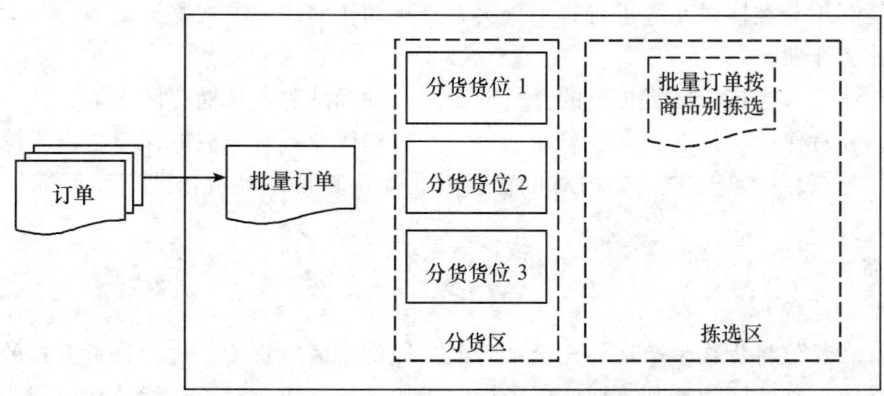

图 4—2—6 订单分批策略

拣选订单分批的原则包括：

(1) 总合计量分批

集合所有累积的订单，一般需要功能强大的分类系统，订单数量不能过多。适合固定点之间的周期性配送中心的拣选作业，平均拣选距离最短、作业效率最高。

(2) 时窗分批

当订单到达至拣选完成出货所需的时间非常急迫时，可利用此策略。开启短暂而固定时窗（比如设定 10 min 为一个时窗），再将此时窗中所到达的订单做成一批，进行批量拣取。比较适合到达密度大、间隔时间短而平均的订单形态，同时订购量及品项数不宜太大。这种策略能较好地处理紧急插单。

(3) 固定订单量分批

按先到先处理的基本原则，当累积订单数到达设定的固定量时，就开始进行订单处理，并形成拣选作业。它偏重在维持较稳定的作业效率。

(4) 智能型分批

订单于汇集后经过计算机计算程序将拣取路线相近的订单分成一批同时处理，可大量缩短拣选行走搬运距离。

其他的分批策略还包括按配送的地区、路线别分批，按配送的数量、车趟次、金额分批，按商品内容、种类、特性分批等。

4. 分类策略

(1) 拣取时分类

在拣取的同时将货品分类到各订单别中，此种分类方式常与固定订单量分批或智能型分批方式联用，因此需要计算机辅助台车作为拣选设备，才能加快拣取速度，同时避免错误发生。较适用于品种少但数量多的拣选环境，由于拣选台车不可能太大，因此每批次的客户订单量也不宜过大。

(2) 拣取后集中分类

这是按各货物品类合计量分批拣取后，再进行集中分类的方式。一般有两种方法，一是以人工操作为主，将货品总量搬运至分货区上进行分类，这时每批次订单量及货品数量不宜过大；二是利用分类输送系统进行集中分类，是自动化的作业方式。

三、补货作业

补货作业是指当拣选区货位上的存货低于预设的标准时，从储存区向拣选区补足存货的作业活动。补货作业与拣选作业息息相关，它是拣选作业顺利完成的保障。由于拣选区的储存量有限且与储存区具有一定的相对位置，因此须认真规划补货作业，确保拣货区的存货量。

1. 补货方式

(1) 整箱补货

由保管区货位将货物整箱地补充至动管区（即拣货区）货位。这种补货方式的保管区一般为货架系统，动管区为流利货架或电子标签货架。补货作业时，补货员从保管货架上取货箱，用手推车移送至拣选货架后方（非拣取面）补货上架。

(2) 托盘补货

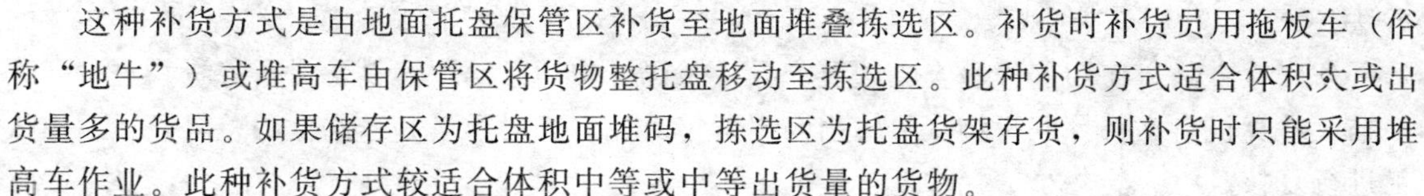

这种补货方式是由地面托盘保管区补货至地面堆叠拣选区。补货时补货员用拖板车（俗称“地牛”）或堆高车由保管区将货物整托盘移动至拣选区。此种补货方式适合体积大或出货量多的货品。如果储存区为托盘地面堆码，拣选区为托盘货架存货，则补货时只能采用堆高车作业。此种补货方式较适合体积中等或中等出货量的货物。

（3）货架上层向货架下层的补货

如果保管区和拣选区属于同一货架，通常将货架的中下层货位（其目的是方便取货）作为动管区，上层货位作为保管区。补货时可利用堆高车将上层保管区的货品搬至下层拣选区即完成了补货。较适合体积不大，每品项存货量不高，且出货多属中小量（以箱为单位）的货品。

2. 补货时机

补货时机取决于动管区的存货量是否能满足需要。何时检查动管区的存货量、何时将保管区的货物补至动管区以避免拣货中途才发觉动管区的存货量不够，还要临时补货，以至于影响整个出货效率。解决补货时机有三种方式处理。

（1）批次补货

每天或每一批次拣取前由计算机计算总拣取量并对比动管区的货品存货量，在拣取前补足货品。较适合一日内作业量变化不大，紧急插单不多或是每批次拣取量大的情况。

（2）定时补货

将每天划分为数个时点，补货人员在设定的时段内根据标准存量检查动管区货架上货品存量，若不足马上将货架补满。较适合分批拣货时间固定，且处理紧急时间也固定的情况。

（3）随机补货

由专职补货人员随时巡视动管区的货品存量，发现不足随时补货。较适合每批次拣取量不大，紧急插单多，每日内作业量波动较大的情况。

四、复核

复核是将拣取的货物按出库信息（出库单或拣选单）进行核对并检查拣取出的货物品质。出库检查是保证单、货相符，避免差错，提高出货质量的关键。出货检查基本内容如图4—2—7所示。

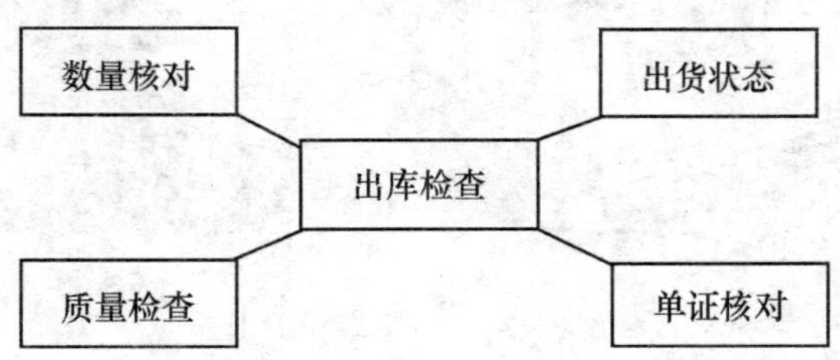

图4—2—7　复核的内容

出库检查的方法包括：

人工检查法。由人工对货品逐一点数，查对货号、品名，核对出货单，进而查验出货的品质水准及状态的方法。以状态及品质检验而言，人工方式逐项或抽样检查有其必要性，但对于货品号码及数量核对来说，人工方式效率较低也较难将问题找出，即使多次检查，也可能耗时过多，错误却依然存在。因此，以效率及效用来考量，数量及号码检查不宜采用此方法。

条码检查法。使用这种检查方法要先导入条码，使用条码识读设备对所拣货物进行条码扫描，计算机自动将拣取货物资料输出与出货单对比，查对数量和号码上的差异，最后由人工进行复核。

五、出库包装

出库包装主要是为提高装卸搬运作业效率和作业质量，确保货物运输安全。常用的出库包装方法有：

1. 打托

打托是利用托盘作为载货平台，将货物摆放在托盘上，通过加装护角、夹板，采用捆扎、裹包、胶粘等方法固定货物，形成托盘单元。如图 4—2—8，图 4—2—9 所示。

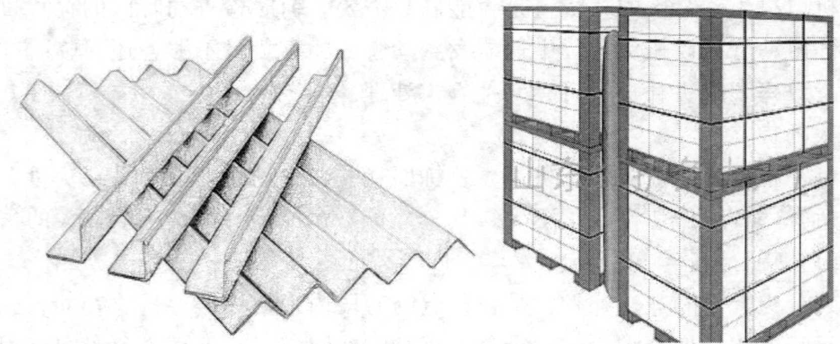

图 4—2—8　护角的使用

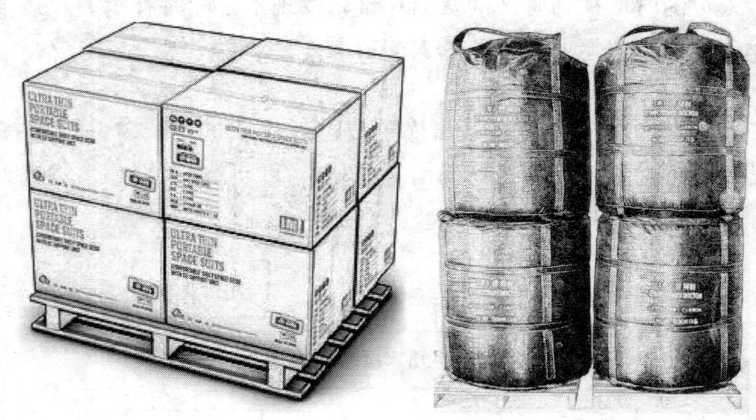

图 4—2—9　集装、打托

2. 打捆

打捆是利用捆扎材料和工具对货物进行捆包、紧固并形成一个单元货物的方法，主要有：直接捆扎、半包装捆扎、夹板捆扎、成件捆扎、密缠捆扎等。

裹包也是一种打捆的方法，它是用挠性材料包覆物品或包装件，主要有：直接裹包、多件裹包、收缩包装、压缩裹包、卷绕裹包等形式。用于裹包的材料主要有纸张、织品、塑料薄膜、蒲席等。如图 4—2—10 所示是打捆的示意图。

图 4—2—10　打捆、薄膜缠绕示意图

3. 装箱

装箱是将货物和充填材料填放在木箱、纸箱、塑料箱、铁箱、铁桶等物流容器中，并封闭开口，形成单元货物。分为装放、填充与灌装三种形式。

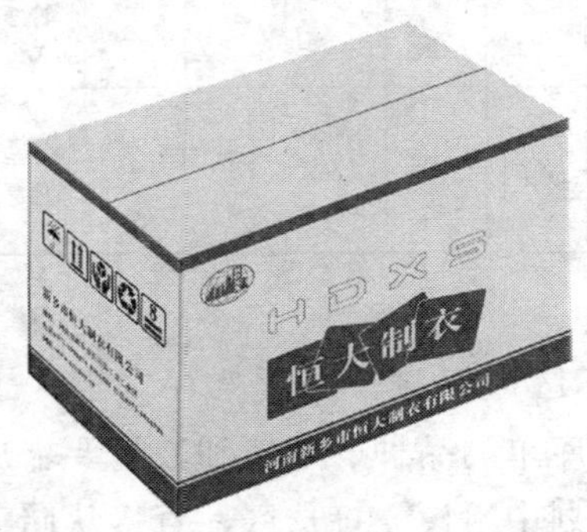

图 4—2—11　包装箱

4. 加标和检重

加标就是将标签粘贴或拴挂在物品或包装件上，标签是包装装潢和标识，因此加标是很重要的工作。检重是称量包装货物的重量，一般采用电子秤或地磅进行检重。

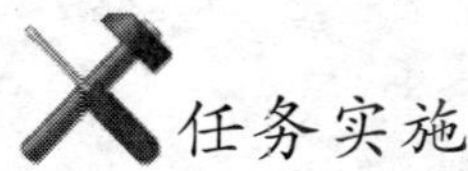
任务实施

一、对出库单进行复核

对出库单、保管账册、货卡和实际库存量进行数量核对，复核结果，见表 4—2—1。

表 4—2—1　　三核结果

货物编号	货物名称	规格	外包装尺寸(mm)	单位	出库数	账面数	货卡数	实际数	货位号	货物存货量
SP400011	光友方便粉丝（香辣肥肠）	100 g×12 碗	400×170×200	箱	50	150	150	150	B-1-1-1 B-1-1-2 B-1-1-3	10 70 70

续表

货物编号	货物名称	规格	外包装尺寸（mm）	单位	出库数	账面数	货卡数	实际数	货位号	货物存货量
SP400012	光友方便粉丝（香辣肥肠）	100 g×20 袋	400×280×140	箱	50	150	150	150	B-1-1-4 B-1-1-5 B-1-1-6	6 72 72
SP400021	光友方便粉丝（香菇鸡）	95 g×12 碗	400×170×200	箱	30	150	150	150	B-1-2-1 B-1-2-2 B-1-2-3	10 70 70
BJ200010	蒙古王圆桶 38°	500 mL×6 瓶	287×197×323	箱	20	130	130	130	B-2-1-1 B-2-1-2 B-2-1-3 B-2-1-4	22 36 36 36
BJ200031	红星 56°精红盒二锅头	500 mL×6 瓶	288×192×285	箱	10	130	130	130	B-2-3-1 B-2-3-2	56 64

二、确定拣选策略

由于本次出库是单一订单出库，出库货物储存区为 B 区——货架存货区，故采取单一订单摘果式拣选的策略。由理货员在货架货位按出库单的品种、规格和数量要求从货物中拣取相应的货品，并移送至出库待验区。本例仓库规划中不设立拣选区，直接从储存货位拣选货物出库，因此，不需要进行补货作业。

三、拣选

拣选人员根据出库单按出库货物的货位号依次由 B 区第一排货架按零数先出的原则从相应的货位上拣取货物，库工辅助拣选人员从货架取货（2、3 层货物采用堆高车取托盘，拣取完毕后托盘归回原货位），并在出库单上记录出货数量。

表 4—2—2　　　　出库单

凭单号：20101127001　　　　出库日期：2010 年 11 月 27 日

仓库名称：天河粤垦库　　　　出库方式：□ 自提 □送货

客户编号：　　　　客户名称：NG 公司

货物编号	货物名称	规格	外包装尺寸（mm）	单位	数量			批次	出货货位
					计划	实际	差异		
SP400011	光友方便粉丝（香辣肥肠）	100 g×12 碗	400×170×200	箱	50	50		1	B-1-1-1 B-1-1-2
SP400012	光友方便粉丝（香辣肥肠）	100 g×20 袋	400×280×140	箱	50	50		1	B-1-1-4 B-1-1-5

续表

货物编号	货物名称	规格	外包装尺寸（mm）	单位	数量			批次	出货货位
					计划	实际	差异		
SP400021	光友方便粉丝（香菇鸡）	95 g×12 碗	400×170×200	箱	30	30		1	B-1-2-1 B-1-2-2
BJ200010	蒙古王圆桶 38°	500 mL×6 瓶	287×197×323	箱	20	20		1	B-2-1-1
BJ200031	红星 56°精红盒二锅头	500 mL×6 瓶	288×192×285	箱	10	10		1	B-2-3-1

提（送）货人：　　　主管：　　　复核人：　　　仓管员：　　　制单员：李霞

注：一般出库单为四联单，第一联存根，第二联财务或统计记账，第三联交提货人，第四联仓库留存

四、复核

拣选完毕后，由拣选员对拣取的货物按出库单进行种类和数量复核，无误后移送至出库待验区等待出库。

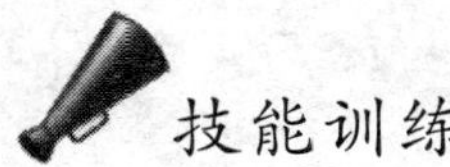

技能训练

1. 继续完成任务 1. 技能训练

按出库准备工作要求，完成拣货作业。

2. 技能提高训练——拣选策略的应用

（1）分区拣选策略的应用。设计一份出库订单，出库货物分布在两个不同的储存区，比如 A，B 两个区域。按照工作分区的策略，安排两组或两个拣货员分别负责 A 区和 B 区的拣选作业，由两人合作共同完成一份出库订单的拣选备货。

（2）上述策略还可以采取订单分割策略完成拣选备货。首先要对出库订单进行订单分割，生成两份子订单（子订单拣选货物分属 A，B 存货区），由 A，B 区拣选员分别按子订单（拣选单）进行货物拣选，拣选完成后在出库待验区（集货区）进行集货待验。

（3）订单分批策略的应用。设计多份订单（手工处理以 2～3 份为宜且订单货物种类较少、差别较小），采用总合计量分批策略对订单进行分批，生成批量拣选单，设置分货货位，采用播种式拣选方式完成多订单拣选备货。

3. 打包设备操作训练项目

（1）打托训练。选取标准托盘（1 200 mm×1 000 mm）一个，箱装货物若干，根据包装箱的外部尺寸合理选择装盘方法。设计打托方案，绘制三视图，按方案完成打托装盘。

（2）准备护角、夹板材料，完成上述打托后进行紧固打捆操作。可采用打包带进行紧固打捆，训练常用打包设备（见图 4—2—12）的正确使用。

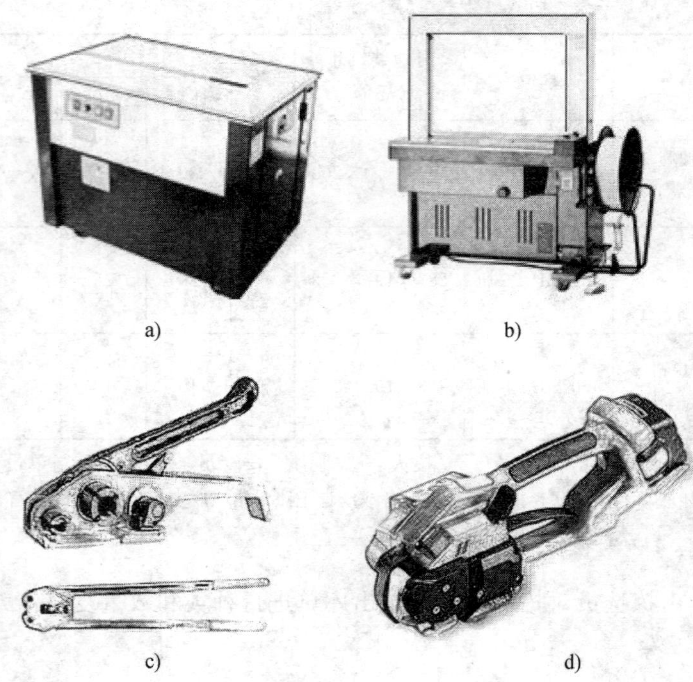

a)　b)　c)　d)

图 4—2—12　各种打包机

a)、b) 高台自动打包机　c) 手动打包机　d) 便携电动打包机

思考与练习

1. 单一订单拣选和批量订单拣选的主要区别在哪里？
2. 试比较“摘果式”与“播种式”拣选方式在适用性方面的不同。
3. 试说明出库复核的重要性。

任务3　出库交接

任务引入

承接任务 2，前期经过出库备货，拣选员根据出库单完成了拣货作业，并将出库货物移送至出库待验区等待出库。

任务分析

出库交接工作是出库作业的最后环节，也是确保货物出库安全的关键作业。出库交接

时，仓库人员会同提货人进行货物装车前的检查：认真核对查验货物，逐件清点，或者查重验斤，检验货物状态，同时，还要对来库车辆进行检查，确认车辆符合装车作业要求，并且记录车辆不良的装运情况或要求供车方妥善处理。装车完毕，会同提货人签署出库单证、运输单证，收留留存单证，交付随货单证和资料，办理货物交接。给每一辆车签发出门证，以便门卫核对后放行。最后，仓管员要对出库货物进行登账处理，以确保存货的账、卡、实三方面数据一致。

相关知识

出库物品经全面复核无误后，即可办理出库交接手续。如果是用户自提方式，即将物品和证件向提货人当面点清，办理交接手续。如果是代运方式，则应办理内部交接手续，即由物品保管人员向运输人员或包装部门的人员清点交接，由接收人签章，以划清责任。

一、复核

对出库物资在出库过程中的反复核对，以保证出库物资的数量准确、质量完好，避免差错。复核的方式有以下几种。

1. 个人复核

即由发货保管员自己复核，对所发物资的数量、质量负全部责任。

2. 相互复核

又称交叉复核，即两名发货保管员为对方所发物资进行照单复核，复核后应在出库单上签字以与对方共同承担责任。

3. 专职复核

由仓库设置的专职复核员进行复核。

4. 环环复核

即发货过程的各环节，如查账、付货、检斤、出库验放、开出门证、登账、销账等各环节，对所发货物的反复核对。

整个出库过程包括三次检查复核：（1）拣货作业时。（2）拣货完成后的二次清点。（3）货物出库前用不同的人、不同的方法清点。三次检查，基本保证了出库的准确性，前两次内部检查和第三次复核，可能影响了出库的效率，但降低了差错率，提高了仓储信誉。

二、出库点交

出库物品经凭证审核、出库验收后，要向提货人员点交。同时应将出库物品及随行证件逐笔向提货人员当面点交。在点交过程中，对于有些重要物品的技术要求、使用方法、注意事项，保管员应主动向提货人员交代清楚，做好技术咨询服务工作。货物出库的点交应注意：

1. 凡重量标准的、包装完整的、点件的物资，当场按件数点清交给提货人或承运部门，并开具出门凭证，应请提货人在出门凭证上签字。

2. 凡应当场过磅计量或检尺换算计量的，按程序和规定检斤、检尺，并将磅码单抄件、检尺单抄件及出门证一并交提货人，应请提货人在原始磅码单或检尺单及出门证上签字。

三、装车放行

送货车辆一般为中小型货柜车，货物有泡货和重货。装车时既要考虑车辆的载重量，又要考虑车辆的容积，尽可能使车辆满载。因此，装车配载的目标是在保证货物质量与数量完好的前提下，尽可能提高车辆的装载率和车辆的利用率，节省运力，降低配送成本。

1. 车辆积载的原则

在明确了客户的送货顺序后，车辆积载应遵循如下原则。

（1）先送后装、后送先装。

（2）轻重搭配、重不压轻。

（3）大小搭配、大不压小。

（4）货物性质搭配（“三一致”原则）。

（5）到达同一地点的适合配载的货物应尽可能一次积载。

（6）确定合理的堆码层次与方法。

（7）积载时不允许超过车辆允许的最大载重量。

（8）积载时车厢内货物重量应分布均匀。

（9）货与货之间、货与车辆之间应留有空隙并适当衬垫。

（10）装货完毕，应在门端处采取适当的稳固措施，以防开门卸货时货物倾倒砸伤人员或造成货损。

2. 车辆配装的方法

（1）容重配装法

容重配装法是根据配装车辆的核定载重量、车厢容积及配装货物的质量体积，计算两种货物理论配装量的一种方法。

$$W_a = \frac{V - W \times R_b}{R_a - R_b},$$

$$W_b = \frac{V - W \times R_a}{R_b - R_a}。$$

车厢容积为 V，车辆载重量为 W，两种货物的质量体积为 R_a，R_b。

（2）经验配装法

根据车辆容积尺寸和货物包装尺寸，采用目测和试装的方式进行配装，这种方法配装是否合理取决于装车人员的工作经验和判断力。

3. 装车堆积

（1）堆积的方式

1）行列式堆码方式。

2）直立式堆码方式。

（2）堆积应注意的事项

1）堆码方式要有规律、整齐。

2）堆码高度不能太高。

3）货物在横向不得超出车厢宽度。

4）重货在下，轻货在上，大小搭配。

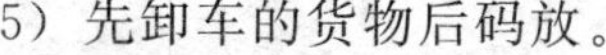

5）先卸车的货物后码放。

四、登账存档

经过出库的一系列工作程序之后，实物、账目、库存档案等都发生了变化。应按下列几项工作彻底清理，使保管工作重新趋于账、卡、物相符的状态。

1. 按出库单，核对结存数。

2. 如果该批货物全部出库，应查实损耗数量，在规定损耗范围内的进行核销；超过损耗范围的查明原因，进行处理。

3. 一批货物全部出库后，可根据该批货物入出库的情况、采用的保管方法和损耗数量，总结保管经验。

4. 清理现场，收集苫垫材料，妥善保管，以待再用。

5. 代运货物发出后，收货单位提出数量不符时，属于重量短少而包装完好且件数不缺的，应由仓库保管机构负责处理；属于件数短少的，应由运输机构负责处理。若发出的货物品种、规格、型号不符，由保管机构负责处理。若发出货物损坏，应根据承运人出具的证明，分别由保管机构及运输机构处理。

在整个出库业务程序过程中，复核和点交是两个最为关键的环节。复核是防止差错必不可少的措施，而点交则是划清仓库和提货方两者责任的必要手段。

6. 由于提货单位任务变更或其他原因要求退货时，可经有关方同意，办理退货。退回的货物必须符合原发的数量和质量，要严格验收，重新办理入库手续。当然，未移交的货物则不必检验。

7. 销账存档。物品发运出去后，该物品的仓库保管业务即告结束，保管员应做好清理工作。及时登记保管账册、货卡，调整货位上的吊牌，以保持物品的账、卡、物一致；将已空出的货位标注在货位图上，以备后续物品使用。

五、出库业务中发生问题及处理办法

货物出库过程中出现的问题是多方面的，应分别对待处理。

1. 出库凭证（提货单）上的问题

（1）仓管员必须检查出库凭证，如发现出库凭证有疑点，如涂改、复制、假冒，或者情况不清楚时，应向业务办理部门核查或与仓库保卫部门取得联系，妥善处理。

（2）物品未验收入库或者期货未进库的出库凭证，应暂缓发货，仓管员不得代发代验。

（3）出库凭证超过提货期限，必须按规定缴逾期仓储保管费，办理完提货手续方可发货。提货时，若提货人发现货品名称或规格有差错，仓管员不得自行调换货品，提货人必须到业务办理部门重新开具提货凭证方可发货。

（4）提货人如将出库凭证遗失，应及时向仓库业务部门和储存保管部门联系挂失。如果挂失时货已被提走，保管人不承担责任，但有责任协助提货人查询货物；如果货还没有提走，经业务部门和财务部门查实后，挂失登记，将原凭证作废，重新办理出库手续，缓期发货。

2. 提货数与实存数不符

出现提货数量与货物实存数不符的情况，一般是实存数小于提货数。当遇到提货数量大于实际货物库存数量时，仓管员首先应向业务办理部门核查，然后按有关规定办理出库手续。

（1）入库登账有误时，仓库管理部门要调整账目。先按库存账面数开具货物出库单销账，然后再按实际库存数重新入库登账，并在入库单上签明情况。

（2）仓库保管员串发、错发而引起实存数小于提货数时，仓库业务部门要负责解决实存数与提货数的差额。

（3）货主单位漏记账而多开提货数时，应由货主单位核实后出具新的提货单，重新组织提货和发货。

（4）仓储过程中的损耗造成实存数小于提货数时，合理范围内的损耗，应由货主单位承担，而合理范围之外的损耗，应由仓储经营人或保管人按合同约定进行赔偿。

3. 串发、错发

串发和错发是指发货人员由于工作疏忽或对货物种类规格不很熟悉，把不同货主单位的货物互串发出库，或把同一货主的货物按错误规格或错误数量的货物发出库的情况。

出现串发、错发时，如果货物尚未离库，应立即追回错发货物，重新组织货物出库。如果货物已经提出仓库，保管人员应如实向仓库主管部门和货主单位通报串发、错发货物的品名、规格、数量、提货单位等情况，与货主单位和运输单位协商解决。一般在无直接经济损失的情况下由货主单位重新按实际发货数冲单（票）解决。如果造成直接经济损失，应按赔偿损失单据冲转，调整保管账，保持账实相符。

4. 漏记账和错记账

漏记账是指在货物出库作业中，由于没有及时核销货物明细账造成账面数量大于或小于实存数。错记账是指在货物出库后核销明细账时没有按实际发货出库的货物名称、数量等登记，从而造成账实不符的情况。无论是漏记账还是错记账，都会造成账面数量与实存数不符，首先应根据原出库凭证查明原因，调整货物明细账，使账面数与实际库存数保持一致。如果由于漏记账或错记账给货主单位、运输单位造成了损失，应予赔偿。

任务实施

一、出库复核

理货员和仓管员在出库待验区对备货货物进行出库前交叉复核，复核无误后在出库单上签署。见表 4—3—1。

表 4—3—1　　出库单（签署）

凭单号：20101127001　　出库日期：2010 年 11 月 27 日

仓库名称：天河粤垦库 1 号库　　出库方式：　自提　□送货

客户编号：××××××　　客户名称：NG 公司

货物编号	货物名称	规格	外包装尺寸（mm）	单位	数量			批次	出货货位
					计划	实际	差异		
SP400011	光友方便粉丝（香辣肥肠）	100 g×12 碗	400×170×200	箱	50	50		1	B-1-1-1 B-1-1-2

续表

货物编号	货物名称	规格	外包装尺寸（mm）	单位	数量			批次	出货货位
					计划	实际	差异		
SP400012	光友方便粉丝（香辣肥肠）	100 g×20 袋	400×280×140	箱	50	50		1	B-1-1-4 B-1-1-5
SP400021	光友方便粉丝（香菇鸡）	95 g×12 碗	400×170×200	箱	30	30		1	B-1-2-1 B-1-2-2
BJ200010	蒙古王圆桶 38°	500 mL×6 瓶	287×197×323	箱	20	20		1	B-2-1-1
BJ200031	红星 56° 精红盒二锅头	500 mL×6 瓶	288×192×285	箱	10	10		1	B-2-3-1

提（送）货人：黄锑　　主管：王冠　　复核人：李复　　仓管员：张苍　　制单员：李霞

注：一般出库单为四联单，第一联存根，第二联财务或统计记账，第三联交提货人，第四联仓库留存

二、点交

仓管员与提货人当面进行点交，由仓管员与提货人共同确认出库货物品种、规格和数量与出库通知单信息是否一致，包装是否符合要求。如无误、无异议则当面签收货物，并由提货人在出库单上签署，出库单第三联交由提货人留存。见表 4—3—1。

三、装车

点交完毕后，如由仓库完成装车，则由仓管员组织库工按装车方案进行装车。本任务按照直立式堆码方式，按装车堆积的注意事项要求，装车方案如下。

货物状态：总重量，小于 30 kg；总体积，小于 3 m^3。

载运车辆：厢式货车，货厢尺寸为 2 775 mm，2 765 mm×1 550 mm×1 610 mm，1 760 mm，额定载重量为 740 kg，如图 4—3—1 所示。

配装方案：如图 4—3—2 所示。

图 4—3—1　配装车辆及缓冲气垫

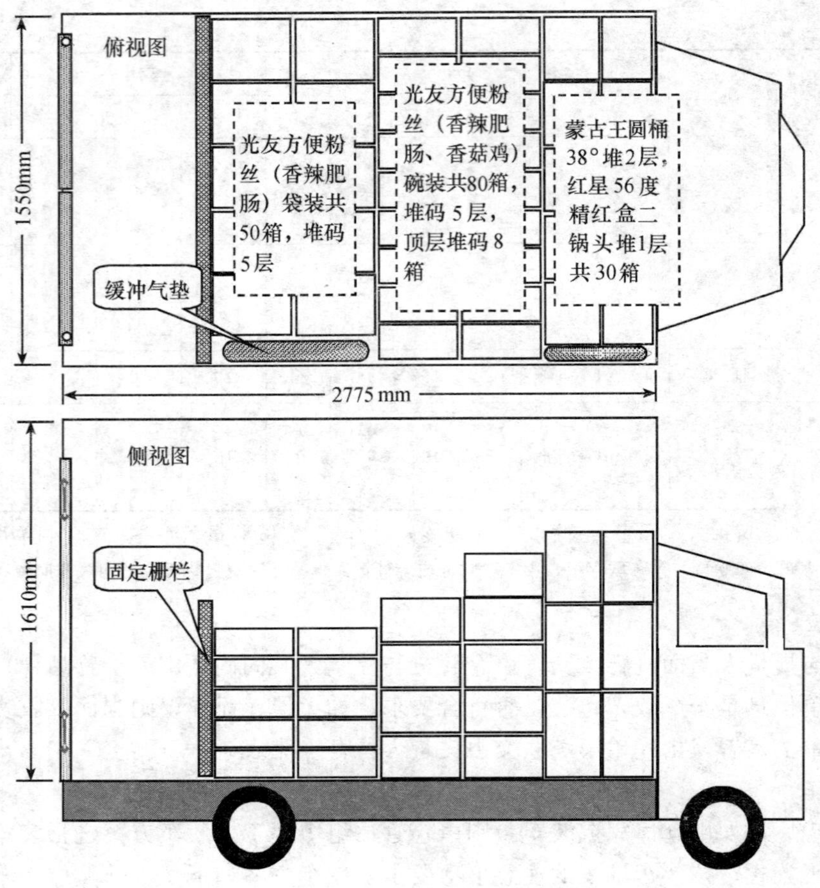

图 4—3—2　配装示意图

四、签单放行

货物装车完毕后，关闭车门并锁死插销。仓管员开具出门证，提货人在仓库门禁处出示出库单第三联和出门证，门禁管理员检查无误后收回出门证并放行。出门证如图 4—3—3 所示。

出门证

仓库：1 号库　　　　　　　　　　日期：2010—11—27

车牌号：粤A ××××
联系人：黄锑
事由：提货

主管：王冠　　　　　　　　　　仓管员：张苍

图 4—3—3　出门证

五、登账存档

货物出库放行后，保管员根据出库单留存联登记保管账册和货卡，更新相关出库信息，将出库单留存联存档备查。同时，保管员检查、整理出库货物的货位，悬挂好货卡。以出库货物“蒙古王 38°白酒”为例，保管账册和货卡信息更新结果见表 4—3—2、表 4—3—3。

表 4—3—2　　　　　　　　　　　　　　**货物明细账**

存货编号：BJ200010　　　　　　　　　存货货位：B-2-1-1，B-2-1-2，B-2-1-3，B-2-1-4

存货名称：蒙古王 38°　　　　　　　　存货单位：NG 公司

2010 年		凭证		摘要	入库数	出库数	结存数	备注
月	日	种类	编号					
				转前			0	
11	17	入库单	×××	—	130		130	
11	27	出库单	×××	—		20	110	

表 4—3—3　　　　　　　　　　　　　　**货物保管卡**

保管卡

货位编号：B-2-1-1　　　　　　　　　　　　　　立卡日期：2010—11—17

货物编号：BJ200010

货物名称：蒙古王 38°

货物入出库记录

日期	入库	出库	结存	签注	日期	入库	出库	结存	签注
17/11	22		22	张苍	12/11		20	2	张苍

技能训练

1. 厢式载货货车，货箱内容积尺寸为：9 500 mm×2 400 mm×2 400 mm，额定载重量为 14 260 kg。出库货物为某品牌洗衣机和消毒碗柜，洗衣机整机毛重 40 kg，包装尺寸为：592 mm×613 mm×984 mm；消毒碗柜整机毛重 30 kg，包装尺寸为：595 mm×462 mm×630 mm，请按上述技术参数设计最佳装车积载方案和配装方案。

2. 上题中，洗衣机出库 30 台，消毒碗柜出库 45 台，需要安排几台送货车辆？请设计配装方案。

思考与练习

1. 出库作业中，哪些环节要求做好复核工作？如何进行复核操作？

2. 车辆积载有哪些原则？讨论一下，经验配装法适用什么环境？

3. 在出库操作中，有两个重要的作业环节，是哪两个环节？为什么？

4. 货物出库后需要进行更新货卡信息和登账，在实际操作中为什么还会产生账、卡、物不相符的情况？原因有哪些？

模块五

仓储商务管理

任务1　订立仓储合同

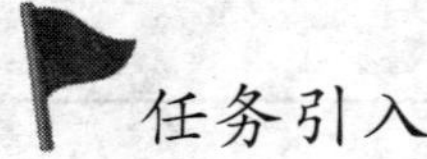

任务引入

2004 年 6 月 3 日，SD 公司与东方储运公司签订一份仓储保管合同。约定由东方储运公司为 SD 公司储存保管小麦 60 万 kg，保管期限为 2004 年 7 月 10 日至 11 月 10 日，SD 公司向东方储运公司支付 50 000 元，同时双方约定，任何一方违约，均按储存费用的 20%支付违约金。

合同签订后，东方储运公司即开始清理仓库，并拒绝其他客户在这三个仓库的存货要求。2004 年 7 月 8 日，SD 公司书面通知东方储运公司：因收购的小麦尚不足 10 万 kg，故不需存放贵公司仓库，双方于 6 月 3 日签订的仓储合同终止履行。东方储运公司接到 SD 公司书面通知后，电告 SD 公司：同意仓储合同终止履行，但 SD 公司应当按合同约定支付违约金 10 000 元。SD 公司拒绝支付违约金，双方因此而形成纠纷。

试根据上述情况拟定一份仓储合同，并根据出现的纠纷提出合理的解决方案。

任务分析

在仓储经营活动中，与客户建立业务关系、提供仓储服务，往往要通过订立合同使企业经营活动合法化，同时订立合同也能保证合作双方的利益并督促双方履行责任义务，在订立仓储合同时，要掌握仓储合同的主要条款，并对本任务的仓储业务进行分析，从而拟定仓储合同。当出现纠纷时，要了解仓储合同主体的权利义务关系，按照相关法律法规的结束，合理解决纠纷。

相关知识

一、仓储合同及其法律特征

仓储合同就其性质而言，仍然是保管合同的一种，是一种特殊的保管合同。仓储合同的目的在于对仓储物的保管，仓储不过是一种物的堆积保管而已。《合同法》第381条定义："仓储合同是保管人储存存货人交付的仓储物，存货人支付仓储费的合同"，同时，第395条规定："本章没有规定的，适用保管合同的有关规定。"由上可见，仓储合同与保管合同两者在性质上有相同之处，但由于仓储营业的特殊性质，使得仓储合同又有其显著的法律特征。

1. 仓储合同主体的特殊性

仓储合同中的保管人须为有仓储设备并专门从事保管业务的人。

仓储合同区别于一般保管合同的一个重要标志就是仓储合同主体的特殊性，即仓储合同中为存货人保管货物的一方必须是仓储经营人。仓储经营人可以是法人，也可以是个体工商户、合伙人、其他组织等，但必须具备仓储设备和专门从事仓储保管业务的资格。从事仓储业务的资格是指保管人必须取得专门从事或者兼营仓储业务的营业许可，这是国家对保管人从事仓储经营业务的行政管理要求。在我国，仓储保管人应当是在工商行政管理机关登记，从事仓储保管业务，并领取营业执照的法人或其他组织。根据《仓储保管合同实施细则》的规定，经工商行政管理机关核准，是一切民事主体从事仓储经营业务的必要条件。仓储设备是指可以用于储存或保管仓储物的必要设施，这是保管人从事仓储经营业务必不可少的物质条件。仓储保管人应具备的仓储设备，须能充分保证仓储物存货人物资保管的基本目的，即应当至少满足储存和保管物品的需要。

2. 仓储合同标的物的特定性

在仓储合同中，存货人应当将仓储物交付给保管人，由保管人按照合同的约定进行储存和保管。因此，依合同性质而言，存货人交付的仓储物必须是动产。换言之，不动产不能成为仓储合同的标的物。在仓储合同中，作为动产的仓储物既可以是一定数量的特定物，也可以是一定品质的种类物。但就较为普遍的情况而言，仓储保管人在保管储存期限届满或者依照存货人的请求而返还仓储物时，一般采取的是原物返还，而不能是其他代替物。

3. 仓储合同是双务、有偿合同

《合同法》第381条规定："仓储合同是保管人储存存货人交付的仓储物，存货人支付仓储费的合同。"由此双务性、有偿性显而易见。第386条规定仓单包括的一个重要事项即为仓储费，第392条规定："储存期间届满，存货人或者仓单持有人应当凭仓单提取仓储物。存货人或者仓单持有人逾期提取的，应当加收仓储费；提前提取的，不减收仓储费。"因此，仓储合同为双务、有偿合同。

4. 仓储合同是诺成合同

传统民法理论认为，仓储合同是诺成契约。但也有人认为，仓储合同应该为实践合同，即仓储合同除了有存货人与保管人的意思表示一致外，还需要存货人交付仓储物于保管人，实际交付标的物是仓储合同生效的要件。

根据我国《合同法》第382条"仓储合同自成立时生效"之规定，确认了仓储合同为诺

成合同。

二、仓储合同的主要条款

仓储合同的主要条款，是存货人与保管人双方协商一致而订立的，规定双方所享有的主要权利和承担的主要义务的条款，是合同的内容。仓储合同的主要条款是检验合同的合法性、有效性的重要依据。

依一般理解，《合同法》第 386 条所规定的仓单有关事项，都应当成为仓储合同的主要条款，但仓储合同的主要条款不能局限于此。根据《仓储保管合同实施细则》第七条规定，合同应具备以下主要条款：

1. 货物的品名或品类；
2. 货物的数量、质量、包装；
3. 货物验收的内容、标准、方法、时间；
4. 货物的保管条件和保管要求；
5. 货物进出库手续、时间、地点、运输方式；
6. 货物损耗标准和损耗的处理；
7. 计费项目、标准和结算方式，银行账号、时间；
8. 责任划分和违约处理；
9. 合同的有效期限；
10. 变更或解除合同的期限。

结合我国仓储营业的实践，仓储合同的主要条款应包括：双方当事人名称；合同编号；合同签订地点；合同签订时间；仓储物的品名、种类、规格；仓储物的数量；仓储物的质量和包装；货物验收的内容、标准、方法、时间、资料；货物保管条件和要求；货物入库和出库的手续、时间；货物的损耗标准和损耗处理；计费项目、标准和结算方式；违约责任；保管期限；变更或解除合同的期限；争议的解决方式；货物商检、验收、包装、保险、运输等其他违约事项；双方当事人签字盖章。

三、仓单

1. 仓单的概念和性质

仓单是仓储（物流）企业开展仓储服务过程中，与客户（委托方）之间业务交接的基本凭证，是货物所有人拥有物权的重要凭证。

《合同法》第 385 条规定："存货人交付仓储物的，保管人应当给付仓单。"所谓仓单，是指仓储保管人在与存货人签订仓储保管合同的基础上，按照行业惯例，以表面审查、外观查验为一般原则，对存货人所交付的仓储物进行验收之后出具的权利凭证。

2. 仓单的法律特征

（1）仓单是保管人向存货人出具的货物收据

当存货人交付的仓储物经保管人验收后，保管人须向存货人填发仓单。仓单是保管人已经按照仓单所载状况收到货物的证据。

（2）仓单是仓储合同存在的证明

仓单是存货人与保管人双方订立的仓储合同存在的一种证明，只要签发仓单，就证明了合同的存在。

（3）仓单是货物所有权的凭证

仓单代表其上所列货物，合法占有仓单就等于占有该货物，仓单持有人有权要求保管人返还货物，有权处理仓单所列的货物。仓单的转移，也就是仓储物所有权的转移。因此，保管人应该向持有仓单的人返还仓储物。正由于仓单代表着其项下货物的所有权，所以，仓单作为一种有价证券，也可以按照《担保法》的规定设定权利质押担保。

（4）仓单是提取仓储物的凭证

仓单持有人向保管人提取仓储物时，应当出示仓单。持单人对于仓储物的受领，不仅应出示仓单，而且还应缴回仓单。若仓单持有人为第三人，而该第三人不出示仓单的，除了能证明其提货身份外，保管人应当拒绝返还仓储物。

（5）仓单是有价证券

仓单在经过存货人的背书和保管人的签署后可以转让，任何持仓单的人都拥有向保管人请求给付仓储物的权利，因此，仓单实际上又是一种以给付一定物品为标的的有价证券。

此外，仓单还是处理保管人与存货人或仓单持有人之间关于仓储合同纠纷的依据。

3. 仓单的效力

仓单一经依法签发，就具有法律效力。由于仓单上所记载的权利义务与仓单密不可分，故仓单有如下效力。

（1）受领仓储物的效力

合法占有仓单就等于占有该货物，仓单持有人有权要求保管人返还货物。

（2）转移仓储物所有权的效力

仓单上所记载的仓储物，只要存货人在仓单上背书并经保管人签字或者盖章，提取仓储物的权利即可发生转让。非由货物所有人在仓单上背书，并经保管人签名，仓单上所记载的货物不发生所有权转移。

4. 仓单业务

（1）签发仓单

我国《合同法》第 385 条规定，存货人交付仓储物的，保管人应当给付仓单。这是保管人的一项义务。保管人签发仓单的条件是存货人交付仓储物，一般是在验收之后。根据《合同法》第 386 条规定，签发仓单时，保管人应当在仓单上签字或者盖章。未经保管人签字或者盖章的仓单为无效仓单。

一般情况下，仓单为一式三联，包括会计记账联、正本提货联和会计底卡联。仓单的签发须满足以下三个基本要求。

1）仓单上所记载的要素不应更改，更改的仓单无效，必备要素未记载或记载不全的仓单无效。

2）仓单中货物价值金额应以中文大写和阿拉伯数字同时记载，两者应一致，两者不一致的仓单无效。

3）仓单上的记载事项应真实，不应伪造、变造。

（2）仓单的要素与格式规范

仓单作为收取仓储物的凭证和提取仓储物的凭证，依据法律规定还具有转让或出质的记名物权证券的流动属性，它应当具备一定形式，其记载事项必须符合《合同法》及物权凭证的要求，使仓单关系人明确自己的权利并适当行使自己的权利。

仓单要素分为必备要素和可选要素两类。具体内容见表 5—1—1 和表 5—1—2。

表 5—1—1　　仓单必备要素的内容及用语

要素类型	序号	要素内容	可选择用语	填写要求
必备要素	(1)	“仓单”字样	仓单	
	(2)	凭证权利提示	凭单提货	
	(3)	仓单编号	编号、No.	
	(4)	仓单填发日期	填发日期	大写
	(5)	存货人名称	存货人	实名全称
	(6)	保管人名称	保管人、签发人	实名全称，可置于仓单顶部并使用保管人或签发人标志
	(7)	仓储物名称	名称、品种	
	(8)	仓储物数量	数量	
	(9)	仓储物计量单位	单位	宜采用 GB3101，GB3102 中规定的法定计量单位
	(10)	仓储物包装	包装	
	(11)	仓储场所	地址	
	(12)	保管人签章	保管人签章	

表 5—1—2　　仓单可选要素的内容及用语

要素类型	序号	要素内容	可选择用语	填写说明
可选要素	(1)	存货人住所	住所	
	(2)	仓储物规格	规格、产地、生产厂家、生产日期、等级、含量	
	(3)	仓储物标识	标识、商标	
	(4)	仓储物价格	单价、金额、货值	
	(5)	储存期间	储存期、储存时间	
	(6)	仓储物损耗标准	损耗标准	
	(7)	仓储物保险金额	保险金额	
	(8)	仓储物保险期间	保险期间	
	(9)	仓储物保险人名称	保险人	
	(10)	货品编码	货品编码、商品编码	
	(11)	仓单经办人	经办、填发、记账、复核	
	(12)	仓单被背书人	被背书人	采用电子化仓单的企业，应在系统内保留连续背书的记录，并可供查询确认
	(13)	仓单背书人签章	背书人签章	
	(14)	仓单背书保管人签章	保管人签章	
	(15)	仓单持有人提示取货签章	仓单持有人提示取货签章	
	(16)	仓单持有人证件号码	证件号码	

续表

要素类型	序号	要素内容	可选择用语	填写说明
可选要素	(17)	仓储费率	仓储费率	
	(18)	"保兑"字样	保兑	应印制在正本提货联正面显著位置
	(19)	仓单保兑人签章	保兑人	实名全称
	(20)	关联仓储合同	关联合同号	
	(21)	附件	附件	粘贴在指定处，加盖骑缝章
	(22)	其他要素	根据业务需要选用	其他要素的选用与填写不应违反本标准要求
可选要素中序号为（12）（13）（14）（15）（16）（17）的项目应作为可转让、质押仓单的必选要素				

仓单的类型包括通用仓储仓单和金融仓储仓单两种。其中通用仓储仓单主要用于普通仓储业务中。一般仓储物的出库单、入库单都视为仓单。通用仓储仓单格式示例参见表 5—1—3。金融仓储仓单是用于企业融资、货物质押、货物转让、期货交割的仓单，与货物共同整进整出。金融仓储仓单格式示例参见表 5—1—4。

表 5—1—3　　通用仓储仓单示例

仓单正面（此仓单背面无内容）

××× 公司仓单

填发日期（大写）　　年　　月　　日　　　NO. ________

存货人：____________________　　　　账号：____________________

储存期：________至________　　　　仓库地址：________________

名称	规格	单位	数量	包装	体积	重量	备注
货值合计金额（大写）						¥（小写）	

正本提货联

注：仓储物（已/未）办理保险，

保管人（签章）　　保险金额¥__________元，

保险期限____________，保险人：__________。

记账：　　　　复核：

………… 骑缝章加盖处 …………

（附件粘贴处）

表 5—1—4　　金融仓储仓单示例

A. 仓单正面

凭单提货

×××公司仓单

填发日期（大写）　　年　　月　　日　　NO. ________

存货人：____________________　　账号：____________________

储存期：__________至__________　　仓库地址：____________________

名称	规格	单位	数量	包装	标识	仓储费率	备注
货值合计金额（大写）						¥（小写）	

正本提货联

注：仓储物（已/未）办理保险，

保管人（签章）　　保险金额¥__________元，

保险期限____________，保险人：__________。

记账：　　复核：

骑缝章加盖处

（附件粘贴处）

B. 仓单背面

被背书人	被背书人	被背书人
背书人签章 年　月　日	背书人签章 年　月　日	背书人签章 年　月　日
保管人签章 年　月　日	保管人签章 年　月　日	保管人签章 年　月　日

（粘贴单处）

持单人向公司　　身份证件名称：

提示取货签章：　　号　　码：

发证机关：

（3）仓单分割

仓单分割是指仓单持有人可以请求保管人将保管的货物（仅适用在数量上可以分割的货物，特别是大宗货物）分割为数个部分，并分别填发仓单，同时持有人须交还原仓单。仓单分割的目的是为了便于存货人处分仓储物（如将 1 000 t 水泥分成 10 份，分别出卖给不同的买受人）。分割仓单所支出的费用，由存货人支付或偿还。

（4）仓单的流通

《合同法》第 387 条规定："仓单是提取仓储物的凭证。存货人或者仓单持有人在仓单上背书且经保管人签字或者盖章的，可以转让提取仓储物的权利。"这一规定表明了仓单有一个重要的特征，即可作为物权凭证的有价证券，具有流通性。仓单流通的方式可以是转让仓单项下仓储物的所有权，即转让仓单；还可以是按照《担保法》的规定，以仓单出质，即以仓单设定权利质押，使质权人在一定条件下享有提取仓单项下仓储物的权利。

1）仓单转让，须符合法律规定的形式才能产生相应的法律效力。存货人转让仓单必须在仓单上背书并经保管人签字或者盖章，若只在仓单上背书但没有保管人签字或者盖章，即使交付了仓单，转让行为也不能生效。因而，背书和保管人签章是仓单转让的必要形式条件，两者缺一不可。

背书是指存货人在仓单的背面或者仓单上记载被背书人（即受让人）的名称或姓名、住所等有关事项的行为。

保管人的签字或盖章是确保仓单及仓单利益，明确转让仓单过程中法律责任的手段。为什么要经保管人签字或者盖章呢？因为保管人是仓储物的合法占有人，而仓储物的所有权仍归存货人，为保护存货人的所有权，防止其他人以不法途径获得仓单，从而损害存货人的利益，也使保管人自己免于承担不应有的责任，因此存货人转让仓单的，除存货人应当在仓单上背书外，还应当由保管人在仓单上签字或者盖章，仓单转让的行为才发生法律效力。

2）存货人以仓单出质。仓单出质应当与质权人签订质押合同，在仓单上背书并经保管人签字或者盖章，并将仓单交付质权人，质押合同才能产生法律效力。一旦债务人不能在债务履行期届满前履行债务，质权人就享有提取仓储物的权利。因此，如果没有存货人（出质人）在仓单上背书或保管人在仓单上签字或者盖章，质权人就不能提取仓储物。同样，也只有存货人（出质人）在仓单上背书和保管人的签字或者盖章，才有助于保护存货人的所有权和保管人的合法占有权。

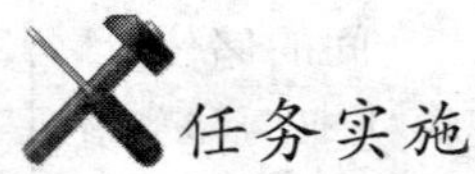

任务实施

一、分析仓储业务

由本例我们得知，此单仓储业务主要内容如下。

存货人：SD 进出口有限责任公司；

保管人：东方储运公司；

业务内容：SD 公司委托东方储运公司储存保管 60 万 kg 小麦，储存期限为 2004 年 7 月 10 日至 2004 年 11 月 10 日；

仓储物：60 万 kg 小麦；

仓储费用：人民币 50 000 元；

违约金：按仓储费用的 20%支付。

二、订立仓储合同

根据本单业务双方约定的内容，订立如下仓储合同。

仓储合同

存货方：某市 SD 进出口有限责任公司　　　　合同编号：HT20040603

保管方：某市东方储运公司　　　　　　　　　签订时间：2004 年 6 月 3 日

签订地点：某市××区××路××号

根据《中华人民共和国合同法》和《仓储保管合同实施细则》有关规定，存货方和保管方根据储存计划和仓储容量，经双方协商一致，签订本合同。

第一条　储存货物的品名、品种、规格、数量、质量、包装

1. 货物品名：小麦。

2. 品种规格：冬小麦，50 kg/袋。

3. 数量：60 万 kg。

4. 质量：一等（容重大于或等于 790 g/L）。

5. 货物包装：麻袋包装，麻袋尺寸规格 107 mm×74 mm。

第二条　货物验收的内容、标准、方法、时间

验收内容：重量、质量、色泽、气味、外部包装。

验收标准：参照相关国家标准（如 GB/T 5490—2010）验收。

验收方法：仪器测量、称重、人工观测。

验收时间：货物交付当天。

第三条　货物保管条件和保管要求

封闭或半封闭库房保管，库房要求具有防雨、防风、防潮功能，仓库内配有标准消防设施和器材，保管人员具有一般粮食储存专业知识，能进行粮食的日常养护，保证小麦在储存期间不发生虫蛀、霉变，仓内采用通风桩堆码。

第四条　货物入库、出库手续，时间，地点，运输方式

货物入库：保管方负责入库货物储存仓间的准备和制订货物接收计划，由存货方负责将货物交付到仓库大门，保管方负责卸载、搬运货物入库并堆码在指定仓间的储位上，卸载及搬运费用不另计。存货方未能按合同约定时间及时交付货物按违约处理，存货方按约定支付违约金。货物入库须经过验收合格后方可入库储存。

货物出库：按先入先出原则办理出库，存货方可以要求整批入库分批出库或分批入库分批出库。

储存地点：某市××区××路××号东方储运公司 1 号、2 号普通仓库。

运输方式：存货方负责使用 8 t 卡车，汽车运输方式。

第五条　货物的损耗标准和损耗处理

损耗标准：按 0.15%。超出损耗标准部分由保管人按当时市场最高价格赔偿存货人。

第六条 计费项目、标准和结算方式

计费项目：仓储费（含装卸搬运费、储存保管等作业项目费用）。

计费标准：仓储服务费用总额按人民币 50 000 元计费。

结算方式：交付货物即通过银行转账方式 100%支付仓储费。

第七条 违约责任

1. 保管方的责任

(1) 在货物保管期间，未按合同规定的储存条件和保管要求保管货物，造成货物灭失、短少、变质、污染、损坏的，应按仓储物当时市场最高价格计算承担赔偿责任。

(2) 由于保管方的责任，造成退仓不能入库时，应按仓储费用的 20%向存货方支付违约金。

2. 存货方的责任

(1) 由于存货方的责任不能按时交付货物入库时，存货方应按仓储费用的 20%向保管方支付违约金。

(2) 货物在储存期间如有异状，在保管方通知后不及时处理，造成的损失由存货方承担。

(3) 未按国家标准和要求对储存货物进行必要的包装，造成货物损坏、变质的，由存货方负责。

(4) 保管方已通知出库或合同期已到，由于存货方的原因致使货物不能如期出库，存货方除以每天 500 元按超期天数交付保管费外，还应按超期支付的仓储费用的 20%偿付违约金。

第八条 保管期限

从 2004 年 7 月 10 日至 2004 年 11 月 10 日止。

第九条 变更和解除合同的期限

由于不可抗力事故，致使直接影响合同的履行或者不能按约定的条件履行时，遇有不可抗力事故的一方，应立即将事故情况电报通知对方，并应在三天内，提供事故详情及合同不能履行，或者部分不能履行、或者需要延期履行的理由的有效证明文件，此项证明文件应由事故发生地区的机构出具。按照事故对履行合同影响的程度，由双方协商解决是否解除合同，或者部分免除履行合同的责任，或者延期履行合同。

超期储存或改变合同任一内容时，存货方或保管方应提前三天通知对方，在取得对方同意后方可进行合同变更。

第十条 争议的解决方式

在合同履行中如产生争议，首先双方要进行协商解决。如通过协商无法解决争议，由仲裁机构进行仲裁解决。

第十一条 货物保险

货物必须保险，保险人可由保管方指定，也可由存货方自行选择，但相关保险费用由存货方承担。办理保险可以由存货方自行办理，也可委托保管方代办，保管方代办不收取代办费。

第十二条　本合同未尽事宜，一律按《中华人民共和国合同法》和《仓储保管合同实施细则》执行。

存货方（章）：某市 SD 进出口有限责任公司	保管方（章）：某市东方储运公司
地址：（略）	地址：（略）
邮政编码：（略）	邮政编码：（略）
法定代表人：（略）	法定代表人：（略）
委托代理人：（略）	委托代理人：（略）
电话：（略）	电话：（略）
开户银行：（略）	开户银行：（略）
账号：（略）	账号：（略）

三、合同当事人的权利义务关系分析

根据《中华人民共和国合同法》和《仓储保管合同实施细则》的规定，本单仓储业务合同当事人的权利和义务如下。

1. 保管方

主要权利：

（1）要求存货方按合同规定按时交付标的物。

（2）要求存货方对货物进行必要的包装。

（3）要求存货方告知货物情况并提供相关验收资料。根据法律规定，存货方违反规定或约定，不提交特殊物品的验收资料的，保管方可以拒收仓储物，也可以采取相应措施以避免损失的发生，由此产生的费用由存货方承担。

（4）要求存货方对变质或损坏的货物进行及时处理。

（5）要求存货方按期提取货物。

（6）具有提存权。

（7）按约定收取储存管理货物的各项费用和约定的劳务报酬。

主要义务：

（1）应存货方要求填发仓单的义务。

（2）接收和验收存货方的货物入库的义务。

（3）妥善保管仓储物的义务。

（4）危险通知义务。危险情形主要包括：第一，保管方对入库仓储物发现有变质或者其他损坏，危及其他仓储物的安全和正常保管的，应当催告存货方或仓单持有方做出必要的处置。因情况紧急代存货方做出必要处置的，应当于事后将该情况及时通知存货方或仓单持有人。第二，遇有第三人对其保管的货物主张权利而起诉或扣押时，保管方应及时通知存货方或仓单持有人。

（5）返还保管物的义务。合同约定的保管期届满或因其他事由终止合同时，保管方应将储存的原物返还给存货方或存货方指定的第三人。合同中约定有储存期限的在仓储合同期限届满前，保管方不得要求存货方提前取回保管物；存货方要求提前取回时，保管方不得拒绝，但保管方有权不减收仓储费。

2. 存货方

主要权利：

（1）要求保管方妥善管理货物。

（2）要求保管方亲自看守管理仓储货物。

（3）要求保管方及时验收货物。

（4）合同约定由保管方运送货物或代办托运的，存货方有权要求对方将货物送至指定的地点或办理托运手续。

（5）检查仓储物。

主要义务：

（1）按照合同约定交付仓储物入库。存货方应按照合同约定的品名、数量、时间将货物交付保管方入库，并在验收期间向保管方提供验收资料。

（2）向保管方支付报酬，即仓储费。存货方应按合同约定的数量、支付方式、地点、时间等支付仓储费。

（3）偿付必要费用。存货方应当支付保管方因堆存、保管货物所支出的必要费用，包括运费、修缮费、保险费、转仓费等。

（4）凭仓单提取仓储物并提交验收资料。存货方或仓单持有人在合同期限届满时凭仓单及时提取储存的货物，并向保管方提供仓储物的验收资料。

四、解决合同纠纷

根据根据《中华人民共和国合同法》和《仓储保管合同实施细则》中对仓储合同订立当事人双方的权利和义务的有关规定，我们可以看到，SD 公司在本案中是违约方，应当按合同约定向东方储运公司支付必要的违约金。

理由如下：

第一，根据《中华人民共和国合同法》第 382 条“仓储合同自成立时生效”之规定，SD 公司与东方储运公司于 2004 年 6 月 3 日签订了一份仓储合同，表明双方具有合同关系，并且合同已于签订之日（2004 年 6 月 3 日）起生效，双方订立的仓储合同应为合法有效合同。

第二，“合同签订后，东方储运公司即开始清理其仓库，并拒绝其他客户在这三个仓库存货的要求。”此为东方储运公司履行仓储合同的行为。

第三，“2004 年 7 月 8 日，SD 公司书面通知东方储运公司：因收购的小麦尚不足 10 万 kg，故不须存放贵公司仓库，双方于 6 月 3 日签订的仓储合同终止履行，请谅解。”书面通知未经东方储运公司同意，且 SD 公司未能按合同约定时间交付 60 万 t 小麦进行储存属于存货方违约，应按合同约定支付违约金人民币 10 000 元给东方储运公司。

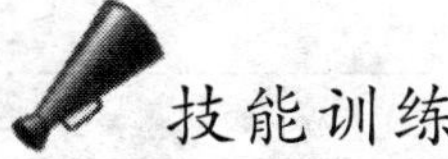

技能训练

某个体户赵某在前景仓库寄存彩电一批 100 台，价值共计 70 万元。双方商定：仓库自 2009 年 10 月 15 日至 2009 年 11 月 15 日期间保管，赵某分三批取走；2009 年 11 月 15 日赵某取走最后一批彩电时，支付保管费 2 000 元。

11 月 15 日，赵某如期前来取最后一批彩电时，双方为保管费的多少发生争议。赵某认为自己的彩电实际是在10月25日晚上才入前景仓库，应当少付保管费250元。前景仓库拒绝减少保管费，理由是仓库早已为赵某彩电的到来准备了地方，至于赵某是不是准时进库是赵某自己的事情，与仓库无关，据此前景仓库拒绝赵某提取剩下的彩电。赵某认为前景仓库位于江边码头，自己又通知了彩电到站的准确时间，前景仓库不可能空着货位。只同意支付1 750元保管费。

根据上述描述，请完成如下操作：

1. 为赵某与前景仓库目前的仓储业务订立一份仓储合同。

2. 如果赵某能够说服前景仓库同意其支付1 750元仓储费用的话，那么赵某与前景仓库应该如何订立仓储合同？

思考与练习

1. 什么是仓储合同？仓储合同的法律特征有哪些？理解仓储合同的法律特征对仓储商务活动有哪些指导意义？

2. 仓储合同的主要条款包括哪些内容？

3. 仓储合同在履行中如需解除合同关系或变更合同内容应如何操作？

4. 什么是仓单？仓单有哪些法律效力？

5. 利用仓单能进行哪些方面的业务操作？

任务2 仓储成本核算

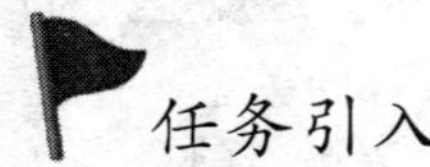

任务引入

XK家电商场租赁DY公司的物流仓库，DY公司对外租赁仓储面积为500 m²，采用包仓代管方式。库内设有两组货架、一部电动叉车及其他必要的仓储作业设备。配备1名仓管员、1名理货员、5名库工，仓管员和理货员采用月薪制，库工采用计件工资制。表5—2—1中数据为仓库平均每天的作业情况及作业量。

表5—2—1 货物基本情况

货物名称	规格（cm）	重量（kg）	数量	堆码层数限制
冰箱	85×85×150	50	20	3层
洗衣机	95×80×110	20	30	3层
电视机	105×85×90	40	100	3层
空调	100×85×180	52	100	3层
微波炉	50×30×40	12	120	5层
饮水机	60×30×40	16	120	4层

根据上述作业条件进行仓储成本的核算和分析，按水费为2.25元/m^3，排污费为0.34元/m^3，电费为0.71元/（kW·h）计算。

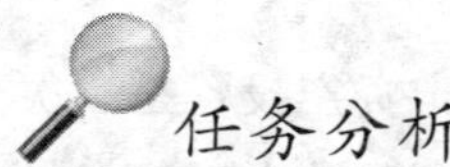

任务分析

进行仓储成本核算，首先要从仓储生产活动要素入手，分析仓储生产要素的具体表现形式和费用支出形态，确定仓储作业成本项目，进而核算仓储成本。

相关知识

仓储成本是发生在货物储存期间的各种费用支出总和。它是仓储企业在生产经营过程中各生产要素的消耗与占有的货币表现。其中，一部分为仓储设施和设备的投资和维护以及货物本身的自然损耗，另一部分则为仓储作业中的活劳动或者物化劳动的消耗，还有一部分是由于货物存量增加所消耗的资金成本和风险成本。

一、仓储成本的基本构成

仓储成本主要由空间成本、仓储服务成本、资金成本和库存风险成本构成。

1. 空间成本

主要是指仓储设施投入仓储生产的固定成本，包括场地租金、货架、道路使用费等仓储设备和建筑成本的分摊。

如果是自有仓库，则空间成本取决于固定投资的分摊和折旧；如果是租借仓库，空间成本一般按一定时间内储存的产品重量来计算，例如元/（t·月）。在计算在途库存的持有成本时，不必考虑空间成本。

2. 仓储服务成本

仓储服务成本是指为库存商品提供的各项仓储服务作业的成本，包括业务费用、交易成本、信息服务费、管理费用等，也包括生产过程中设备的运营费用，如燃料、润料以及作业使用的工具、消耗品等消耗费用，服务成本还包括因仓储作业而发生的工资和福利费用。

3. 资金成本

资金成本是指企业为筹集和使用资金而付出的代价，有时也叫利息成本或机会成本。这些资金可以是仓储企业为了运营所需要的资金成本，如果占用存货则还包括库存物资占用资金的成本。资金的机会成本也是资金成本的构成部分。资金成本有时会占到库存持有成本的80%，无论如何都是一种不能忽略的成本。资金成本水平的确认，许多企业是以使用资金的利息支出为准，但也有一些企业则使用企业的平均回报率表示。有人认为最低资金回报率最能准确反映真实的资金成本。

4. 库存风险成本

在保有库存的过程中，存货会被污染、损坏、腐烂、被盗或由于其他原因不适于或不能使用，直接造成存货的损失。仓库未履行合同的违约金、赔偿金也构成库存的风险成本。保险费也是构成风险成本的一部分。保险作为一种保护措施，可以帮助企业转嫁由于火灾、恶劣天气或偷盗所造成的损失。

二、仓储成本项目

根据仓储成本的构成，仓储成本项目按支出形态表现为以下几项。

1. 固定资产折旧或租赁费

仓库固定资产主要指库房、堆场、道路等基础设施以及仓储设备，固定资产投资是一次性投入，通过折旧的方式分摊到产品中去。会计上计算折旧的方法有平均年限法、工作量法、双倍余额递减法、年数总和法等。由于固定资产折旧方法的选用直接影响企业成本、费用的计算，所以折旧的计提会也影响当期的收入和纳税。企业应根据具体情况确定所使用的方法，且经选用不得任意变动。

自营仓库的固定资产每年按月计提折旧费，对外承包租赁的固定资产每年按合同条款支付租赁费。

2. 工资和福利费

它包括企业支付给各类人员的工资、奖金和津贴，以及由企业为员工缴纳的法定福利费、企业补充福利费等。福利费可按标准提取。

3. 能源费、水、耗损材料费

包括动力电力、燃料、生产设备原料等，仓库用水，装卸搬运生产使用的工具，捆扎、衬垫、苫盖材料的耗损等。

4. 维修费

仓库设施和设备的维修费通过每年从经营收入中提取修理基金核算，提取额度一般为投资额的3%～5%，此项费用为专项费用。

5. 管理费用

管理费用为仓储企业为组织和管理仓储生产经营所发生的费用，包括行政办公费用、公司经费、工会经费、职工教育费、排污费、绿化费、咨询审计费、土地使用费、业务费、劳动保护安全费、坏账准备等。

6. 保险费

保险费是仓储企业对于意外事故或者自然灾害造成仓储物损害所要承担的赔偿责任进行保险所支付的费用。一般来说，如果没有约定，仓储物的财产险费用由存货人承担，仓储保管人仅承担责任险投保。

7. 仓储损失费

仓储损失费是指保管过程中货物损坏而需要仓储企业赔付的费用。造成货物损失的原因一般包括仓库本身的保管条件，管理人员的人为因素，货物本身的物理、化学性能，搬运过程中的机械损坏等。实际工作中，应根据具体情况，按照企业的制度标准，分清责任，合理计入成本。

8. 外协费

仓储企业在提供仓储服务时使用外部服务所支付的费用，包括业务外包支付的费用。

9. 税金及附加

由仓储企业经营发生的，除企业所得税和允许抵扣的增值税以外的各项税金及附加，如企业不能抵扣的进项增值税、消费税、资源税、城市维护建设税、关税等。

10. 其他费用

包括企业宣传、业务广告、仓储促销、交易费用、财务费用等经营活动的费用支出。

三、仓储成本的计算方法

为了合理计算仓储成本，有效控制仓储过程中发生的费用来源，根据成本分析的不同目的，成本计算的方法有以下几种。

1. 按支付形式计算

把仓储成本分别按搬运费、保管费、材料费、人工费、管理费、资金利息等支付形式进行分类计算，然后加总得到仓储成本总额。这种计算方法有利于了解成本控制的重点。

2. 按仓储活动项目计算

把仓储成本按作业活动的不同环节发生的实际成本分别计算，一般包括入库成本、出库成本、在库保管成本等。这种计算方法可以对不同作业环节的成本进行比较，以便发现管理重点，达到有效管理的目的。但有些费用难以按不同作业环节的作业量分摊，会降低计算的准确性，比如人工费用中的固定工资、管理费用等。

3. 按适用对象计算

这是按不同产品或地区分别计算仓储成本，一般结合 ABC 分析法，对不同对象进行重点管理和控制。

从成本习性来看，仓储成本可以分为固定成本和变动成本两部分。固定成本是指不随储量变化而变化的固定投入；变动成本则是随着储量的增加而增加的成本支出。

另外，就仓储保管的过程而言，还可以将仓储成本分为保管费和搬运费两大组成部分。

四、仓储成本管理

1. 仓储成本管理的原则

（1）经济性原则

经济性原则也称成本效益原则。和销售、生产、财务活动一样，任何仓储管理工作都要讲求经济效益。为了建立严格的仓储成本控制制度，需要发生一定的人力或物力支出，但这种支出不应该太大，不应该超出建立这项控制所能节约的成本。经济原则强调仓储成本控制要起到降低成本、纠正偏差的作用，并控制发生的费用支出，使其不超过因缺少控制而丧失的收益。

（2）全面性原则

企业在进行仓储成本管理时，不能只片面地强调仓储成本，因为仓储的服务才是企业长远发展的根本。因此，企业要兼顾服务质量和成本的关系，在保证企业提供的服务前提下，适当地控制仓储成本，从而保证仓储企业低成本、高效率、高质量地运行。同时由于仓储成本涉及企业管理的方方面面，因此，仓储成本控制要进行全员控制、全过程控制、全方位控制。

（3）利益协调性原则

降低仓储成本从根本上说，对国家、企业、消费者都是有利的，但如果在仓储成本控制过程中采用不适当的手段损害国家和消费者的利益，则是极端错误的，应予避免。因此，控制仓储成本时要注意国家利益、企业利益和消费者利益三者的协调关系。

（4）例外管理原则

仓储成本控制所产生的经济效益必须大于因进行仓储成本控制而发生的成本耗费。然而，企业实际发生的费用，不可能每一项都和预算完全一致，如果不管成本差异大小，都要予以详细地记录、查明原因，将不胜其烦。因此，在成本效益原则的基础上，仓储成本控制应将精力集中在非正常金额较大的例外事项上。解决了这些问题，仓储目标成本的实现就有了可靠的保证，仓储成本控制的目的也就实现了。

2. 仓储成本管理的意义

仓储成本是物流成本的重要组成部分，对物流成本的高低有直接影响。仓储成本管理对于物流企业来说意义重大。

(1) 仓储成本管理为企业制订仓储经营管理计划提供依据

仓储经营管理计划是仓储企业为适应经营环境变化，通过决策程序和方案选择，对仓储经营活动的内容、方法和步骤明确化、具体化的设想和安排。在制订经营管理计划时，必须考虑自身的经营能力，仓储成本正是仓储经营能力的重要指标。因此通过仓储成本的分析，能帮助企业对不同经营方案进行比较，选择成本最低、收益最大的方案制订经营计划，开展经营。

(2) 仓储成本管理为仓储产品定价提供依据

仓储企业的根本目的依然是追求利润最大化。仓储企业在为社会提供仓储产品（服务）时，需要有明确的产品价格，即仓储费。从长远看，必须保证仓储费高于仓储成本，才能保证仓储企业的生存与发展。因此仓储成本是仓储费制定的主要依据。

(3) 仓储成本管理有利于加速仓储企业的现代化建设

仓储成本分析有利于推动仓储技术革新，充分挖掘仓库的潜力，为仓储设施设备改造提供依据。仓储企业要提高仓储能力和仓储效率必然要进行技术革新，改造设施和设备，但是设施设备的投入必须获得相应的产出回报，这必须在准确的成本核算和预测的基础上才能得到保证。

(4) 仓储成本管理为仓储企业的劳动管理提供依据

劳动力成本本身就是仓储成本的重要组成部分，但是劳动力成本与其他成本之间可能存在着替代关系，也可能有互补关系。确定劳动量的使用要充分考虑服务水平与服务成本的平衡，在一定服务水平下，以能够获得仓储总成本最低为原则确定劳动力的使用量。同时，成本因素也是劳动考核、岗位设置的依据和决定劳动报酬的参考。

总之，通过仓储成本分析，有利于提高仓储企业的经济效益，降低仓储生产经营中的各种浪费。同时也可以将企业的经济利益与职工的经济利益紧密地联系起来，提高企业经营者的自觉性，从而提高企业仓储经营管理水平和经济效益。

3. 降低仓储成本的途径

仓储成本管理是仓储企业管理的基础，对提高整体管理水平，提高经济效益有重大影响。但是由于仓储成本与物流成本的其他构成要素，如运输成本、配送成本，以及服务质量和水平之间存在二律背反的现象，因此，降低仓储成本要在保证物流总成本最低和不降低企业的总体服务质量和目标水平的前提下进行，常见的措施有以下几种。

(1) 采用“先进先出”方式，减小仓储物的保管风险

“先进先出”是储存管理的准则之一，它能保证每个被储物的储存期不至过长，减少仓

储物的保管风险。

(2) 提高储存密度，提高仓容利用率

这样做的主要目的是减少储存设施的投资，提高单位存储面积的利用率，以降低成本、减少土地占用。

(3) 采用有效的储存定位系统，提高仓储作业效率

储存定位的含义是被储存物位置的确定。如果定位系统有效，能大大节约寻找、存放、取出的时间，节约不少物化劳动及活劳动。而且能防止差错，便于清点及实行订货点等的管理方式。储存定位系统可采取先进的计算机管理，也可采取一般的人工管理。

(4) 采用有效的监测清点方式，提高仓储作业的准确程度

对储存物资数量和质量的监测有利于掌握仓储的基本情况，也有利于科学控制库存。在实际工作中稍有差错，就会使账实不符。所以，必须及时且准确地掌握实际储存情况，经常与账卡核对，确保仓储物资的完好无损。此外，经常监测也是掌握储存物资数量状况的重要工作。

(5) 加速周转，提高单位仓容产出

储存现代化的标志之一就是将静态储存变为动态储存。加快周转速度，会带来一系列的好处：资金周转快，资本效益高，货损货差小，仓库吞吐能力增加，成本下降等。

(6) 采取多种经营，盘活资产

仓储设施和设备的巨大投入，只有在充分利用的情况下才能获得收益。如果不能投入使用或者只是低效率使用，只会造成成本的增加。仓储企业应及时决策，采取出租、借用、出售等多种经营方式盘活这些资产，提高设备资产的利用率。

(7) 加强劳动管理

工资是仓储成本的重要组成部分，劳动力的合理使用，是控制人员工资的基本原则。我国是具有劳动力优势的国家，工资较为低廉，较多使用劳动力是合理的选择。但是对劳动进行有效管理，避免人浮于事、出工不出力或者效率低下，也是成本管理的重要方面。

(8) 降低经营管理成本

经营管理成本是企业经营活动和管理活动的费用和成本支出，包括管理费、业务费、交易成本等。加强该类成本管理，减少不必要的支出，也能实现成本降低。当然，经营管理费用的支出时常不能产生直接的收益或回报，但也不能完全取消，但是加强管理是很有必要的。

任务实施

一、确定仓储成本项目

根据分析，DY 公司是一家以仓库设施租赁并提供仓储作业服务为主要经营内容的物流服务企业，其主要成本项目包括：(1) 固定资产折旧；(2) 人员工资及福利；(3) 水电费；(4) 设备维修费；(5) 外协费；(6) 保险费；(7) 企业管理费；(8) 税费；(9) 其他。

二、核算仓储成本

1. 固定资产折旧

(1) 仓库建筑物折旧

DY 公司物流仓储基地总面积 30 000 m^2，建筑总成本约为 9 000 万元，500 m^2 折算建筑总成本为 150 万元，建筑物使用年限按 20 年计算，预计残值率为 4%。

采用直线折旧法，年折旧费＝［150×（1－4%）］÷20＝7.2 万元。

则年折旧费为 7.2 万元，每月计提折旧费 6 000 元。

(2) 设备折旧

租赁仓库配置两组货架（每个货架两层 18 个托盘货位），一台叉车，总价值 12 万元，按 10 年使用年限计算，无残值。

采用直线折旧法，则年设备折旧费 12 000 元，每月计提设备折旧费为 1 000 元。

固定资产总折旧费总计 7 000 元/月。

2. 人员工资及福利

按 1 名仓管员、1 名理货员、5 名库工设置作业人员，仓管员月薪 4 000 元，理货员月薪 3 500 元，库工按件计酬，单件货物装卸搬运费大家电 1 元、小家电 0.5 元。

(1) 仓管员、理货员月工资为 7 500 元；

(2) 库工工资可做如下测算。

根据表 3—1—1，大家电数量为 250 件（冰箱、洗衣机、电视机、空调），小家电数量为 240 件（微波炉、饮水机），上述货物占用仓储面积近似为 78 m^2，按 70%面积利用率计算，则实际存货面积为 350 m^2，350÷78≈4.5，推算得：

大家电存货数量＝4.5×250＝1 125 件

小家电存货数量＝4.5×240＝1 080 件

货物周转天数为 4.5 天，则月周转次数为 6.67 次

则每月库工搬运作业费＝（1 125×1×6.67＋1 080×0.5×6.67）×2＝22 211.1（元）

则工资总成本＝7 500＋22 211.1＝29 711.1（元）

节假日加班费用（略）

福利费按工资总额的 14%计算

则工资及福利费＝29 711.1×（1＋14%）＝33 871（元）

3. 水电费

按收费标准：水费 2.25 元/m^3（工业用水），排污费 0.34 元/m^3，估算每月用水量为 150 t，则：

每月水费＝（2.25＋0.34）×150＝389（元）

电费（略）

4. 设备维修费

叉车每月维护费用约 3 000 元。

外协费、保险费、管理费用、销售费用、财务费用、税费、其他（略）。

则月仓储总成本＝7 000＋3 3871＋389＋3 000＝44 260（元）。

技能训练

已知某物流公司要为某客户进行为期三天的货物存储，3 月份仓储费用基本资料如下：

仓库物流员 2 名，工资标准 2 700 元/月；仓库叉车操作员 1 名，月工资为 3 600 元；场地折旧费为 4.21 元/日（通过仓库建造投资额和使用年限测算）；叉车等设备折旧费 25.6 元/日（通过购入叉车投资额和使用年限测算）；仓库主管 1 名，月工资为 4 500 元。试计算：(1) 该仓库为客户提供存期三天的仓储服务的直接仓储成本；(2) 该仓库 3 月份仓储总成本。

思考与练习

1. 什么是仓储成本？物流企业仓储成本和企业物流仓储成本有什么区别？

2. 仓储成本按支出形式其具体的成本项目包括哪些？各成本项目的计算范围有什么要求？

3. 仓储成本管理的基本原则是什么？为什么？

4. 降低仓储成本的途径有哪些？试举例说明。

5. 结合财务会计知识的学习，思考进行仓储成本分析有哪些方法？

任务 3 仓储经济核算

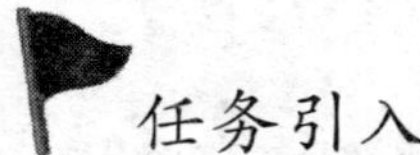

任务引入

接模块五任务 2，XK 家电商场采用租赁方式设置配送仓库，租赁 DY 公司物流仓库面积为 500 m^2，以模块五任务 1 仓库进货情况为例。设表 3—1—1 中数据为仓库平均每天的作业量。

1. 由任务 2 的成本分析计算可以得知，DY 公司物流仓库的货物周转天数为 4.5 天，则月周转次数为 6.67 次，以月份为仓储费用计算期间。

2. 仓储费用标准

(1) 仓储费用

仓库租金：35 元/（m^2·月）；管理费：1 元/（m^2·月）；

装卸费：单向装卸普通货物为 5 元/ m^3（或 t，即体积或重量按大者计，下同），双向装卸则乘 2；

库内转堆费：5 元/m^3；

入仓作业人员的管理费：15 元/（人·日）（不发生者不收取）；

散租：每立方米（或吨，即体积或重量按大者计）按 1.6 元/日计，7 天后按 1.8 元/天计，14 天后按 2 元/日计，以此类推；

水费：2.25 元/m^3（工业用水）；排污费：0.34 元/m^3；

电费：0.71 元/度（工业用电）。

(2) 加班费用

平时加班费（时间范围：除甲方正常工作时间周一到周五 8：30—17：30、周六

8：30—12：00外的其他时间）按仓储部装卸作业工资标准的1.5倍计算；

国家法定假日加班费（时间范围：元旦—1月1日，春节—初一到初三；劳动节—5月1—3日；国庆节—10月1—3日）按仓储部装卸作业工资标准的3倍计算；

仓储部装卸作业工资标准：45元/小时/工作组（仓储部装卸作业：仓管员1名，叉车司机1名，装卸工3名）。

（3）其他费用

根据上述情况，进行DY公司的仓储租赁经营的经济核算。

任务分析

仓储经济核算是对仓储经营成果进行的核算，仓储企业开展仓储经营活动，其经营成果表现为仓储经营收入和仓储经营利润。DY公司采用租赁方式开展仓储经营服务，其仓储经营收入主要表现为仓储设施租赁费收入和提供仓储作业服务收入，经营利润是指仓储经营收入扣除经营成本后的剩余。因此，仓储经济核算是在成本核算基础上进行的。

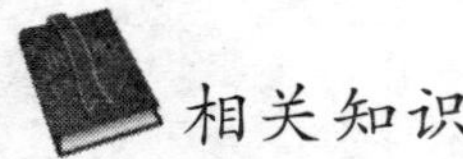

相关知识

一、仓储服务定价

1. 平均成本定价

仓储成本是仓储服务定价的依据，仓储成本需要在仓储企业收取的仓储费中得到补偿。平均成本定价就是以一定时期内每单位仓储物分摊仓储总成本为基础，加成一定的利润率确定的仓储费率。仓储总成本是指发生在仓储期间成本的总和。

仓储总成本由一定时期的固定资产折旧费、资本费用、能源消耗费、水电费、工资及福利费、管理费、仓储经营的耗损费、保险费、外协费、税费等构成。其中资本费用表现为所使用资本的利息，也包括自有资本的利息。

单位仓储成本可以采用下面公式计算：

单位仓储成本＝仓储总成本÷库存总量

式中：库存总量可以采取t·天来计算单位仓储日成本，据此确定的价格则为日价。也可采用t·月计算，得到月价。具体定价可依据货物存期长短确定。

2. 分级定价

分级定价是首先按照仓储活动规律及仓储服务类别进行基本划分，然后给不同级别进行定价，定价级别越少越便于操作。通过合理的分级，将仓储服务成本高的货物分为一类并适当提高定价，对服务成本低的货物适当采取低位定价，使价格更加合理。

通常定价分级的依据主要有货物仓储所需的条件、作业的难度、仓储物价值、存期长短。

由于货物种类繁多，价格分级应适当简化，可以采取五级制、十级制等，专业型大宗货仓库也可直接按货物种类定价。

3. 分类定价

针对不同的仓储物特性、不同的储存保管设施条件要求采取不同的定价，形成不同类别的仓储服务价格。仓储物可以按不同劳动投入来分类，也可以按不同价值来分类，仓储设施可按库房、料棚、堆场设施等分类。

4. 市场定价

企业根据市场供求关系、同行企业价格压力、企业在市场所处状况和企业自身发展的需要而采取的定价方法。

二、其他服务价格

仓储费除了以保管费方式计费外，还有因仓库提供其他劳务而发生的费用，有进出仓搬运费、装卸费、翻桩倒垛费、加工费、重型机械费等。一般采用单独定价和收费的方式进行。

三、服务价格单位

仓储费的价格以元/（t·日）为基本单位，起点为1 t·日，不足1 t·日的按1 t·日计算。计费吨分为重量吨和体积吨。1 重量吨为 1 000 kg，体积吨是指按体积折算的吨位，1 m^3 为1体积吨。货物计费时对重量吨和体积吨择大计费。即 1 000 kg 货物的体积小于 1 m^3 的，按重量吨计费；反之，1 000 kg 体积大于 1 m^3 的，按体积吨计费。

对于不可叠堆的货物，以占用的仓库面积计费。面积计费一般以仓库的地面负荷折算成吨位计费，也可以天·m^2 或月·m^2 为计费单位。

以仓位出租开展仓储经营的企业，租赁价格一般以月·m^2 或年·m^2 为计费单位。

四、仓储经济核算的内容

经济核算是以获得最佳经济效益为目标，运用会计核算、统计核算、业务核算等手段，对企业生产经营过程中活劳动和物资消耗以及取得的成果，用价值形式进行记录、计算、对比和分析，借以发掘增产节约的潜力和途径。

仓储企业的一切活动最终体现为经济活动，按照现代经济管理的理论，所有经济活动必然要求进行经济核算、成本计算、费用控制和经济效益业绩考核。仓储活动的经济核算是对仓储经营活动的物化劳动消耗与经营成果进行的核算，主要包括以下内容。

1. 仓储收入的核算

仓储收入是指企业在日常经营活动中形成的、会导致所有者权益增加的经济利益的总流入，一般包括提供劳务收入和让渡资产使用权所获取的仓储保管费、装卸搬运费、仓库租赁费、流通加工费等。

2. 仓储劳动消耗的核算

仓储活动中的消耗包括活劳动的消耗和物化劳动的消耗。活劳动消耗是指仓储作业人员在生产活动过程中所消耗的劳动量，主要表现为工资、奖金、福利等；物化劳动的消耗是指仓储作业活动中使用的燃料、材料、工具等的直接消耗和设备、库房、场地的占用以及管理费用支持等。

仓储劳动消耗核算以仓储成本核算为基础。

3. 资金的核算

企业为了保证生产经营活动的正常进行，就必须具备一定数量的货币资金，用于燃料、材料的采购，劳务的供应，资金的缴拨，工资的发放，费用的支付、税金利润上交等。加强货币资金的核算，对于管好用好资金、加速企业资金周转均具有十分重要的意义。

4. 利润的核算

利润是仓储企业收入扣除成本费用和税金以后的余额，它是仓储企业一定会计期间内生产经营活动获得的最终成果。

仓储企业经营的最终目标是利润的最大化。通过利润核算可以了解企业的盈利状况和市场竞争的优势，为此需要对一些利润指标进行考核与分析评价，例如仓储成本利润率、资金利润率、收入利润率等（见模块五任务 4）。

五、仓储经济核算的作用

1. 有利于提高现代仓储的经营管理水平

经济核算中的每一个指标均反映了现代仓储管理中的一个侧面，而一个完整有效的指标体系能反映管理水平的全貌。通过对比分析就能找到工作中存在的问题，用科学的方法制订和检验企业经营决策与计划，有利于提高管理水平。随着物流业的大发展，仓储行业的竞争也日趋激烈。要使所经营的仓储企业始终立于不败之地，优化管理、增强自身的竞争力、加强经济核算势在必行。

2. 有利于落实现代仓储的经济责任者

仓储经济核算通过科学的核算原则和方法把反映仓储经营活动各个方面的基本指标有机地组织起来，并客观全面地描述仓储业务的运行状况和经营成果。所以，经济核算的各项指标是实行现代仓储经济核算的依据，也是衡量各岗位工作质量的尺度。要推行现代仓储管理的经济责任制，实行按劳取酬，必须建立并完善经济核算制度。

3. 有利于加快仓储企业的现代化建设

经济核算会促进现代仓储企业优化劳动组织，改变人浮于事、机构臃肿的状况，从而提高劳动效率，降低活劳动的成本。经济核算又能促进企业改进技术设备和作业方法，对消耗高、效率低、质量差的设备，进行挖潜、革新、改造、更新，并有计划、有步骤地采用先进技术，提高仓储机械化、自动化水平，逐步实现现代化。

现代仓储企业作为独立核算的企业，经济效益的好坏已成为直接关系到其能否生存的大事。因此，加强经济核算，找出管理中存在的问题，降低成本，提高效益，应成为现代仓储企业的首要任务。

任务实施

一、仓储营业收入核算

1. 仓库租赁费及管理费

仓库租赁费按 35 元/m^2/月计算。

每月仓库租赁费＝（35＋1）×500＝18 000（元）。

2. 装卸搬运费

按模块三任务 1 中的某次作业量测算，见表 5—3—1。

冰箱货位面积为 5.1 m^2，洗衣机货位面积为 7.6 m^2，电视机货位面积为 16.1 m^2，空

表 5—3—1　　货物基本情况

货物名称	规格（cm）	重量（kg）	数量	总体积（m^3）	总重量（t）
冰箱	85×85×150	50	20	21.7	1
洗衣机	95×80×110	20	30	25.1	0.6
电视机	105×45×90	40	100	42.525	4
空调	100×85×180	52	100	153.0	5.2
微波炉	50×30×40	12	120	7.2	14.4
饮水机	60×30×40	16	120	8.6	19.2
合计	—	—	490	258.2	44.4

调货位面积为 42.5 m^2，则总占地面积为 71.3 m^2。

微波炉占用 2 个托盘货位，饮水机占用 3 个托盘货位，共 5 个托盘货位，共占用仓库地面投影面积 6 m^2（1.2 m^2×5）。

上述货物占用仓储面积近似为 78 m^2，货物总体积为 258.2 m^3，总重量 44.4 t。

假设，仓库租赁面积利用率按 70%计算，则实际存货面积为 350 m^2，推算得：

500 m^2 存货总体积 1 162 m^3（350÷78×258.2）；500 m^2 存货总重量为 199.8 t（350÷78×44.4），取整数位 200 t。

货物周转天数为 4.5 天，则月周转次数为 6.67 次

收费标准按装卸费（单向）普通货物 5 元/ m^3/t（体积或重量按大者计）（双向乘 2）计算。

则每月装卸费＝1 162×5×6.67×2＝77 505.4（元）

月仓储经营总收入＝18 000＋77 505.4＝95 505.4（元）。

二、仓储营业利润核算

物流企业的利润总额由营业利润、投资收益、补贴收入、营业外收支净额等组成。营业利润是指物流企业在从事经营性物流活动中获取的利润，是物流企业利润的主要来源。营业利润的计算公式为：

营业利润＝主营业务利润＋其他营业利润－营业费用－管理费用－财务费用

主营业务利润＝主营业务收入－主营业务成本－主营业务税金及附加。

1. 仓储营业成本核算

按模块五任务 2，DY 公司月仓储营业总成本为 44 260 元。(部分成本费用)

2. 税金及附加核算

仓储业主要缴纳营业税、城市维护建设税、教育费附加、其他税金及附加等。

仓储业收入应全额缴纳营业税。对国家发改委和国家税务总局联合确认纳入试点名单的物流企业及所属企业将承揽的仓储业务分给其他单位并由其统一收取价款的，应以该企业取得的全部收入减去付给其他仓储合作方的仓储费后的余额为营业额计算征收营业税。

（1）营业税

营业税为纳税人提供应税劳务向对方收取的全部价款和价外费用。税率为 5%。计算公式为：营业税＝营业额×税率。

按 DY 公司仓储经营收入计算：

营业税＝营业额×税率＝95 505.4×5％＝4 775（元）。

（2）城市维护建设税

城市维护建设税的计税依据是纳税人实际缴纳的营业税额，税率为 7％。计算公式为：应纳税额＝营业税税额×税率。

DY 公司应纳城市维护建设税＝4 775×7％＝334.25（元）。

（3）教育费附加

教育费附加按缴纳营业税的 3％缴纳。计算公式为：应缴教育费附加额＝应纳营业税税额×税率。

DY 公司应缴教育费附加额＝4 775×3％＝143.25（元）。

（4）其他税费（略）

此外，仓储企业应缴税费还包括土地使用税、房产税、车船使用税、印花税等。

上述税费合计为 5 252.5 元。

3. 经营利润的核算

如前所述，物流企业的利润总额由营业利润、投资收益、补贴收入、营业外收支净额等组成。企业净利润，则是指当前利润总额减去所得税后金额，即企业的税后利润。企业所得税是指企业将实现的利润总额按照所得税法规定的标准向国家缴纳的税金。企业实际发生的与取得收入有关的、合理的支出，包括成本、费用、税金、损失和其他支出，准予在计算应纳税所得额时扣除。

（1）利润总额（毛利润）

仓储经营利润＝仓储经营收入－仓储经营成本－税金＝95 505.4－44 260－5 252.5＝45 993（元）。

（2）净利润

税后净利润是扣除所得税后企业的盈利。纳税人每一纳税年度的收入总额减去准予扣除项目后的余额为应纳税所得额。企业所得税的税率为 25％。

计算公式为：应纳税所得额＝收入总额－准予扣除项目金额。

企业每一纳税年度的收入总额，减除不征税收入、免税收入、各项扣除以及允许弥补的以前年度亏损后的余额，为应纳税所得额。其中，企业所得税扣除主要项目包括：借款利息支出、工资和薪金支出、职工工会经费、职工福利费、职工教育经费、财产保险和运输保险费用、根据生产经营需要租入固定资产而支付的租赁费、坏账损失与坏账准备金等。

应纳所得税＝应纳税所得额×适用税率。

DY 公司应纳所得税＝45 993×25％＝11 498（元）。

仓储经营净利润＝仓储经营收入－仓储经营成本－税费＝95 505.4－44 260－5 252.5－11 498＝45 993×75％＝34 495（元）。

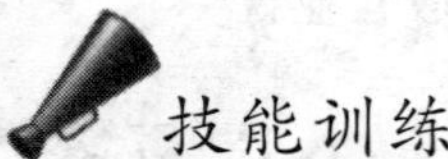

技能训练

继续模块五任务 2，3 中技能训练的有关经济核算。根据下面给出的补充资料，请对

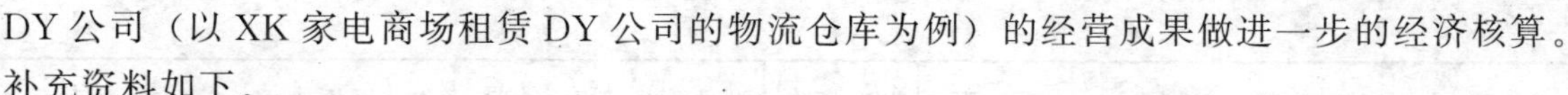

DY 公司（以 XK 家电商场租赁 DY 公司的物流仓库为例）的经营成果做进一步的经济核算。补充资料如下。

1. 仓库作业人员加班工资：450 元/人，仓储部装卸作业为 5 人/班组；
2. XK 商场入仓作业总工日为 20 工日，管理费按 15 元/（人・天）计收；
3. 本月用电量 1 500 度，电费：0.71 元/度（工业用电）；
4. 包装与装卸搬运生产使用的工具、材料消耗费 1 200 元/月；
5. 为组织和管理仓储生产经营所发生的应计提的管理费用为 7 000 元/月；
6. 企业使用投资资金所要承担的利息（计提部分）为 800 元/月；
7. 应计提的保险费为 500 元/月；
8. 当地政府按 12 元/（m^2・月）的标准向 DY 公司征收土地使用税。

思考与练习

1. 仓储服务定价的方法有哪些？
2. 仓储服务的价格单位有什么特点？
3. 仓储经济核算应主要核算哪些内容？
4. 仓储税费主要包括哪些税种？各主要税种计税的依据是什么？
5. 仓储经营利润主要受哪些因素影响？谈谈我国仓储企业赋税改革的方向。

任务 4　仓储绩效评价

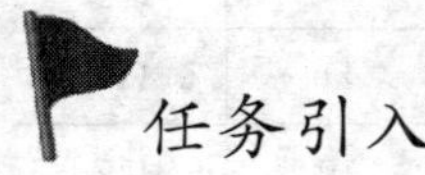

任务引入

DY 公司某仓库占地面积为 500 m^2，库内高 5.2 m，有效使用高度 4.5 m。劳动组织采用双班制/天（早班 8：00—17：00，晚班 12：00—21：00），每班安排 1 名仓管员、1 名理货员和 1 个装卸作业班组，人员配备为 5 人/班组。正常标准工作时间按 8 h/（天・班组）计算，超过时间部分按加班工时计算。4 月份的出入库业务统计资料见表 5—4—1。

表 5—4—1　　××仓库 4 月份业务量统计表

时间	入库数量（件）	出库数量（件）	期末库存量（件）	出入库作业重量（t）	出入库作业体积（m^3）	库存货占地面积（m^2）	作业平均耗时（h/笔）	出入库作业总笔数	劳动力消耗（工时）
3 月 31 日			1 800						
4 月 1 日	500	440	1 860	95	510	310	2.6	13	117
4 月 2 日	300	400	1 760	73	330	290	2	14	112
4 月 3 日	570	380	1 950	100	470	330	3	10	112

续表

时间	入库数量（件）	出库数量（件）	期末库存量（件）	出入库作业重量（t）	出入库作业体积（m^3）	库存货占地面积（m^2）	作业平均耗时（h/笔）	出入库作业总笔数	劳动力消耗（工时）
4月4日	400	400	1 950	76	320	340	2.5	12	122
4月5日	200	430	1 720	58	510	280	2.6	9	112
4月6日	550	460	1 810	82	620	310	2.6	15	117
4月7日	670	440	2 040	120	480	330	2.5	17	112
4月8日	150	440	1 750	61	310	250	2	11	112
4月9日	380	390	1 740	70	410	270	2.1	14	112
4月10日	490	360	1 870	75	390	340	2.8	12	122
4月11日	330	420	1 780	72	400	260	2.7	10	112
4月12日	470	460	1 790	91	560	290	3	13	112
4月13日	580	410	1 960	110	490	310	2.4	16	112
4月14日	650	400	2 210	99	520	350	2.9	15	117
4月15日	410	390	2 230	81	430	350	2.7	12	117
4月16日	300	410	2 120	73	350	330	2.4	13	112
4月17日	610	430	2 300	95	570	370	2.8	15	112
4月18日	130	370	2 060	48	280	320	2	10	112
4月19日	460	450	2 070	96	440	330	2.6	14	112
4月20日	580	440	2 210	98	560	350	2.6	16	122
4月21日	230	390	2 050	71	300	300	2.3	11	112
4月22日	180	450	1 780	66	350	270	2.6	10	117
4月23日	320	460	1 640	78	410	250	2.7	13	112
4月24日	610	420	1 830	105	529	310	2.2	18	112
4月25日	160	380	1 610	65	250	260	2	12	117
4月26日	470	400	1 680	93	500	280	2.5	14	112
4月27日	290	420	1 550	66	340	240	2.6	11	112
4月28日	520	450	1 620	91	510	300	2.8	15	117
4月29日	490	440	1 670	97	530	280	2.5	16	117
4月30日	560	480	1 750	105	590	300	2	19	122
合计	12 560	12 610	56 360	2 510	13 259	9 100	—	400	3 440

根据资料，通过仓储绩效指标计算对该仓库4月份的货物储存能力和仓库利用率进行绩效评价。

任务分析

服务与绩效是仓储企业管理的两大重要方面。作为服务类企业，服务质量关系到仓储企业的形象与声誉，是企业的生命；作为企业，服务不是无偿的，必须讲求经营业绩和经济效益，即绩效，这是企业的根本。从企业经营管理的角度讲，仓储服务质量是对外的，仓储绩效是对内的，两者相互关联、相互影响。仓储企业的最高境界就是要实现优质服务与高水平绩效之间的平衡。

DY公司采用租赁方式开展仓储经营服务，其服务质量和仓储绩效可以通过对相应绩效评价指标的分析来实现。货物储存能力和仓库利用率是仓储绩效指标体现不可或缺的组成部分。

相关知识

一、仓储绩效管理的基本原则

仓储绩效是仓储企业所取得的、可测量的社会、经济效益。仓储绩效评价是指在一定的经营期间内仓储企业利用指标对经营效益、经营业绩以及服务水平进行考核，以加强仓储管理工作，提高管理的业务和技术水平。

仓储绩效管理的基本原则体现在两个方面：一是充分利用现有资源，获得最佳收益；二是以目标为依据，尽可能节省资源并降低成本以获得最佳效益。这两个基本原则既是仓储企业绩效管理的指导思想，也是设置仓储绩效指标的根本依据。

二、仓储绩效指标体系的设计要求

仓储绩效指标是仓储管理成果的集中体现，也是衡量仓库管理水平高低的尺度。利用指标考核仓库经营的意义在于对内加强管理，降低仓储成本，对外接受货主定期服务评价。

企业绩效指标体系设计必须满足以下要求。

1. 科学性

仓储绩效指标体系要具有科学性和实用性。考核指标体系应能客观、真实地反映仓储管理水平，符合仓储经济活动的客观规律。指标设计的方法、内容应与仓储企业的现实情况相适应，能如实反映仓储企业实际的经营水平。

2. 准确性

要使考核评价结果具有准确性，与绩效相关的信息必须准确。在考核评价过程中，计量什么、如何计量，都必须十分清楚，才能做到量化值的准确。

3. 可理解

能够被用户理解的信息才是有价值的信息，难以理解的信息会导致各种各样的错误。所以确保信息的清晰度是设计仓储企业绩效指标体系的一个重要方面。

4. 目标一致性

有效的仓储企业绩效指标体系，各指标之间在计算口径、计算方法、计量单位等方面要保持一致，评价指标与发展战略目标要一致。

5. 可控性与激励性

绩效指标的评价必须保证考核指标与战略目标的相关性，否则，评价指标无法实施控制。另外，指标水平应具有一定的先进性、挑战性，这样才能激发工作潜能。

6. 适应性

良好的绩效评价体系，应对企业战略调整及内外部的变化非常敏感，并且体系自身能做出相应的调整，以适应变化的要求。但在一定时期内，评价指标体系应保持相对稳定。

三、仓储绩效指标体系

1. 仓储绩效指标的分类与分级

仓储绩效指标是仓储企业实际生产过程中所产生的，也是相互关联的，所以称为绩效指标体系。绩效指标体系必须体现绩效管理的基本原则，必须全面反映仓储管理的主要内容，同时还要有绩效考核的方法。

（1）仓储绩效指标分类

根据仓储型物流企业的资本构成与业务模式，仓储绩效指标包括人力资源、仓库、机械、服务与财务五大类，每个大类对应若干具体指标。每类指标之间既相对独立，又相互关联、相互影响，见表5—4—2。

表5—4—2 仓储绩效指标分类

类型	指标
人力资源	人均日分拣量、人均日加工量、人均小时订单录入量、人均吞吐量、人均仓储收入
仓库	仓库面积（容积、货位）利用率、库存周转次数、单位面积能耗、单位面积产值
机械	机械化作业率
服务	加工包装率、配送率
财务	收入利润率、净资产收益率、利润增长率

（2）仓储绩效指标分级

根据上述各项仓储绩效指标的属性和相互关系，可以将仓储绩效指标分为三级指标。详见表5—4—3。

表5—4—3 仓储绩效指标分级

级别及名称	具体指标
一级：财务绩效	收入利润率、净资产收益率、人均仓储收入、单位面积产值、利润增长率
二级：管理绩效	仓库面积（容积、货位）利用率、库存周转次数、机械化作业率、加工包装率、配送率、单位面积能耗
三级：作业绩效	人均日分拣量、人均日加工量、人均小时订单录入量、人均吞吐量

1）仓储财务绩效指标。仓储财务绩效指标反映的是企业总体绩效水平，主要以企业财务报表为依据进行考核。它是任何企业都应该追求的根本性绩效，也是仓储绩效管理追求的最终目标。

2）仓储管理绩效指标。仓储管理绩效指标反映的是仓储企业管理、调度和利用各类资源的具体水平。企业对各类资源的经营管理水平直接影响企业的财务绩效，管理绩效越高，财务绩效越好。反之，财务绩效好，管理绩效也不会差。

3）仓储作业绩效指标。仓储作业绩效主要是针对仓储作业及一线员工设立的绩效指标，作业绩效指标一定程度上决定了管理绩效指标，企业管理绩效反映了员工作业绩效。

以上三个级别的绩效指标相互关联、相互影响。

2. 仓储绩效具体指标

（1）收入利润率

收入利润率是指仓储型物流企业的利润与收入的比率。用以反映企业收入与利润之间的关系。其计算公式为：

$$收入利润率=\frac{年利润总额}{年仓储总收入}\times 100\%$$

式中，仓储总收入包含仓库租金以及出入库、装卸、搬运、加工包装、质押监管、配送、信息咨询等与仓储相关的所有服务性收入，但不含仓储企业兼营的商品贸易收入及与仓储货物没有连带关系的运输收入。利润总额的口径与总收入的口径相同。

（2）净资产收益率

净资产收益率是指净利润与平均所有者权益（净资产）的百分比，是公司税后利润除以净资产得到的百分比，用以衡量公司运用自有资本的效率。它反映的净利润与净资产之间的关系，计算公式为：

$$净资产收益率=\frac{净利润}{平均所有者权益}\times 100\%$$

（3）人均仓储收入

人均仓储收入是指企业全体员工年人均仓储收入，反映的是仓储收入与员工人数之间的关系。其计算公式为：

$$人均仓储收入（人均产值）=\frac{年仓储收入}{年仓储从业人员平均人数}$$

（4）单位面积产值

单位面积产值是指单位仓储面积的年总收入。该指标是为了引导仓储企业开拓各项仓储增值服务。其计算公式为：

$$单位面积产值=\frac{年仓储总收入}{仓储总面积}$$

式中，仓储总面积是指建筑面积，以万平方米为单位。

（5）利润增长率

利润增长率是指利润增长额与上年利润总额之比，用以衡量利润增长速度。其计算公式为：

$$利润增长率=\frac{当年利润总额-上年利润总额}{上年利润总额}\times 100\%$$

（6）仓库面积（容积、货位）利用率

仓库及其货位是仓储企业最基本的资源，其利用率越高，企业收入越高。仓库面积（容积、货位）利用率是指实际使用仓储面积（容积、货位）占仓储总面积（容积、货位）的比例。其计算公式为：

$$\text{仓储面积（容积、货位）利用率}=\frac{\text{实际使用的面积（容积、货位）}}{\text{仓储可使用的总面积（容积、货位）}}\times 100\%$$

仓库面积（容积、货位）利用率反映的是企业市场开拓能力与调度管理水平。

（7）库存周转次数

库存周转次数是指年发货总量与年平均储存量的比值。库存周转次数越高，表明仓储企业的效率与效益越高，也表明货主企业的资金周转越快、资金使用成本越低。其计算公式为：

$$\text{库存周转次数}=\frac{\text{年总发货量}}{\text{年平均储存量}}$$

现代仓储不是货物静态的储存，而是要快速流通、加快周转。对公共仓储企业而言，货物周转越快、仓储收入越多；对生产与流通企业而言，货物周转越快、资金占用成本越少。库存周转速度反映了货物的畅销程度，也反映了仓储企业的客户结构与管理水平。

（8）机械化作业率

机械化作业率是指使用机械作业总量占货物吞吐总量的比例。计算公式为：

$$\text{机械化作业率}=\frac{\text{使用机械作业总量}}{\text{货物吞吐总量}}\times 100\%$$

该指标反映的是企业机械化程度。一般情况下，机械化程度越高，人力成本越低，作业速度越快。

（9）加工包装率

加工包装率是指年加工包装总量占年储存总量的比例。其计算公式为：

$$\text{加工包装率}=\frac{\text{年加工包装总量}}{\text{年储存总量}}\times 100\%$$

（10）配送率

商品配送是仓储企业的重要增值服务项目，是仓储企业重要的收入来源。储存的货物要么由货主自取，要么由仓储企业统一组织配送。配送既可以为货主节省成本（配送的规模经济效益），也能为仓储企业增加收入。

配送率是指仓储型物流企业年配送总量占年出库总量的比例。计算公式为：

$$\text{配送率}=\frac{\text{年配送总量}}{\text{年出库总量}}\times 100\%$$

（11）单位面积能耗

单位面积能耗是指单位面积年消耗的能源量（水、电、油）。其计算公式为：

$$\text{单位面积能耗（水、电、油）}=\frac{\text{年能耗总量（水、电、油）}}{\text{仓储总面积（万平方米）}}$$

仓库的正常作业是有相应成本付出的，叉车用油、用电，仓库用电、用水等的能耗就是成本。单位面积能耗的高低反映了仓储企业的成本控制能力，同时也影响企业的收入利润率和顺应全社会节能减排的趋势。

（12）人均日分拣量

人均日分拣量是指仓储型物流企业人均日分拣总量，即叉车拣货量、人工整件拣货量、人工拆零拣货量。可以 t、m^3、托盘为计算单位。

1）每台叉车日均拣货量的计算公式为：

$$每台叉车日均拣货量=\frac{年叉车拣货总量（t、m^3、托盘）}{叉车台数\times 年工作日}$$

2）人均日整件拣货量的计算公式为：

$$人均日整件拣货量=\frac{年人工整件拣货总量（t、m^3、托盘）}{作业人员总人数\times 年工作日}$$

3）人均日拆零拣货量的计算公式为：

$$人均日拆零拣货量=\frac{年人工拆零拣货总量（t、m^3、托盘）}{作业人员总人数\times 年工作日}$$

（13）人均日加工量

人均日加工量是指仓储型物流企业人均日加工包装量。其计算公式为：

$$人均日加工量=\frac{年人工加工总量}{作业人员总人数\times 年工作日}$$

人均日加工量体现了仓储企业一线员工的加工速度，也是仓储企业对包装加工的调度组织能力的体现。

（14）人均小时订单录入量

$$人均小时订单录入量=\frac{年订单录入总量}{作业人员总人数\times 年总工作小时数}$$

现代仓储企业使用仓储管理系统提高了整体作业效率和准确性，订单的及时录入影响仓储作业效率。在单位时间内的订单录入量是对系统操作人员工作效率的考核。

（15）人均吞吐量

人均吞吐量是指仓储从业人员年平均吞吐量。其计算公式为：

$$人均吞吐量=\frac{货物吞吐总量}{年仓储从业人员平均人数}$$

人均吞吐量指标与货物周转率相关联，周转次数越多，仓库吞吐量越大；在吞吐量保持不变的情况下，员工越少，人均吞吐量就越大。

3. 仓储绩效的考核

根据仓储绩效考核的主体与效力，分为企业内部考核和社会外部考核。

（1）企业内部考核

为保证仓储绩效管理的有效性和持续性，企业应设立专门的部门或岗位进行企业内部的绩效考核。具体做法是，企业根据上述各项绩效指标，结合本企业的业务情况及岗位设置进行自我考核，与本企业的历史比较，与行业标杆比较，有针对性地采取改进措施，不断提高企业各个方面与各个层次的绩效水平。

（2）社会外部考核

由企业向行业组织或相关中介组织提出申请，行业组织或中介机构通过上述各项绩效指标考核和行业组织树立的业绩标杆，对仓储企业的财务、管理与作业绩效进行外部客观评价，以促进全行业绩效的提高。

四、仓储服务质量评价指标

仓储服务质量评价指标主要是用于衡量和考核仓储作业工作质量。《仓储服务质量要求》

（GB/T 21071—2007）规定了仓储服务的评价指标体系的内容。

1. 出库差错率

出库差错率应≤0.1%。

出库差错率是指考核期内发货累计差错件数占发货总件数的比例。它是反映货物收发的准确程度的评价指标。计算公式为：

$$出库差错率=\frac{累计差错件数}{发货总件数}\times 100\%$$

2. 责任货损率

责任货损率应≤0.05%。

责任货损率是指考核期内，由于作业不善造成的货物霉变、残损、丢失、短少等损失的件数占库存总件数的比例。计算公式为：

$$责任货损率=\frac{期内货损件数}{同期库存总件数}\times 100\%$$

3. 账货相符率

账货相符率应≥99.5%。

账货相符率是指经盘点，库存物品账货相符的笔数与储存物品总笔数的比率。计算公式为：

$$账货相符率=\frac{库存物品账货相符笔数}{储存物品总笔数}\times 100\%$$

注：同一品种、规格（批次）为一笔。

4. 订单按时完成率

订单按时完成率应≥95%。

订单按时完成率是指考核期内按时完成客户订单数占订单总数的比例。计算公式为：

$$订单按时完成率=\frac{按时完成的订单数}{订单总数}\times 100\%$$

5. 单证与信息传递准确率

单证与信息传递准确率应≥99.5%。

单证与信息传递准确率是指考核期内向客户传递单据和信息的准确次数占传递总次数的比例。计算公式为：

$$单证与信息传递准确率=\frac{传递准确次数}{传递总次数}\times 100\%$$

6. 数据与信息传输准时率

数据与信息传输准时率应≥99%。

数据与信息传输准时率是指考核期内按时向客户传输数据和信息的次数占传输总次数的比例。计算公式为：

$$数据与信息传输准时率=\frac{按时传输次数}{传输总次数}\times 100\%$$

7. 有效投诉率

有效投诉率应≤0.8%。

有效投诉率是指考核期内客户有效投诉涉及订单数占总订单数的比例。计算公式为：

$$有效投拆率=\frac{有效投诉涉及订单数}{订单总数}\times 100\%$$

绩效和服务质量都可以采用考核指标来衡量和评价，但绩效和服务质量性质也有不同。服务质量可以提出各种指标的最低定量值，达到这个定量值，就说明得到了社会和客户的认可。但绩效不一样，绩效的高低幅度很多，绩效可以更好，但没有一个可以接受的最低值，也没有一个可以满足的最高值。

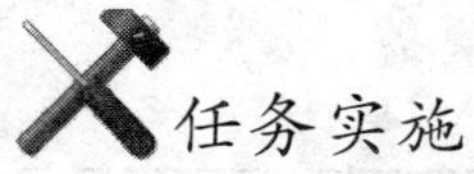

任务实施

利用表5—4—1数据，计算该仓库4月份的衡量仓储绩效的仓库利用率、库存周转次数和人均吞吐量指标。本月有关业务统计数据分析见表5—4—4。

表5—4—4　××仓库4月份业务统计分析表

序号	指标	计算过程	指标数值
1	入库总量	∑每日入库数量	12 560件
2	平均日入库量	入库总量/30	418.67件/日
3	出库总量	∑每日出库数量	12 610件
4	平均日出库量	出库总量/30	420.33件/日
5	月吞吐量	∑（每日出库量＋每日入库量）	25 170件
6	日均吞吐量（件数）	（∑日出入库件数）/30	839件/日
7	日均吞吐量（重量）	（∑日出入库货物重量）/30	83.67 t/日
8	日均吞吐量（体积）	（∑日出入库货物体积）/30	441.97 m^3
9	日均库存货物数量	（∑每日期末库存数）/30	1 878.67件/日
10	日均库存占地面积	（∑日库存占地面积）/30	303.33 m^2/日
11	仓库面积利用率	日均库存占地面积/租赁面积	60.67%
12	库存周转次数	全月发货总量/日均库存数量	6.71次/月
13	人均日分拣量	月发货数量/（劳动人数×工作日）	30件/（人·日）
14	仓库人均月吞吐量	仓库月吞吐量/劳动人数	1 798件/人

1. 仓库面积利用率

仓库面积利用率＝平均每天实际使用面积÷仓库每天可使用总面积×100%＝（9 100÷30）/500＝60.67%。

2. 库存周转次数

库存周转次数＝全月总发货量÷日平均库存量＝12 610÷（56 360÷30）＝6.71次/月。

3. 人均日分拣量

人均日整件拣货量＝全月出库数量÷（作业人员总数×月工作日）＝12 560件÷（20人×30工作日）＝20.93件/人/日。

4. 仓库人均月吞吐量

人均月吞吐量＝仓库全月货物吞吐总量÷月仓储从业人员平均人数＝（12 560＋12 610）÷20＝1 258.5 件/人。

技能训练

依据表 5—4—1 和表 5—4—5 中有关资料信息，对 DY 公司的“XK 家电”客户租赁的 500 m^2 仓库做 4 月份的仓储财务绩效评价。

表 5—4—5　　××库 4 月份资金运用情况表

序号	项目名称	指标含义	实际值
1	仓库资金收入	租赁面积×月租金标准＝500 m^2×35 元/m^2	17 500 元
2	物业管理费	租赁面积×收费标准＝500 m^2×1 元/m^2	500 元
3	入仓作业管理费	向客户入仓作业人员收取管理费［15 元/（人·日）］	300 元
4	装卸费	收费标准：单向装卸 5 元/m^3（或 t）；双向装卸则乘 2	66 295 元
5	加班费	收费标准：平时加班按工资标准的 1.5 倍计算；法定假日加班按工资标准的 2 倍计算。［仓储部装卸作业工资标准：45 元/（工作组·h）］	3 240 元
6	水费	水费：2.25 元/m^3；排污费：0.34 元/m^3	390 元
7	电费	0.71 元/度（工业用电）	710 元
8	仓库折旧费	采用直线折旧法计算年折旧费，按月计提	6 000 元
9	设备折旧费	采用直线折旧法计算年折旧费，按月计提	1 000 元
10	外购材料消耗	仓储作业直接消耗的燃料、材料、工具等	500 元
11	人工费用	仓管员、理货员、库工的工资（含加班费）及福利费（4 000×2＋3 500×2＋222 211.1）×1.14％	42 420.65 元
12	设备维护费	叉车每月维护运行使用费用	3 000 元
13	管理费用	每月按公司规定的计提标准计提	5 200 元
14	劳动人数	仓管，理货，装卸工人	14 人
15	仓库面积	租用面积	500 m^2

思考与练习

1. 仓储绩效管理的基本原则是什么？
2. 仓储绩效指标体系的设计要求有哪些？
3. 仓储绩效指标分为哪几类？
4. 仓储绩效指标分为哪几级？各级指标之间的关系如何？
5. 仓储绩效包括哪些评价指标？
6. 如何对仓储服务质量进行评价？
7. 物流企业绩效管理的目标是什么？

模块六

WMS 系统应用

任务1　WMS 系统的认识与安装

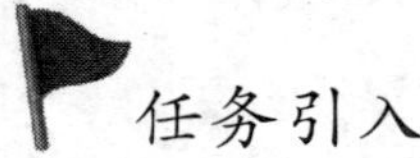

任务引入

目前，越来越多的仓储企业采用仓储管理信息系统完成业务操作的控制和管理，从而提高了仓库作业人员的工作效率，也大大提高了入货、出库和在库管理的信息处理速度和质量。仓库管理的全面自动化，可以减少入库管理、出库管理及库存管理中的漏洞，降低成本，提高企业的经营效果。仓储企业应用的仓储管理系统种类较多，本任务要求能够了解仓储管理系统的相关内容，并完成一款仓储管理系统的安装。

相关知识

一、WMS 简介

WMS 是仓库管理系统（Warehouse Manage ment Syste m）的缩写，它通过入库业务、出库业务、仓库调拨、库存调拨、虚仓管理等功能，综合批次管理、物料对应、库存盘点、质检管理、即时库存管理等功能综合运用，能有效控制并跟踪仓库业务全过程，实现完善的仓储作业信息管理。WMS 与企业其他系统的单据和凭证等结合使用，可为仓储企业管理提供更为完整、全面的业务流程和财务管理信息。

由计算机控制的仓库管理系统，其目的是独立实现仓储管理的各种功能，如订单处理、收货、合理存货、分拣、配送控制等。WMS 的核心是实现仓储作业的优化和有效管理，同时可延伸到运输配送计划、与上下游供应商客户的信息交互等方面，从而有效地提高仓储企业的业务执行效率，降低执行成本，提高执行的质量，提升客户的满意度，进而打造企业的核心竞争力。

二、WMS 的功能

WMS 一般应能实现系统定义、基本信息管理、订单处理、库存控制、收发货管理、移库管理、盘点管理、信息查询、报表打印、后台服务等功能。

在 WMS 应用时，首先要对系统进行初始库存管理（初始信息采集）。当采购收货后库存自动增加，当销售出库的时候系统库存自动减少，而平价调拨则不影响整个库存的变化。因此库存只能通过入库或者出库更改，否则无法改变，管理员可以随时查询特定型号的库存。

1. 系统功能设定

自定义整个系统的管理规则，包括管理员及其操作口令的功能。

2. 基本资料维护

对每批货品生成唯一的基本条码序列号标签，用户可以根据自己的需要定义序列号。每种型号的产品都有固定的编码规则，在数据库中可以对产品进行添加、删除、编辑等操作。

3. 订单管理

当需要采购的时候，可以填写采购订单，此时并不影响库存；当采购订单被批准并完成采购后到货的时候，首先给货物贴上条形码序列号标签，然后在采购收货单上扫描此条形码，保存之后，库存自动增加。其他入库，如借出货物归还、退货等只需要填写采购收货单。

4. 仓库管理

入库：采购入库或者其他入库，可以自动生成入库单号，可以区分正常入库、退货入库等不同的入库方式。

出库：销售出库或者其他出库，可以自动生成出库单号，可以区分正常出库、赠品出库等不同的出库方式。

库存管理：当入库或出库时，系统自动生成每类产品的库存数量，查询方便。

特殊品库：当客户需要区分产品时，可以建立虚拟的仓库管理需要区分的产品，各功能和正常品库一致。

调拨管理：针对不同的库间调拨，可以自动生成调拨单号，支持货品在不同的仓库中任意调拨。

盘点管理：用户可随时盘点仓库，自动生成盘点单据，使盘点工作方便快捷。

库存报警：当库存数量不满足一定量的时候，系统报警。

5. 销售管理

当销售出库的时候，首先填写销售出库单，此时不影响库存。将销售出库产品序列号扫描至该出库单上，保存之后，库存报表自动减少该类产品。

6. 报表生成

月末、季末以及年末销售报表、采购报表、盘点报表的自动生成功能，用户自定义需要统计的报表。

7. 查询功能

可以完成采购单查询、销售单查询、单个产品查询、库存查询等（用户定义）。查询都是按照某个条件，如条形码序列号、出库日期、出库客户等来查询的。

三、WMS 的支持技术

WMS 系统集成了条码技术、无线射频技术、电子标签技术、Web 技术、计算机应用技

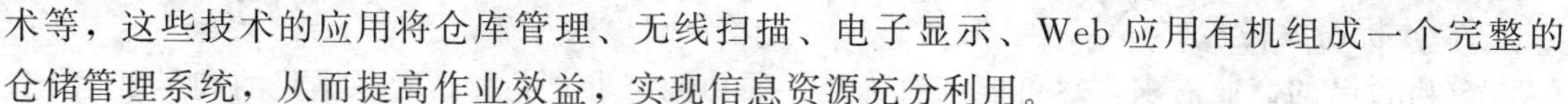

术等，这些技术的应用将仓库管理、无线扫描、电子显示、Web 应用有机组成一个完整的仓储管理系统，从而提高作业效益，实现信息资源充分利用。

1. 条码技术

使用条码管理系统对仓储各环节实施全过程控制管理，可对货物进行货位、批次、保质期、配送等实现条形码标签序列号管理，对整个收货、发货、补货、集货、送货等各个环节实现规范化作业，还可以根据客户的需求制作多种合理的统计报表。条码技术跨越了手工书写票据和送到机房输入的步骤，解决了库房信息滞后的弊病，实现了货品储存的自动跟踪。条码技术与信息技术的结合帮助企业合理有效地利用仓库空间，以快速、准确、低成本的方式为客户提供最好的服务。

2. 无线射频技术

无线射频技术（简称 RF），RF 无线射频识别是一种非接触式的自动识别技术，它通过射频信号自动识别目标对象并获取相关数据。识别工作无须人工干预，各种恶劣环境都可以工作。完善的 WMS 是离不开 RF 系统支持的，RF 通信系统使得 WMS 实时数据处理成为可能，从而大大简化了传统的工作流程。实践证明，以 RF 技术为基础的 WMS，无论是在确保企业实时采集动态数据方面，还是在提高企业效率与投资回报率方面都具有很大的优势。

3. 电子标签技术

电子标签是一种通过无线电波读取卡内信息的新型科技 IC 卡，它成功地解决了无源和免接触这一难题。在实际应用中，电子标签附着在待识别物体的表面。阅读器可以无接触地读取并识别电子标签中保存的电子数据，从而达到自动识别的目的。通常阅读器和计算机相连，所读取的标签信息被传送到计算机上进行下一步处理。

4. 数据接口技术

WMS 能否与企业的资源管理系统 ERP 等系统实现无缝连接，这成为评价其功能的重要因素，也是企业在实施供应链管理和物流一体化管理的重要基础。若无此基础，企业是不能有效实施快速响应战略 QR 或有效客户响应 ECR 战略的。而这个基础是通过数据接口技术来实现的。

5. 语音拣选技术

当语音拣选代替了传统的纸质拣选单，或从无线终端拣选过渡到语音技术时，实现了实时、准确、交互、及时确认等功能，提升了拣选效率，可极大地降低差错率。

四、选择 WMS 的一般要求

选择仓储管理系统（WMS）不仅仅是同一系列 WMS 软件开发商面谈，然后挑一个比较新的甚至昂贵的产品，选择 WMS 之前必须明确自己的目标和业务特征，从而确定自己的特定需求。主要应考虑以下几方面的问题。

1. 重视实际操作经验

那些有实际仓储管理经验的 WMS 开发商值得重视，许多仓储承包商精通业务，还开发过很不错的 WMS 产品。他们的经验对其产品功能设计往往是极其关键的。这样开发出的软件非常实用，且易为仓库操作人员接受。

2. 分析商业需求

分析自己的商业需求，尽可能细致陈列各项功能需求，尤其是必须满足的和属于竞争优势的需求。这些需求将同 WMS 产品所提供的功能进行比较以寻求最大一致性。

3. 系统接口能力

必须保证 WMS 产品能与其他企业管理系统互相兼容并能通信。

4. 控制系统改进成本

所选择的 WMS 供应商应当有合理的系统修改费率，并能在建立合作关系前根据客户商业需求提供合理的成本预算。

5. 技术支持

要求 WMS 供应商能在实施过程中提供技术支持。在做最终选择之前，要求 WMS 供应商提供详细的实施方案，包括安装时间表和资源支持保证。

6. 客户服务能力

仔细观察和试用 WMS 供应商的客户服务。优秀的 WMS 供应商应当有非常负责的客户服务部门以及充足的服务资源，并严格按照合同规定费率提供服务。他们应能有效组织用户培训、问题分析诊断、系统升级支持等。他们还应该有灵活的工作时间以满足客户的不同要求。

7. 架构简洁、界面友好

复杂的 WMS 系统未必就物超所值或最适合自己，应当选择最能实现自己特定业务需求的 WMS 系统。复杂系统常常导致过长的培训周期和低回报。

将选择集中在提供图形用户界面并完全实现点击操作的 WMS 系统。这样设计的 WMS 系统有助于提高操作效率和满意程度。

8. 系统升级

首先应当确认所选 WMS 系统可扩展，以便能容纳将来的销售增长和兼并增长；其次保证系统能适用于下一代技术，如语音识别、无线射频识别等。在这一点上，应当考察 WMS 系统开发商是否积极投资对系统功能不断进行改进。

9. 数据获得方便

所选 WMS 系统要能方便获得数据。例如，查询库存操作简单迅捷，服务成本模型一目了然，绩效报告清晰全面等。

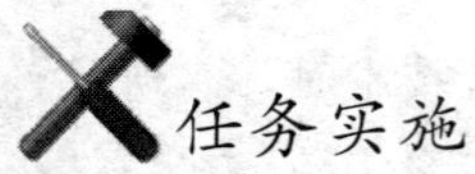

任务实施

本任务以“Free 仓储管理系统”为例讲解介绍安装操作过程。该系统要求必须安装有 Microsoft Excel 软件。软件下载地址：http：//www. haohaosoft. com/free/

安装过程中首先选择版本，安装程序会自动根据要求完成软件安装，单机版安装完成后即可使用，网络版客户端安装完成后从开始菜单中运行“设置”工具，设置好数据源、开启防火墙例外（Windows XP）后即可使用。

1. 鼠标双击安装程序包 **Free5setup**，来到欢迎界面，如图 6—1—1 所示。

2. 按“下一步”继续安装过程。来到协议界面，选择“我同意该许可协议的条款”，按“下一步”继续，如图 6—1—2 所示。

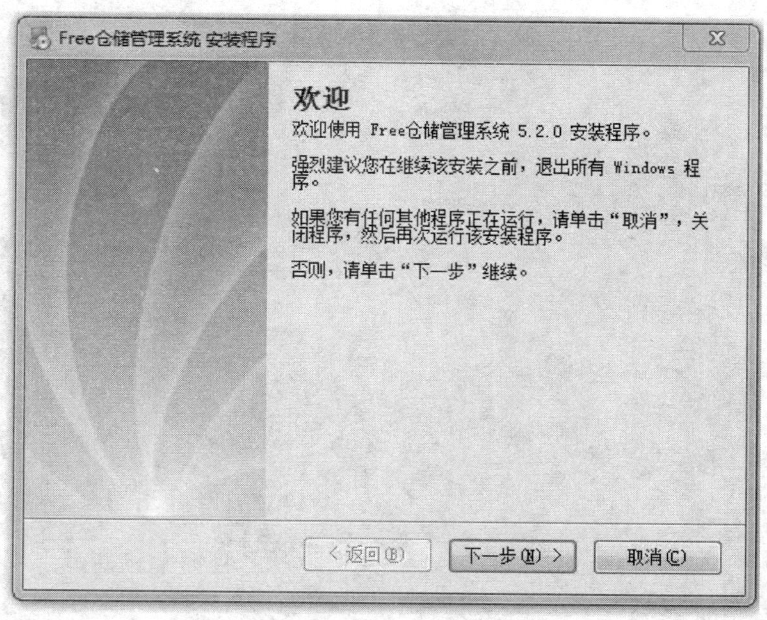

图 6—1—1　欢迎界面

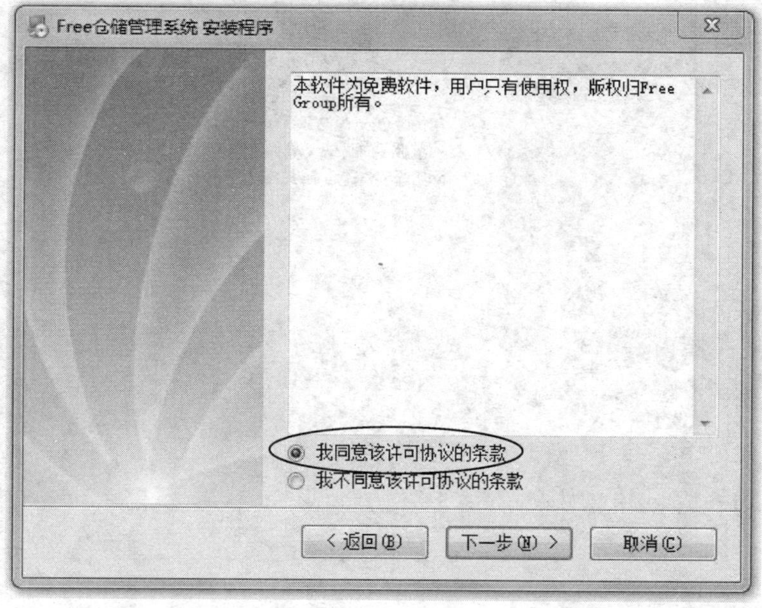

图 6—1—2　协议界面

3. 按“下一步”继续安装过程，如图 6—1—3 所示。

4. 选择安装类型后，按“下一步”继续安装过程，如图 6—1—4 所示。来到安装路径选择界面，推荐选择默认路径，如图 6—1—5 所示。

提示选择快捷方式文件夹，默认即可，按“下一步”继续，如图 6—1—6 所示。

5. 点击下一步，开始安装过程，直到安装完成为止，如图 6—1—7 所示。

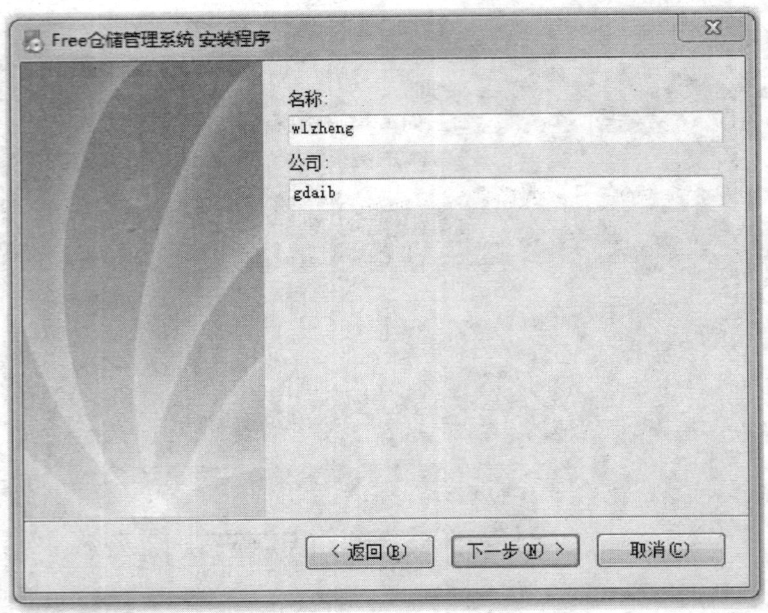

图 6—1—3　名称和公司

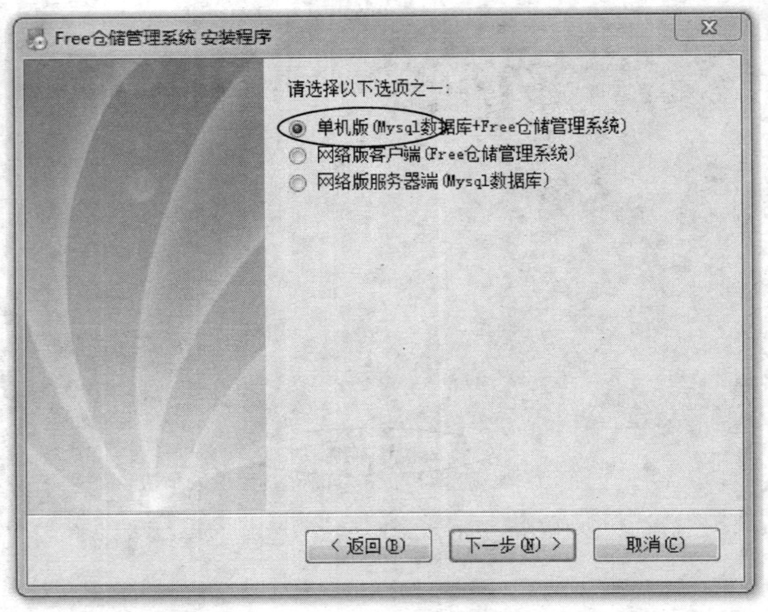

图 6—1—4　选择版本

如果安装的是单机版，安装完成后即可以登录软件。如果提示“请检查数据库是否已经正常启动，或数据源是否正常，或网络是否连通!”，请重新启动操作系统再试。如果安装的是服务器端，请配置好网络和开启防火墙例外，然后重新启动操作系统。

如果安装的是客户端或网络版服务器端，从开始菜单→程序→Free 仓储管理系统→设

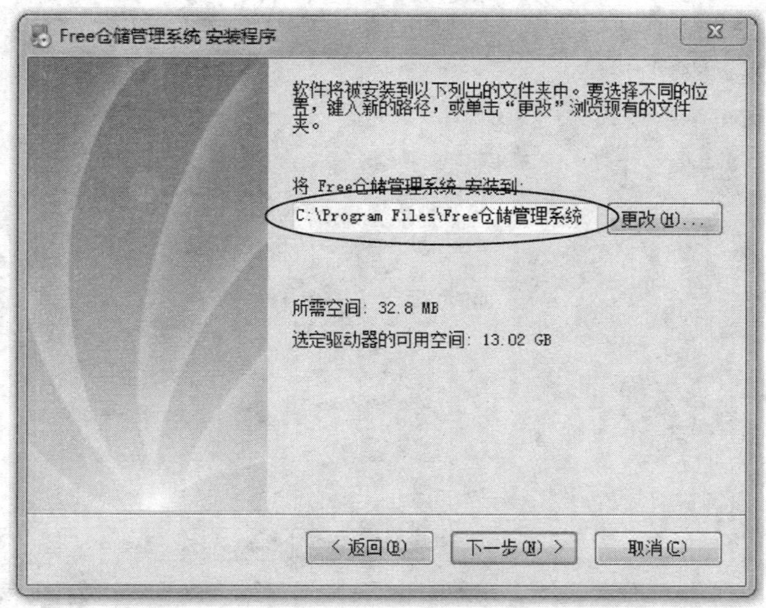

图 6—1—5　设置安装路径

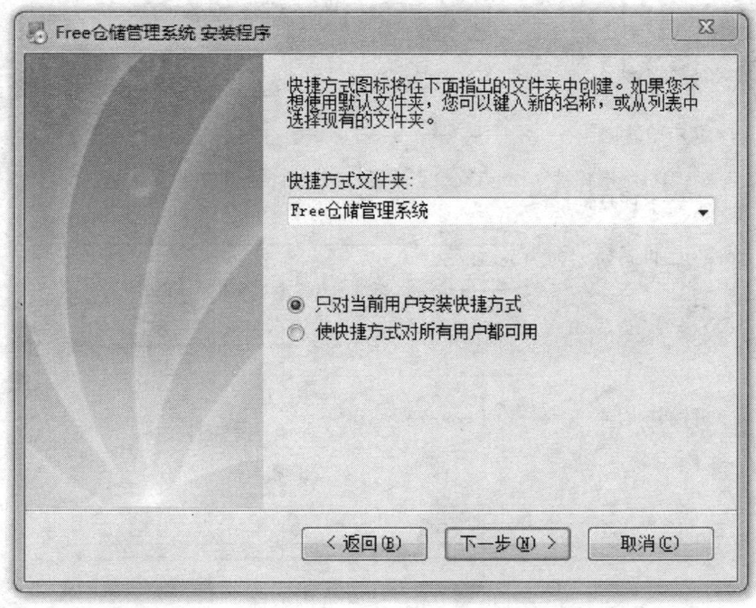

图 6—1—6　选择快捷方式文件夹

置，打开如下窗口（见图 6—1—8），在主机名称里填写服务器 IP 地址，然后按“设置”即可完成客户端数据源设置。客户端点击“客户机”按钮即完成客户机防火墙例外开启；网络版服务器端点击“服务器”按钮即完成 MySQL 数据库对网络客户端开放访问，到此软件安装即已完成。

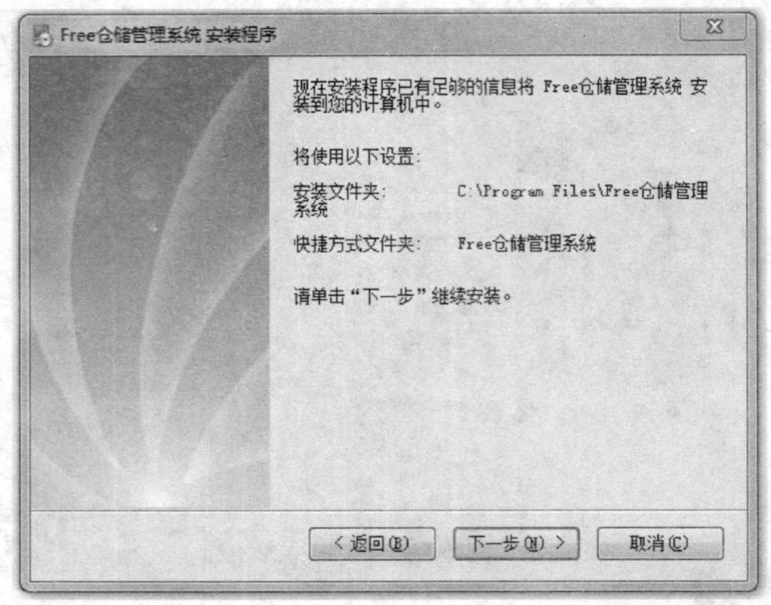

图 6—1—7 完成安装设置

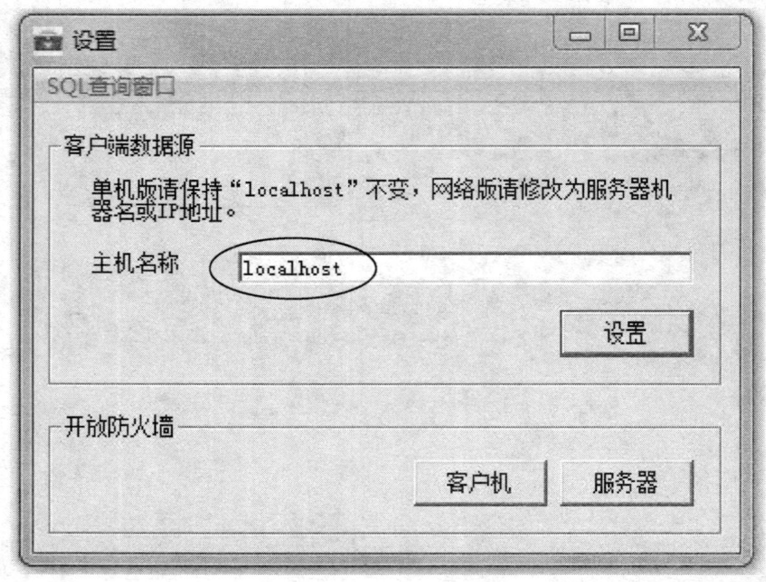

图 6—1—8 设置主机名称

当碰到“请检查数据库是否已经正常启动，或数据源是否正常，或网络是否连通!”的错误时，检查数据库是否正常的方法如下。

步骤 1. 检查数据库程序是否已经安装好（如果是网络版，请在服务器上进行该步骤）

打开控制面板→管理工具→服务

看里面是否有一个名称为 MySQL 的服务。如果有说明 MySQL 数据库已经成功安装，

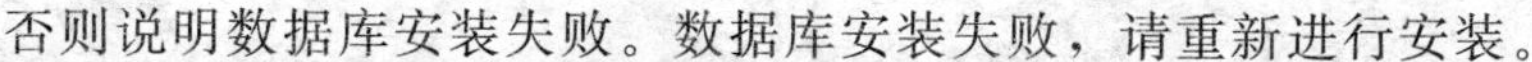

否则说明数据库安装失败。数据库安装失败，请重新进行安装。

步骤 2. 检查数据库是否已经成功启动（如果是网络版，请在服务器上进行该步骤）

打开控制面板→管理工具→服务

查看名称为 MySQL 的服务当前状态是否为“启动”，如图 6—1—9 所示。

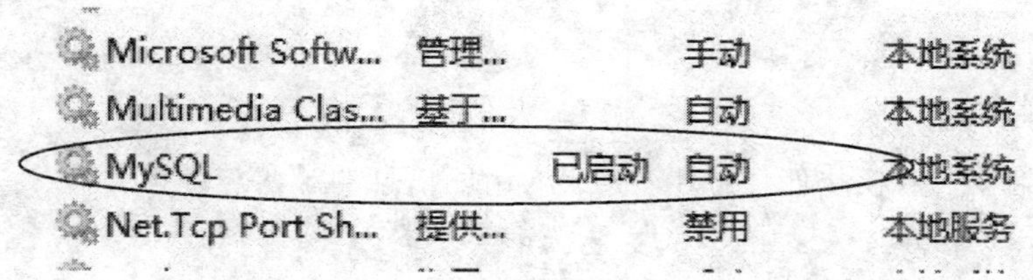

图 6—1—9　设置 MySQL

或者：开始菜单→运行，在输入框中输入“cmd”打开命令行提示符窗口。输入：net stop mysql。

提示：The MySQL service is stopping...

The MySQL service was stopped successfully.

如上说明数据库已经成功启动，否则说明数据库未启动。

启动数据库命令：net start mysql（命令提示符窗口）

步骤 3. 检查数据源是否安装好。控制面板→管理工具→数据源，是否有一个名为 erp 的数据源，数据源的参数是否正确。或者重新设置数据源。

步骤 4. 如果安装的是网络版，检查网络是否畅通，服务器、客户端防火墙（建议关闭防火墙或按上面安装步骤第 2 步开启服务器端和客户端防火墙例外）的设置是否阻止了服务。

至此，安装调适完毕。

免责申明：MySQL 数据库服务器软件系 MySQL AB 公司的产品，你只能在遵循 GPL 授权协议的情况下免费使用 MySQL 软件，侵权使用 MySQL 软件与本组织无关。

思考与练习

1. 仓储企业引进 WMS 系统时，项目从规划到实施应该经过哪些阶段？

2. 上网搜索其他物流信息管理系统并说明其应用特点。

3. 通过互联网搜索物流信息管理系统，下载试用版软件，进行安装并试用主要功能，比较相关信息管理系统的特点。

任务2　Free 仓储管理系统应用

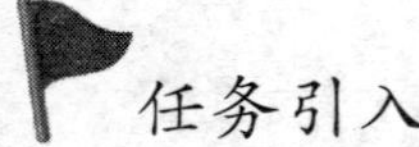

任务引入

根据模块二任务 3、模块四任务 1，完成入出库信息的录入与维护。

相关知识

一、基础数据导入

注意数据导入的计算机必须安装 Excel 软件。

1. 按官方提供的 Excel 模板文件 Free仓储管理系统数据导入模板 整理数据

Free 仓储管理系统共有 7 类基础数据，Excel 模板文件也有 7 个工作簿分别与之对应，如图 6—2—1 所示。整理数据时不能改变模板结构，不能随意修改第一行的列标题，不能在中间新增列，否则导入时会提示错误，只能按模板格式在后面增加数据，追加行。

Microsoft Excel - Free仓储管理系统数据导入模板

文件(F)　编辑(E)　视图(V)　插入(I)　格式(O)　工具(T)　数据(D)　窗口(W)　帮

宋体　11

D24

	A	B	C	D	E	F	G	H
1	序号	编码	仓库名称	类型	主管	联系电话	备注	
2	1	K01	1号库	普通库房	王冠	88888888		
3	2	K02	2号库	普通库房	李四	99999999		
4	3	K03	3号库	多层库房	王五	77777777		
5	4	C01	1号堆场	露天堆场	钱六	66666666		
6	5	C03	2号堆场	露天堆场	朱七	55555555		
7								
8								
9								

库存台帐 / 子库 / 物资分类 / 单位 / 生产工号 / 部门 / 供应商

就绪

图 6—2—1

2. 根据要导入的数据，从文件→数据导入菜单中找到需要的功能菜单，如图 6—2—2 所示。

打开数据文件选择对话框，如图 6—2—3 所示。

选择存储数据的 Excel 文件，然后点击打开，系统会将 Excel 文件中的全部数据读取到软件中。上面的列表列出 Excel 文件中的所有工作簿，当任意选择一个工作簿时，在下面的表格中会显示出这个工作簿中的所有数据。正确选择要导入数据的工作簿，点击右下角的导

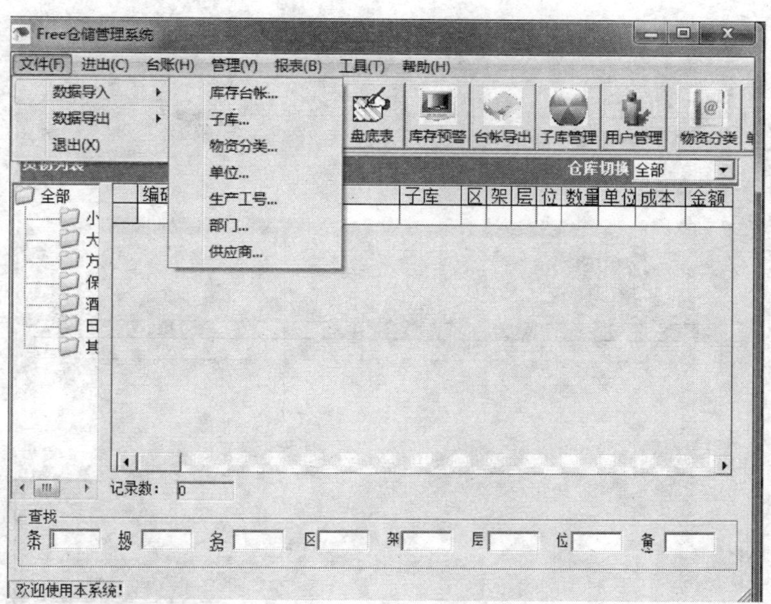

图 6—2—2

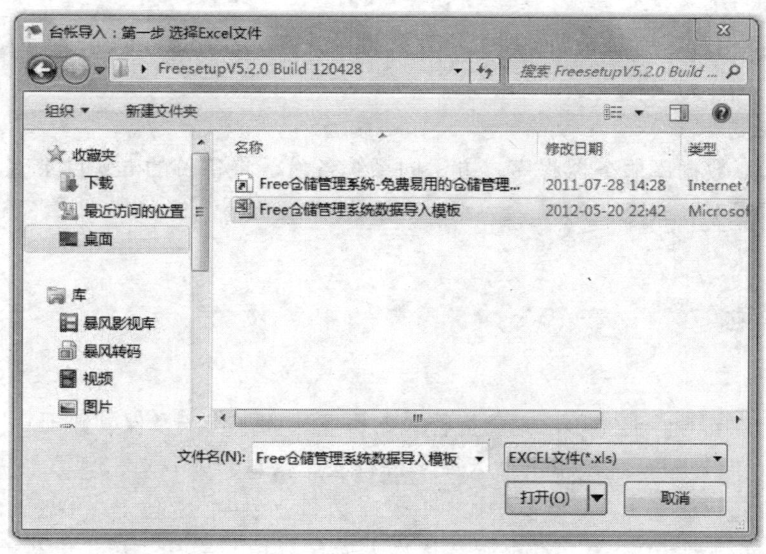

图 6—2—3

入按钮完成数据导入，如图 6—2—4 所示。

3. 导入其他基础数据

重新从文件菜单中开始，选择正确的功能菜单，在选择工作簿时选对新数据的工作簿即可。

二、系统备份

采用直接备份数据库文件的方法备份数据。首先要在单机版或网络版服务器端计算机上停止 MySQL 数据库服务器程序（默认路径：开始→程序→Free 仓储管理系统→停止数据

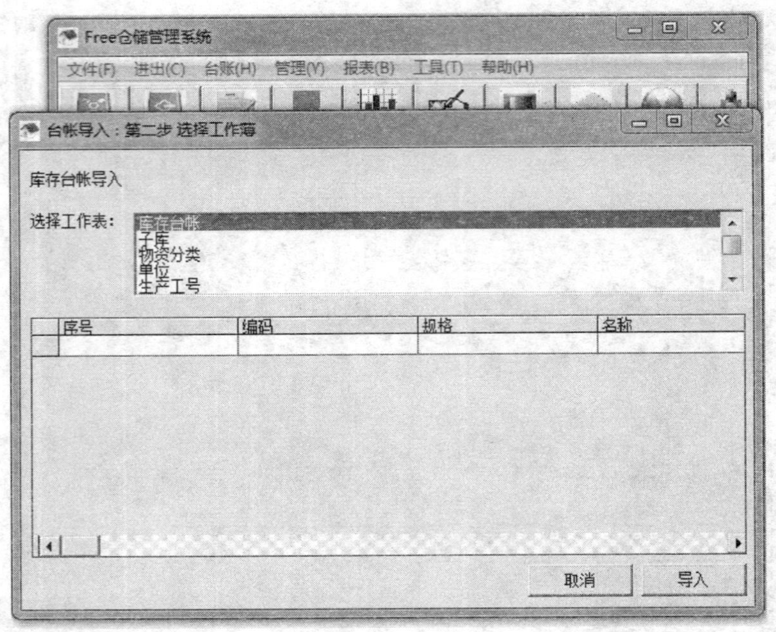

图 6—2—4

库)，然后直接备份数据库目录 erp 即可（默认目录：c：\Program Files\Free 仓储管理系统\db\data\erp)。

三、数据恢复

停止 MySQL 数据库服务器程序，方法同系统备份，将备份的 erp 目录直接拷贝覆盖默认数据库文件目录 erp 即可。

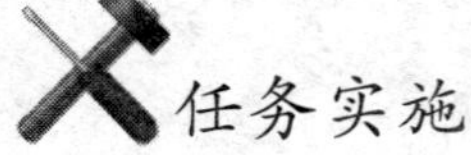

任务实施

一、入库

按模块二入库作业一任务 3，完成货物入库作业，登记货卡及保管账册。

打开 Free 仓储管理系统，单击“入库”进行入库信息录入，单击“添加货物”。依次添加“光友方便粉丝（碗装）”，货位 B-1-1-1 入库数量 10 箱、货位 B-1-1-2 入库数量 70 箱、货位 B-1-1-3 入库数量 70 箱等。直至所有货物入库信息填写完毕，单击“保存”，显示“保存成功”确定，单击“打印单据”，可打印入库单，也可将入库单导出为“入库单 . xls”文件。如图 6—2—5～图 6—2—7 所示。

二、出库

按模块四出库作业一任务 3，完成货物出库作业，登记货卡和保管账册。

打开 Free 仓储管理系统，单击“出库”进行出库信息录入，单击“添加货物”。依次添加“光友方便粉丝（碗装）”，货位 B-1-1-1 出库数量 10 箱、货位 B-1-1-2 出库数量 40 箱等。直至所有货物出库信息填写完毕，单击“保存”，显示“保存成功”确定，单击“打印单据”，可打印出库单，也可将出库单导出为“出库单 . xls”文件。如图 6—2—8、图 6—2—9 所示。

Free仓储管理系统
文件(F) 进出(C) 台账(H) 管理(Y) 报表(B) 工具(T) 帮助(H)
入库 出库 单据记录 货物信息 盘底计算 盘底表 库存预警 台帐导出
货物列表
仓库切换 全部
全部
编码 规格 名称 子库 区 架 层 位 成本
记录数: 93
查找
欢迎使用本系统!

图 6—2—5

入库
基本信息
单号 2012050001
操作时间 2012-05-27 11:01:11
操作员 admin
凭证编号 20120527
工号 WL1004
供应商 NG公司
备注
Free仓储管理...
保存成功!
确定
准备货物列表
规格 名称 数量
货物个数:
31
保存 取消

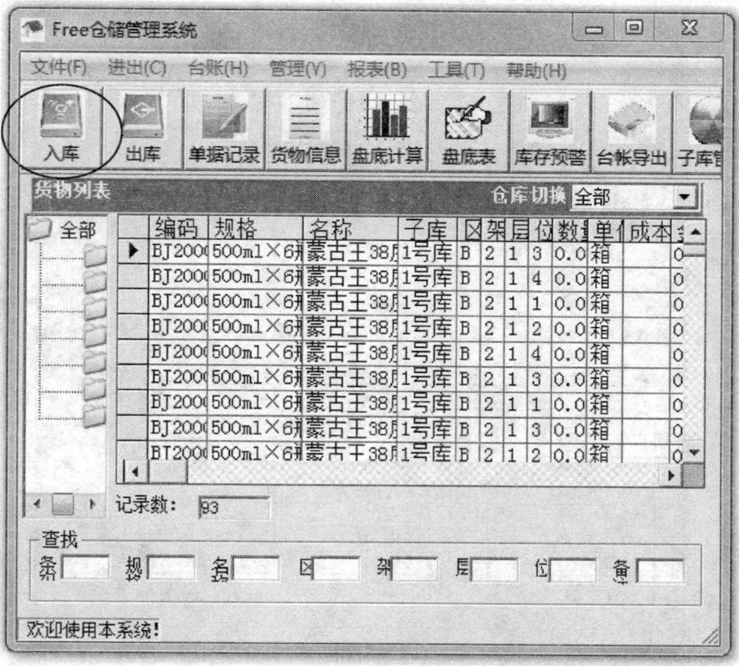

图 6—2—6

入库
基本信息
单号 2012050001
操作时间 2012-05-27 11:01:11
操作员 admin
凭证编号 20120527
工号 WL1004
供应商 NG公司
备注
准备货物列表
规格 名称 数量 本期
盒×72 晶柔商务盒装面 140 140
包×60 晶柔商务抽取式 160 160
750ml×6瓶 张裕馆藏干红 75 75
750ml×6瓶 张裕馆藏干红 45 45
750ml×6瓶 张裕馆藏解百纳 18 18
750ml×6瓶 张裕馆藏解百纳 18 18
750ml×6瓶 张裕馆藏解百纳 18 18
750ml×6瓶 张裕馆藏解百纳 18 18
新增列表
删除货物
货物个数:
31
打印单据
保存
取消

图 6—2—7

出库
基本信息
单号 2012050003
操作时间 2012-05-27 11:59:29
操作员 admin
凭证编号 201205270002
工号 WL1004
领料部门 业务部
备注
Free仓储管理...
保存成功！
确定
准备货物列表
规格 名称 数量
500ml×6瓶 红星56度精红合 -10
500ml×6瓶 蒙古王38度 -20
95g×12碗 光友方便粉丝（ -20
95g×12碗 光友方便粉丝（ -10 0
100g×20袋 光友方便粉丝（ -44 28
100g×20袋 光友方便粉丝（ -6 0
100g×12碗 光友方便粉丝（ -40 30
100g×12碗 光友方便粉丝（ -10 0
货物个数:
8
保存
取消

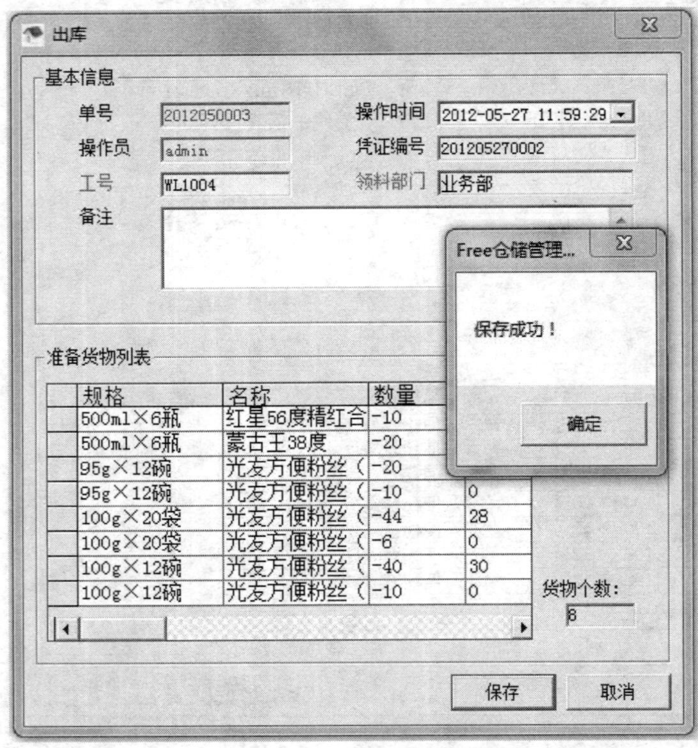

图 6—2—8

图 6—2—9

三、盘点

按模块三在库作业管理一任务 3 盘点管理任务安排，在系统中生成盘点底表，以便安排盘点作业。打开 Free 仓储管理系统，首先单击“盘底计算”，进行库存台账信息更新，计算完成后可单击确定按钮，如图 6—2—10 所示。

单击“盘底表”可生成库存盘底表，如图 6—2—11、图 6—2—12 所示。此表可作为组织盘点作业的基本依据，按盘点计划安排，做好盘点准备工作，编制盘点卡、盘点表、盘点汇总表、盘盈盘亏调整表等。

四、报表

打开 Free 仓储管理系统，单击“报表”，可输出报表信息，如图 6—2—13 所示。可输出包括按月份入库报表、出库报表、库存结余报表、按物资分类结余报表、按供应商成本报表、按工号成本报表等多种报表形式，报表信息可作为仓储绩效管理的依据。

Free仓储管理系统
文件(F) 进出(C) 台账(H) 管理(Y) 报表(B) 工具(T) 帮助(H)
入库
出库
单据记录
货物信息
盘底计算
盘底表
库存预警
货物列表
Free仓储管理系统
计算完成,可以输出当月的报表了!
确定
记录数: 93
查找
欢迎使用本系统!

图 6—2—10

Free仓储管理系统
文件(F) 进出(C) 台账(H) 管理(Y) 报表(B) 工具(T) 帮助(H)
入库
出库
单据记录
货物信息
盘底计算
盘底表
库存预警
台帐导出
货物列表
仓库切换 全部
全部
编码 规格 名称 子库
记录数: 93
查找
欢迎使用本系统!

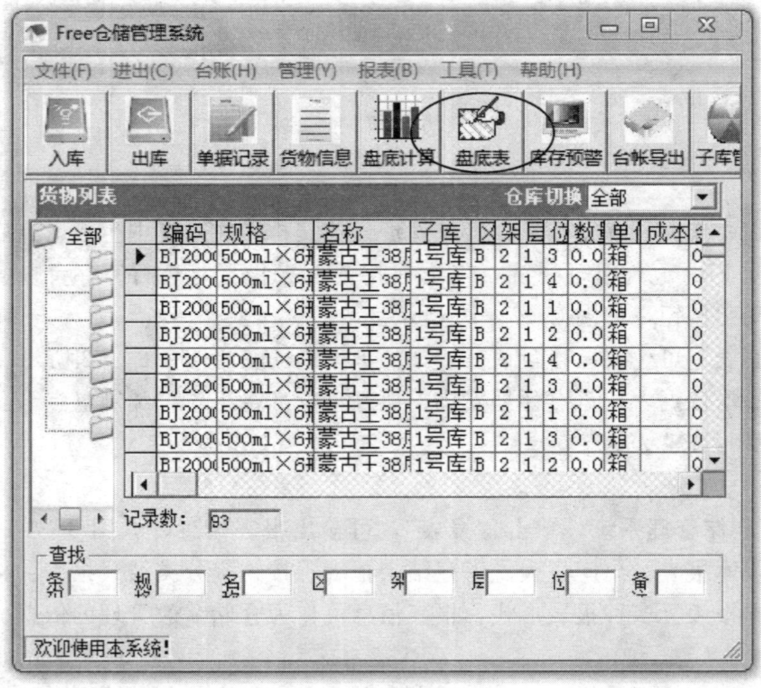

图 6—2—11

库存盘底表
请设定参数
时间
2012-05
分类
全部
100%
2012年5月库存盘底表(全部)
单位
成本
期初结存
本月入库
数量
金额
数量
金额
0
0
160

图 6—2—12

Free仓储管理系统
文件(F)
进出(C)
台账(H)
管理(Y)
报表(B)
工具(T)
帮助(H)
入库
出库
单据记录
货物信息
盘底计算
盘底表
库存预警
货物列表
仓库切换
全部
编码
规格
名称
记录数:
93
查找
欢迎使用本系统!

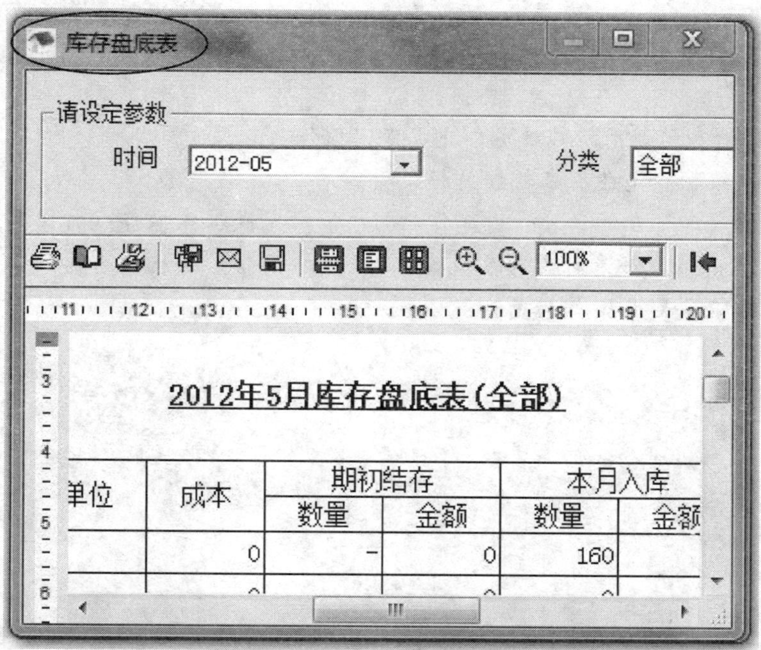

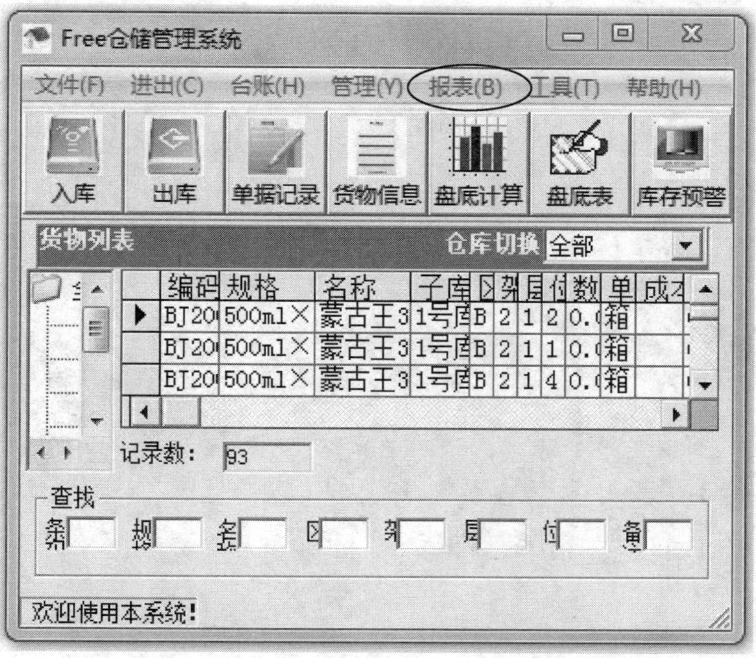

图 6—2—13

思考与练习

根据实训环境和实训用材料种类，完成下列操作：

1. 系统数据维护。完成基础数据更新。

2. 按照货物入库—在库保管—出库作业顺序依次完成入库操作（打印入库单）、出库操作（出库单）、盘点（盘底表计算与生成盘底表）。

3. 输出、打印各类报表。